VIELEN DANK AN

Projektleitung: Jessica Bellmer
Lektorat: Lisa Goldner
Satz & Design: Fahim Ahmadi
Umschlagillustration: Fahim Ahmadi
Webdesign: Fahim Ahmadi, Elizaveta Ditkovskaya
Vermarktung: René Beikel, Tobias Dörpinghaus, David Jovanovic, Philipp
Sochaczewski

© Copyright Digital Beat GmbH, Thomas Klußmann, www.gruender.de

ISBN 978-3-947473-10-6

4. Auflage

Das Werk einschließlich aller seiner Teile ist urheberrechtlich geschützt. Jede Verwertung, die nicht ausdrücklich vom Urheberrechtsgesetz zugelassen ist, bedarf der vorherigen Zustimmung der Gründer.de GmbH. Das gilt insbesondere für Vervielfältigungen, Bearbeitungen, Übersetzungen, Mikroverfilmungen und die Einspeicherung und Verarbeitung in elektronischen Systemen.

Die Wiedergabe von Gebrauchsnamen, Handelsnamen, Warenbezeichnungen, usw. in diesem Werk berechtigt auch ohne besondere Kennzeichnung nicht zu der Annahme, dass solche Namen im Sinne der Warenzeichen- und Marken-schutz-Gesetzgebung als frei zu betrachten wären und daher von jedermann benutzt werden dürften.

INHALT

Vorwort	7
Einleitung	8
Ein überzeugendes Geschäftsmodell finden	**11**
Schritt 1: Die Entwicklung deines Geschäftsmodells	11
Schritt 2: Die Evaluierung deines Geschäftsmodells	35
Schritt 3: Suche dir einen Mentor	45
Schritt 4: Definiere deine Unternehmenswerte	48
Schritt 5: Nutze deine Zeit effizient	50
Erfolgreiche Kickstart Teilnehmer und ihre Geschichten	**60**
Erfolgspiraten – Wissen kapern (Udo Gast)	**61**
Scheitern macht gescheiter	61
Traum zerplatzt, und nun?	67
Was ist dein Warum? – Auf der Suche nach dem Sinn	69
Das Geschäftsmodell der Erfolgspiraten	76
Zum Schluss – Mache deine guten Vorsätze zu konkreten Taten	83
Erreiche deine Ziele ohne Ausreden (Hakan Citak)	**89**
Probleme der Immobilienmakler & meiner Wunschkunden	92
Strukturierter Zeitplan, Inhalte und Umsetzungsphase	99
Conversion und Traffic Konferenz "Contra" 2018	102
Kickstart Coaching	104
Die Funktionsweise des Konzepts	104

Aufbau eines profitablen Business für Selbstständige (Jascha Osterhaus) 112

Es ist möglich, dass deine Idee die Welt verändert – du musst nur starten 113
Erlerne Skills, sammle keine Scheine 118
Mach dein Sollte zu einem Muss 118
Eine Passion entwickelt sich erst mit der Zeit 123
Es steckt schon alles in dir - du musst es nur aufwecken 126

Geld verdienen, um zu leben (Karen Jahn) 131

Mein Offline-Business 132
Mein Warum 134
Von offline zu online 136
Nicht lange reden und grübeln – machen! 140
Was ich dir mit auf den Weg geben kann 150

Strukturen führen dich zur Freiheit (Ein Interview mit Alexander Marci) 154

Angewandtes Wissen ist Macht (Alexander Krunic) 166

Lektion 1: Es ist wirtschaftlich kein Vorteil, wenn du der Einzige bist 166
Lektion 2: Sei froh, wenn es deinen Mitbewerbern gut geht 167
Lektion 3: Du brauchst keine große "Liste" oder Tausende von Kunden 168
Lektion 4: Der Preis ist nie kaufentscheidend 170
Lektion 5: Der Unterschied zwischen Kosten und Investition 170
Lektion 6: Wissen ist NICHT Macht 172
Lektion 7: Das Google Paradoxon 173
Lektion 8: Ergreife die Chancen, die vor dir liegen 175
Lektion 9: Version One is better than Version None 180
Lektion 10: Ohne Geld ka Musi' 181

Dienen kommt von Verdienen (Holger Eckstein) 184

Sinnkrise 184
Ausbruch und Aufbruch 187
Kickstart Coaching 188
Heimkehr und Durchbruch 191
Geschäftsmodell 193

In der Online-Welt ist „der Bär los" (Anne Lohmann)   **202**

Viele wollen ihr Essverhalten ändern – sie wissen nur nicht wie   202

Das Konzept der Lebensmittelharmonie   205

Der Schritt ins Online-Business   209

Wie mir das Kickstart Coaching weitergeholfen hat   216

Das ist das Leben, von dem ich träume   218

Schlusswort   **222**

VORWORT

Liebe Leserin, lieber Leser,

genauso wie du träumen viele davon, selbstständig und finanziell unabhängig zu sein. Kein Wunder: Die Vorstellung, ein zusätzliches passives Einkommen zu haben, sich mit seinem eigenen Unternehmen finanziell abzusichern und sich keine Gedanken mehr ums Geld machen zu müssen, ist schon sehr reizvoll! Doch wie bei allen lohnenswerten Dingen im Leben zeigt sich auch im Bereich Unternehmensgründung: Wenn es so einfach und problemlos wäre, würde es jeder machen.

Diejenigen, die es geschafft haben, brachten den Mut auf, sich selbstständig zu machen und wagten den großen und schwierigen Schritt. Was bei ihnen im ersten Moment so reibungslos und einfach klingt, besteht meist aus einer ganzen Ansammlung von Misserfolgen, Lernprozessen und dem stetigen Willen, immer wieder aufzustehen und weiter zu machen.

Ein guter Wille und Ausdauer sind die eine Sache, um erfolgreich ein Business zu starten. Sie sind Grundvoraussetzung. Wenn du dieses Buch gekauft hast, bin ich überzeugt, dass du diese Eigenschaften mitbringst. Aber neben Ausdauer und Willenskraft brauchst du auch eine funktionierende Geschäftsidee und einen Marketingplan. Nur so lässt sich das Ziel „passives Einkommen" erreichen.

Ich hoffe, dass dir dieses Buch eine Idee gibt, welche Möglichkeiten sich dir bieten und wie auch du es schaffen kannst, mit deiner Geschäftsidee durchzustarten. Nimm dir die Kernaussagen heraus und mache dir einen Plan, an dem du dich orientieren kannst. Das Internet hat nie dagewesene Chancen eröffnet. Es liegt allein an dir, ob du sie nutzt.

Viel Spaß beim Lesen und viel Erfolg!

Dein Thomas Klußmann
Geschäftsführer von Gründer.de

EINLEITUNG

Passives Einkommen ist ein viel diskutiertes Thema, aber fast keiner weiß, was es damit wirklich auf sich hat. Ich glaube, zu keinem anderen Thema kursieren so viele falsche Versprechen im Internet.

In einem normalen Beruf bekommt man Gehalt ausgezahlt, wenn man arbeiten geht. Es ist also ein direkter Tausch von Arbeitszeit gegen Geld. Bei passivem Einkommen ist das anders. Hier kommt jeden Monat Geld auf dein Konto, ohne dass du dafür einer regelmäßigen Arbeit nachgehst. Bevor wir uns hier falsch verstehen: Passives Einkommen bedeutet nicht, dass man „nichts für sein Geld tun muss". Vielmehr muss man, gerade am Anfang, teilweise hart arbeiten, so dass man am Ende dann abschöpfen kann.

Passives Einkommen gab es schon immer. Zum Beispiel ein Musiker, der eine CD einmalig erstellt hat, kann teilweise auch noch Jahre später davon leben, weil sie sich immer wieder verkauft. Nur dass man das heutzutage kaum noch mit physischen CDs macht. Durch das Internet entstehen regelmäßig neue Möglichkeiten, die es jedem Menschen ermöglichen, sich ein attraktives Einkommen aufzubauen.

Genau darum geht es in unserem neuen Buch KICKSTART - PASSIVES EINKOMMEN. Das Buch zeigt, wie man sich ein attraktives Einkommen im Internet aufbaut. Ich habe dieses Buch dabei ganz bewusst nicht alleine geschrieben, sondern lasse acht meiner ehemaligen Coaching-Teilnehmer zu Wort kommen, mit denen ich gemeinsam ein passives Einkommen aufgebaut habe. Dieses passive Einkommen ist weder Zufall noch einigen wenigen Auserwählten vorbehalten. Wenn du also auch Teilnehmer des Coachings werden willst, kannst du dich einfach unter **www.gruender.de/kickstartcoach** bewerben. Wir prüfen dann deine Bewerbung, um sicherzugehen, dass du für das Kickstart Coaching geeignet bist.

Seit 2013 veranstalten wir individuelle Beratungsgespräche unter dem Namen „Kickstart Coaching". Ziel hierbei ist es, dich und deine Geschäftsidee voranzubringen und dir gezielt zu finanzieller Unabhängigkeit zu verhelfen. Die Idee

Einleitung

hinter den Kickstart Coachings war stets, motivierten Menschen die Gelegenheit zu geben, durch Workshops und intensive Beratung ein passives Einkommen im Internet aufzubauen. Passives Einkommen bedeutet, dass du keine bis wenig Manpower aufbringen musst, damit dein Business monatlich attraktive Umsätze generiert. Der Erfolg und das positive Feedback, das mir in den vielen Jahren im „Kickstart Coaching" entgegengebracht wurden, haben mich dazu bewegt, dieses Buch zu schreiben.

Auch du sollst so Zugang zu diesem Wissen erhalten, denn passives Einkommen bietet Sicherheit, macht einen unabhängig von einem Arbeitgeber, kann sogar eine ganze Familie ernähren und mehr. Aber! Bitte verfalle nicht dem Glauben, dass du über Nacht reich werden kannst. Ein attraktives Einkommen aufzubauen bedeutet auch Arbeit. Der Unterschied ist, dass die Arbeit mit der Zeit immer weniger und weniger wird und nicht, wie bei einem normalen Beruf, konstant bleibt. Um das zu erreichen, brauchst du ein System, dass zunächst aufgebaut werden muss.

Auf den folgenden Seiten wirst du lernen, was du beachten solltest, wenn du dich mit deiner Geschäftsidee im Online-Markt durchsetzen willst. Angefangen bei der Erstellung deines Businessplans mithilfe des Business Model Canvas über die Evaluation deines Unternehmens bis hin zu den Menschen, die dich auf deinem Weg begleiten sollten.

Frühere Werke von mir, wie "Das Taschenbuch für Gründer" oder "Das 24 Stunden Buch", wurden von euch begeistert gelesen. In diesem Werk möchte ich gezielt die Teilnehmer meiner Coachings zu Wort kommen lassen, die im Online-Bereich ein erfolgreiches Geschäftsmodell etabliert haben. Sie erzählen dir, wie ihr Weg zum Erfolg ausgesehen hat, mit welchen Rückschlägen sie zu kämpfen hatten und wie sie es trotzdem geschafft haben, sich im Online-Markt durchzusetzen. Durch diese Erfolgsstories bekommst du einen idealen Einblick, wie du Kundenbeziehungen aufbaust, deine Kosten optimal überwachst und welche Partner für dein Business sinnvoll sind.

Zudem erklären sie dir, wie sie das Business Model Canvas auf ihr Unternehmen angewendet haben und ihre Ideen noch vor der Gründung perfekt visualisieren konnten. So bekommst du direkt einen Eindruck, wie das Modell in der Praxis aussieht und wie es dir beim Generieren von passivem Einkommen helfen kann. Da ich die Co-Autoren und ihre Ideen durch das Kickstart Coaching kennenlernen und auf einem Teil ihres Weges begleiten durfte, möchte ich mich gerne zu ihren Ideen äußern. Nach jeder Erfolgsstory werde ich ihre Geschäftsmodelle mittels der Faktoren „Marktpotenzial" und "Potenzial Geschäftsidee" bewerten und Zukunftsprognosen aufzeigen.

Einleitung

Ich will dir mit diesem Buch zeigen, was möglich ist und dich auch überzeugen, dass das, was wir bei Gründer.de machen, wirklich funktioniert. Ich will dir zeigen, dass ich dir weiterhelfen kann und will mir mit diesem Buch dein Vertrauen verdienen. Ich weiß, dass passives Einkommen funktioniert. Aber viele Menschen glauben nicht daran und das verstehe ich. Mit diesem Buch wirst du selber herausfinden, was möglich ist. Und vielleicht hast du dann auch Lust, dich von mir coachen zu lassen. Aber eins nach dem anderen.

Ich verspreche dir, du wirst zwar nicht über Nacht Erfolg haben, aber mit ein bisschen Motivation und Arbeit wird sich das Ganze für dich mehr als lohnen. Und jetzt wünsche ich dir ganz viel Erfolg beim Umsetzen und Erreichen deiner Ziele.

EIN ÜBERZEUGENDES GESCHÄFTSMODELL FINDEN

Im Laufe dieses Buches wirst du noch öfters lesen, wie wichtig es ist, einfach zu starten. Doch das ist für die meisten gar nicht mal so einfach. Wie startet man denn am besten?

Im Grunde beginnt alles mit einer Idee. Einer Geschäftsidee. Eine gute Geschäftsidee ist nur dann wirklich wertvoll, wenn sie in einen Plan übertragen und anderen verständlich gemacht werden kann. Hierbei hat das Geschäftsmodell eine entscheidende Bedeutung, denn dessen Entwicklung ist die Grundlage für den wirtschaftlichen Erfolg und dient zur Überprüfung der Tragfähigkeit des Konzepts.

Solltest du bereits ein potenziell tragfähiges Businessmodell entwickelt haben, dann kannst du dieses Kapitel einfach überspringen. Musst du diese Hürde noch nehmen, dann folge nun meinen Tipps.

Im ersten Schritt erkläre ich dir, wie du dein Geschäftsmodell entwirfst und welche Punkte entscheidend für den Erfolg sind. Im zweiten Schritt werfe ich einen Blick auf die Zahlen und zeige dir, wie du dein Geschäftsmodell evaluieren kannst, um Kapitalbedarf, Cashflow und das langfristige Potential deines Konzepts abschätzen zu können.

SCHRITT 1: DIE ENTWICKLUNG DEINES GESCHÄFTSMODELLS

Für viele Gründer ist es schwierig, ein passendes Geschäftsmodell zu entwerfen und dieses in das enge Korsett eines Businessplans zu zwängen. Viel einfacher geht die Entwicklung eines Konzepts nach dem Business Model Canvas. Das Business Model Canvas hilft dir bei der Visualisierung und Ausformulierung deines Geschäftsmodells und kann somit deutlich schneller und vor allem effizienter zum Ziel führen.

"Ein Bild sagt manchmal mehr als tausend Worte." Dieser einfache und dennoch äußerst wahre Satz ist praktisch die Grundlage des Modells. Zur Entwicklung deines persönlichen Geschäftsmodells solltest du dir dementsprechend ein sehr großes Blatt Papier nehmen und anfangen, dein Konzept zu visualisieren. So kannst du nicht nur die verschiedenen Verknüpfungspunkte besser integrieren, sondern siehst oftmals auf einen Blick, in welchen Bereichen dein Geschäftsmodell noch schwächelt und in welchen du besonders gut aufgestellt bist.

Der größte Vorteil beim Business Model Canvas liegt jedoch in dessen Geschwindigkeit. Anstatt tage- oder sogar wochenlang über einem Businessplan zu brüten und diesen in allen Details auszuformulieren, kann ein gleiches oder sogar besseres Ergebnis mit dem Business Model Canvas in nur wenigen Stunden erreicht werden. Besonders vorteilhaft ist dabei, dass alle wesentlichen Elemente eines Geschäftsmodells in ein skalierbares System integriert werden können, sodass du nicht nur die erste Planung des Konzeptes vornehmen, sondern auch unterschiedliche Varianten und verschiedene Schwerpunkte gegenüberstellen und vergleichen kannst. Somit bist du in der Lage, ein individuelles Geschäftsmodell deutlich effektiver auszuarbeiten und die Entwicklung deines Unternehmens mit den richtigen Schwerpunkten voranzutreiben.

Das Business Model Canvas

Das Business Model Canvas besteht aus neun Feldern für die wichtigsten Schlüsselfaktoren deines Unternehmens. Zu jedem deiner Schlüsselfaktoren kannst du nun Ideen und Stichwörter notieren, welche mittels Post-It-Zetteln in die jeweiligen Felder geklebt werden können. Die Klebezettel sind deswegen so wichtig, weil sie dir eine einfache Veränderung des Systems erlauben. Du kannst verschiedene Inhalte unterschiedlichen Schlüsselbereichen zuordnen und somit effektiv verschiedene Geschäftsmodelle miteinander vergleichen. So kannst du wie bei einem Baukasten die verschiedenen Ideen und Möglichkeiten zusammensetzen und die Inhalte jeweils zueinander in Relation setzen.

Besonders gut dabei: Du visualisierst mit einem solchen Modell deine Geschäftsidee und kannst sie anderen Menschen verständlich machen. Diese können anhand des Business Model Canvas ebenfalls ihre Ideen einbringen und somit dein Geschäftsmodell ergänzen oder erweitern.

Am besten funktioniert das Business Model Canvas im Team, da so verschiedene Ideen einfließen und dein Konzept effektiv verbessern können. Doch auch alleine kannst du mit diesem Modell schnell und effizient an deinem Geschäftsmodell arbeiten und es passend zu deinem Unternehmen entwickeln. Dieses Modell setzt sich aus neun Schlüsselfaktoren zusammen, die du nacheinander abarbeiten kannst.

Die 9 Schlüsselfaktoren beim Business Model Canvas

1. Die Kundensegmente
- ❏ Wer sind meine wichtigsten Kunden?
- ❏ Für wen möchte ich Werte oder Nutzen schaffen?
- ❏ Bediene ich Nischenkunden oder einen Massenmarkt?

2. Das Wertversprechen
- ❏ Welchen Nutzen haben meine Kunden, wenn sie sich für mein Produkt oder meine Dienstleistung entscheiden?
- ❏ Welche Probleme helfe ich den Kunden zu lösen?
- ❏ Welche Produkte biete ich den verschiedenen Kundensegmenten an?

3. Die Kanäle
- ❏ Wie erfahren meine Kunden von dem Angebot?
- ❏ Welche Kommunikations- und Vertriebskanäle präferieren meine Kundensegmente?
- ❏ Wie bekommen meine Kunden ihre Produkte?
- ❏ Welche Kommunikations- und Vertriebskanäle funktionieren am besten?

4. Die Kundenbeziehung
- ❏ Welche Art von Kundenbeziehung bevorzugen die unterschiedlichen Kundensegmente?
- ❏ Wie kann ich diese Beziehung aufbauen?
- ❏ Wie können meine Kunden gewonnen und gehalten werden?

5. Die Einkommensströme
- ❏ Wie wird der Umsatz generiert?
- ❏ Gibt es weitere Wege, um Umsatz zu generieren?
- ❏ Für was und wieviel sind meine Kunden bereit zu zahlen?
- ❏ Wie zahlen meine Kunden heute?
- ❏ Wie würden sie lieber zahlen?
- ❏ Welchen Anteil liefert jede Einkommensquelle zum Gesamtergebnis?

6. Die Ressourcen
- ❏ Welche Ressourcen sind notwendig für mein Business?
- ❏ Welche Ressourcen sind unabdingbar für mein Werteversprechen/Vertriebs- und Kommunikationskanäle/ Kundenbeziehungen/Einkommensquellen?
- ❏ Müssen oder können alle Elemente inhouse erledigt werden oder werden Zulieferer und externe Quellen benötigt?

7. Die Aktivitäten
- ❏ Welches sind die wichtigsten Aktivitäten, um das Geschäftsmodell in die Tat umzusetzen?
- ❏ Welche Aktivitäten erfordern meine Vertriebskanäle/ Werteversprechen/Kundenbeziehungen/Einkommensquellen?
- ❏ Welche Aktivitäten führen nicht zum gewünschten Erfolg?

8. Die Partner
- ❏ Wer kommt als Partner in Frage?
- ❏ Wer sind meine wichtigsten Partner?
- ❏ Gibt es vergleichbar günstigere Partner?
- ❏ Was erwarte ich von meinen Partnern und was leisten sie tatsächlich?
- ❏ Wer sind meine Hauptlieferanten?

9. Die Ausgaben
- ❏ Wo und wofür entstehen Kosten?
- ❏ Können einige Kosten reduziert oder ggf. sogar ganz eingespart werden?
- ❏ Welches sind die wichtigsten Ausgaben, ohne die das Geschäftsmodell nicht funktionieren würde?
- ❏ Welche Ressourcen/Aktivitäten sind besonders kostenintensiv?

Das Business Model Canvas ist eine hervorragende Methode, um auch als Neuling in der Gründerszene Fuß zu fassen sowie spielerisch und visuell eindrucksvoll dein Geschäftsmodell zu entwickeln. Hierzu bedarf es jedoch nicht nur trockener Theorie, sondern auch wichtiger Praxisbeispiele, damit du dir die einzelnen Punkte des Canvas-Modells vorstellen und diese visualisieren kannst. Im Folgenden wird dir jeder Schlüsselpunkt im Business Model Canvas genauer erklärt und anhand von Beispielen aus der Praxis untermauert. So kannst du genau erkennen, welche Unternehmen mit welchen Mitteln ihr Geschäftsmodell entwickelt oder verfeinert haben und welchen Nutzen du aus diesem Wissen ziehen kannst.

Der erste Baustein: Die Kundensegmente

Der erste Baustein im Business Model Canvas ist zugleich das Herzstück des Ganzen und Grundlage für ein erfolgreiches Geschäftsmodell. In diesem Baustein werden die verschiedenen Kundengruppen und Zielgruppen definiert und mit ihren Wünschen und Besonderheiten erfasst.

Besonders wichtig ist eine gute und umfassende Kundensegmentierung, also die Aufteilung der Kunden in verschiedene Gruppen. Diese richtet sich nach den Bedürfnissen der Kunden, nach deren Verhaltensweisen oder anderen gemeinsamen Eigenschaften, welche von dir definiert werden können. Hierbei werden die Wünsche und Probleme der Kunden ebenso berücksichtigt wie deren Erwartungshaltungen an die Produkte und Dienstleistungen aus dem eigenen Unternehmen. Eine umfassende Kundenanalyse ist dementsprechend außerordentlich wichtig, um effektiv das eigene Geschäftsmodell aufbauen zu können.

Die Segmentierung ist von besonderer Bedeutung, da sie auch die Art der Kundenansprache definiert. Schließlich wollen unterschiedliche Kundensegmente beispielsweise über verschiedene Kanäle und in anderem Tonfall angesprochen werden. Die Beziehung zwischen Kundengruppe und Unternehmen kann somit enorm abweichen und muss für den wirtschaftlichen Erfolg klar definiert werden.

Es ist von zentraler Bedeutung für ein Unternehmen, die verschiedenen Kundensegmente zu kennen und diese entsprechend der jeweiligen Ausrichtung korrekt zu bedienen. Aus diesem Grund ist das Kundensegment der grundlegende Baustein für jedes erfolgreiche und zukunftsorientierte Geschäftsmodell.

Grundsätzlich kann man vier verschiedene Szenarien unterscheiden:

1. Sehr ähnliche Kundensegmente, welche sich hinsichtlich ihrer Bedürfnisse oder ihrer Probleme unterscheiden, was deutliche Auswirkungen auf die anderen Bausteine des Geschäftsmodells haben kann.

2. Stark diversifizierte Kundensegmente sind ebenfalls ein häufiger Faktor. Dazu gehören Kundensegmente, welche sich sehr stark in ihren Merkmalen unterscheiden und vom Unternehmen in jedem Fall getrennt bedient werden müssen. Wenn ein Unternehmen mehrere solcher diversifizierten Kundengruppen bedient, spricht man auch von „Multi-Sided-Markets".

3. Die dritte Alternative betrifft die sogenannten Nischenmärkte. Hier ist es oftmals nicht sehr sinnvoll, die Kundengruppen zu stark zu segmentieren, da die Zahl der potentiellen Kunden für das Geschäftssegment zu gering ausfällt. Die Segmentierung muss dementsprechend geschickt eingesetzt werden, um die Ansprache der Kunden effektiv zu bewerkstelligen.

4. Unternehmen, welche ausschließlich auf den Massenmarkt abzielen und somit über ein sehr breit gefächertes Angebot an Waren und Dienstleistungen verfügen, müssen in der Regel keine Segmentierung vornehmen. Vertriebskanäle, Kontaktkanäle und Kundenbeziehungen werden auf eine einheitliche Kundengruppe abgestimmt und müssen somit eine möglichst hohe Kompatibilität aufweisen können.

Beispiele aus der Praxis

Sehr viele Unternehmen haben einen exzellenten Kundenbezug und sind in der Lage, ihre Kunden sehr gut und zielgerichtet zu analysieren und diese zu segmentieren. Einige Beispiele finden sich unter anderem in den bekanntesten Marken der Welt. Apple ist ein herausragendes Beispiel für eine sehr gute Kundensegmentierung unter Berücksichtigung eines sehr breit gefächerten Angebots. Das Unternehmen vertreibt Computer, Tablets, Smartphones, Musik und Software an eine sehr breit aufgestellte Kundengruppe. Angefangen bei professionellen Businesskunden, welche vor allem die Computer und Notebooks zu schätzen wissen, bis zu den Endkunden, welche Musik oder TV-Serien über iTunes beziehen.

Dank einer sehr genauen Ansprache der jeweiligen Zielgruppe und vor allem einer zur Zielgruppe passenden Preisgestaltung und den verschiedenen anderen Bewertungsfaktoren ist es dem Unternehmen gelungen, eine der erfolgreichsten Marken der Welt zu werden.

Am Beispiel von Apple zeigt sich allerdings auch, dass ein Unternehmen in der Lage sein muss, das eigene Geschäftsmodell zu überdenken, es kritisch zu hinterfragen und bei Bedarf zu verändern. Lange Zeit war Apple auf dem Markt kaum vertreten und weder sonderlich beliebt noch weit verbreitet. Erst durch die Diversifizierung des Angebots und die effektive Erschließung neuer Märkte sowie neuer Zielgruppen und Kundensegmente ist es dem Konzern gelungen, seinen kometenhaften Aufstieg zu bewerkstelligen.

Der zweite Baustein: Das Wertversprechen

Die Werte der Angebote für den Kunden beziehungsweise die Kundengruppe sind von entscheidender Bedeutung für den Unternehmenserfolg. Ihren Wert erhalten die Angebote für den Kunden entweder, weil diese ihm dabei helfen, ein bestehendes Problem zu lösen oder weil die Bedürfnisse des Kunden durch die Angebote befriedigt werden. Unter diesem Baustein werden alle Elemente zusammengefasst, welche das Unternehmen seinen Kunden bieten kann.

Um dem Kunden die verschiedenen Werte zu vermitteln oder anbieten zu können, sind in manchen Fällen innovative Technologien und Neuentwicklungen notwendig. Andere Werte lassen sich durch einen besseren Service, durch eine bessere Warenqualität oder andere Verbesserungen schaffen. Die große Vielfalt der Werte und des Kundennutzens bieten somit eine hervorragende Möglichkeit, ein Alleinstellungsmerkmal für das eigene Unternehmen zu schaffen und zugleich die Konkurrenz zu deklassieren. Dabei unterscheidet man zwischen quantitativen Wertversprechen (Preis, Servicegeschwindigkeit, Größe, Gewicht) und qualitativen Wertversprechen (Design, Kundenerfahrung, Markenbotschaft).

Verschiedene Arten von Wertversprechen

Bevor du mit deinem Business Model Canvas beginnst, solltest du dir zunächst die verschiedenen Wertversprechen genauer anschauen, denn nicht alle Versprechen können von jedem Unternehmen erbracht werden. Die Wertversprechen stehen automatisch auch in Beziehung zu der Kundensegmentierung, da verschiedene Kundensegmente deutlich unterschiedliche Wertversprechen schätzen oder auch verlangen.

Neuheit

Einige Wertversprechen schaffen es, neue Bedürfnisse des Kunden zu erfüllen. Entweder, weil dieser die vorhandenen Bedürfnisse bisher nicht bemerkt hat oder weil es keinerlei vergleichbare Angebote gab. Als gutes Beispiel kann hier die Einführung des Smartphones genannt werden. Es entstand praktisch aus dem Nichts ein neuer Markt, welcher enorme Bedürfnisse bei den Kunden wecken konnte.

Leistung

Um den Wert eines Angebotes für den Kunden zu steigern, kann eine verbesserte Leistung ausschlaggebend sein. Entweder durch eine Weiterentwicklung bestehender Produkte oder durch eine Verbesserung der Serviceleistungen. Allerdings gibt es bei der Leistungsverbesserung eine natürliche Grenze. So tragen viele Kunden eine andauernde Verbesserung von Produkten nicht mit und bleiben auf ihrem bisherigen Produktstand stehen.

Individualisierung

Die Individualisierung wird für viele Kunden immer wichtiger. Je näher die Produkte an die individuellen Wünsche der Kunden angepasst werden können, umso höher steigt ihr Wert für den Kunden. Vor allem in der Mode- und Bekleidungsindustrie ist dieser Trend sehr stark spürbar.

Wert durch Hilfe

Eine Wertsteigerung kann auch dann erfolgen, wenn ein Unternehmen nicht nur Produkte produziert, sondern dem Kunden zugleich Arbeit abnimmt und für diesen bestimmte Arbeiten übernimmt. Ein Beispiel in diesem Bereich sind Wartungsverträge. Der Kunde erwirbt ein neues Produkt und schließt zugleich einen Vertrag ab, dass sich das Unternehmen um die Wartung und den einwandfreien Zustand des Produktes kümmert.

Design

Das Design kann einen erheblichen Vorteil im Bereich der Wertschöpfung ausmachen. Wichtig ist, dass sich die Kundensegmente nicht nur für die Funktionalität, sondern auch für das Design entscheiden und sich von diesem einen Teil der Kaufentscheidung diktieren lassen. Mode, Schmuck und in großen Teilen auch Technikprodukte leben von der klaren Orientierung der Kunden zu tollen Designs.

Marke / Unternehmensbranding

Auch die eigentliche Marke kann eine Wertschöpfung für den Kunden beinhalten. Eine Uhr von Cartier beispielsweise ist für den Kunden von besonderem Wert und wird auch von anderen Menschen als solcher erkannt. Das liegt nicht nur an dem eigentlichen Wert, sondern auch an der positiven Konnotation, welche mit dem Namen des Unternehmens verknüpft ist.

Der Preis

Preisbewusste Kundensegmente sind besonders begeistert, wenn du ein Produkt günstiger als die Konkurrenz anbieten kannst. Du schaffst somit nicht nur Kaufanreize, sondern auch ein Wertversprechen, welches die Kunden von dir und deinem Unternehmen erwarten.

Kostenreduktion

Produkte, welche den Kunden helfen, verschiedene Kosten einzusparen, sind äußerst beliebt und stellen ein gutes und sicheres Wertversprechen dar. Insbesondere, da ein sehr großer Teil der Kundensegmente dieses Wertversprechen äußerst schätzt.

Risikoreduktion

Ein Unternehmen kann das Risiko für den Kunden bei verschiedenen Produkten und Dienstleistungen deutlich senken, zum Beispiel durch eine freiwillige Garantieverlängerung.

Zugänglichkeit

Ein sehr hohes und wichtiges Wertversprechen ist die Zugänglichkeit und Usability. Je einfacher die Kunden auf die Produkte zugreifen können und je einfacher und unkomplizierter die Bedienung der entsprechenden Elemente ist, umso effektiver steigt der Wert für den Kunden an.

Beispiele aus der Praxis

Viele der oben genannten Elemente hast du selbst bereits bemerkt und wahrscheinlich schon in deine Überlegungen mit einfließen lassen. Dennoch gibt es einige Unternehmen auf dem Markt, welche in dieser Hinsicht außerordentlich erfolgreich waren und bei welchen die Wertversprechen im Kern zum Erfolg des Unternehmens geführt haben.

Ein sehr gutes und äußerst prominentes Beispiel ist der Versandhändler Amazon. Zu Beginn hat sich das Unternehmen klar auf die Buchsparte konzentriert und konnte dort durch den Preis, die Verfügbarkeit und die Kostenreduktion wegen fehlender Versandgebühren überzeugen. Die sehr einfache Zugänglichkeit, die Risikoreduktion durch das gute Rückläufermanagement und auch die sehr guten Serviceleistungen konnten bereits zu Beginn bei Amazon beeindrucken.

Auf Basis dieser Wertversprechen konnte das Unternehmen immer weiter wachsen und seinen Kunden immer weitere Neuheiten anbieten. Neben dem mittlerweile überaus großen Warenangebot wurde mit Audible und der Amazon-Prime-Sparte das Angebot durch Neuerungen und Neuheiten erweitert, welche die Kundenbedürfnisse in vielen Teilen sehr stark ansprechen und widerspiegeln.

Betrachte einmal die obere Auflistung und dann die Leistungen von Amazon, vor allem im amerikanischen Markt. Es ist wirklich nicht verwunderlich, dass dieses Unternehmen bei der Menge an Deckungspunkten mit den möglichen Wertversprechen so erfolgreich geworden ist. Du siehst also, wie wichtig die

Wertversprechen für dein Geschäftsmodell und deinen wirtschaftlichen Erfolg sein werden.

Der dritte Baustein: Die Kanäle

Die Kundenkanäle sind ein wichtiges Element bei der Bestimmung der Unternehmensausrichtung und müssen für das passende Geschäftsmodell umfassend bedacht werden. In diesem Baustein werden alle Kanäle gesammelt, über welche das Unternehmen mit seinen Kunden kommuniziert, über welche die Produkte und Dienstleistungen überbracht und somit die Wertschöpfung vollzogen wird. Dabei haben die unterschiedlichen Kanäle verschiedene Marketingfunktionen. Diese sind unter anderem:

- Die Aufmerksamkeit der Kunden für die Produkte und Angebote des Unternehmens wecken.
- Sie müssen den Kunden helfen, die Wertversprechen des Unternehmens zu evaluieren.
- Sie müssen dem Kunden erlauben, Produkte und Dienstleistungen des Unternehmens zu erwerben.
- Sie müssen Waren und Dienstleistungen an den Kunden ausliefern.
- Sie müssen dem Kunden nach dem Kauf einen gut aufgestellten Kundensupport bieten.

Bestehende Unternehmen können hierbei auf immense Vorteile zurückgreifen, da sie die eigenen Leistungsdaten zur Bewertung und Verfeinerung der verschiedenen Kanäle einsetzen können. Welcher Vertriebskanal besonders gut von den Kunden angenommen wird und welche Marketingkanäle ein hohes Erfolgspotential bieten, lässt sich anhand von Fakten sehr einfach belegen. Du als angehender Gründer hingegen musst dich vor allem in deine Kundensegmente hineinversetzen und versuchen, die optimalen Kanäle zu finden. Keine Angst, ein Geschäftsmodell ist in der Regel eine Momentaufnahme und nicht dauerhaft in Stein gemeißelt. Wenn du feststellst, dass du in deinem Geschäftsmodell auf die falschen Kanäle gesetzt hast, kannst du dies im Nachgang immer noch ändern.

Grundsätzlich ist bei den Kanälen zwischen eigenen Kanälen und Partnerkanälen zu unterscheiden. Während bei den eigenen Kanälen die Profitorientierung klar im Mittelpunkt steht und die Margen am größten sind, sieht dies bei Partnerkanälen ganz anders aus.

Hier musst du damit rechnen, dass ein Teil der Margen vom Partner einbehalten wird, um deine Teilnahme an den Kanälen abzusichern. Allerdings kannst du durch solche Deals deine Reichweite signifikant erhöhen, vor allem dann, wenn ein gut passendes Kundensegment über die Partnerkanäle angesprochen werden kann.

Auch solltest du bedenken, dass eigene Kanäle höhere Anschaffungskosten haben und nicht nur etabliert, sondern auch gewartet werden müssen. Im Idealfall musst du für dein Geschäftsmodell einen guten Mix aus beiden Lösungen suchen, welcher sowohl dir als auch deinen Kunden optimierte Lösungen bietet. Dabei solltest du sowohl die Wertversprechen als auch die effektiven Einnahmen des Unternehmens in Betracht ziehen.

Beispiele aus der Praxis

Auch hier dient Amazon nochmals als Beispiel. Betrachte einmal die verschiedenen Kanäle aus der obigen Auflistung. Das Unternehmen hat es geschafft, von einem einfachen Buchhändler zu einem der größten Versandhändler der Welt zu werden und dabei die unterschiedlichsten Kanäle effektiv zu bedienen. Dabei bietet Amazon vor allem durch sein Affiliate Marketing eine geschickte Nutzung von „Partnerkanälen", welche die Verkaufszahlen des Handelsriesen noch weiter in die Höhe treiben. Die klare Fokussierung auf die gegebenen Wertversprechen und die ebenfalls klare Fokussierung auf die Einnahmen des Unternehmens sorgen für einen sehr hohen Erfolg bei den Kunden.

Wenn du dein Geschäftsmodell ebenso erfolgreich aufbauen möchtest, solltest du versuchen, deine Kundenkanäle von Anfang an zu optimieren und diese sowohl für den Kunden als auch für die wirtschaftlichen Unternehmensergebnisse zu optimieren. Allerdings sollte hierbei der Wert stärker auf den Kunden und den Wertversprechen liegen, da zunächst die Kundenzufriedenheit einen erheblichen Einfluss auf das operative Geschäft nehmen wird.

Der vierte Baustein: Die Kundenbeziehung

Unter diesen Baustein fallen alle direkten Kundenbeziehungen zu den unterschiedlichen Kundensegmenten, welche vom Unternehmen angeboten werden. Dabei werden die Kundenbeziehungen in der Regel von mindestens einer dieser drei Möglichkeiten motiviert:

- Kundengewinnung
- Bestandskundenerhaltung
- Verbesserung der Verkaufszahlen oder Upselling

Diese Motivationen können sich auch – je nach Geschäftsmodell – mit der Zeit weiterentwickeln und verändern. Ein gutes Beispiel ist hier der Markt für Smart-

phones und Handys. Zunächst waren die Unternehmen klar auf die Kundengewinnung ausgerichtet und haben versucht, im hart umkämpften Markt die Kunden an sich zu binden. Nachdem eine Sättigung des Marktes eintrat, wurde vor
allem die Bestandskundenerhaltung für die meisten Unternehmen zum zentralen Baustein der Kundenbeziehung. Auf Basis der gefestigten Kundenbeziehung
konnten anschließend verschiedene Upsells angeboten und verkauft werden.

Unternehmen müssen sich über ihre Ziele und Motivationen stets im Klaren sein,
wenn die Kundenbeziehungen geprüft und bewertet werden sollen. Dabei musst
du in jedem Fall verschiedene Benchmarks (Vergleichsmaßstäbe) und Kennzah-
len in Betracht ziehen. Darunter fallen beispielsweise die Kosten für die Kundengewinnung, die Effektivität verschiedener Marketingmaßnahmen oder auch
die durchschnittlichen Einnahmen pro Kunde. Da sich diese Werte erst im Laufe
der Zeit entwickeln und erst nach der Gründung relevant werden, müssen diese
nicht ins Geschäftsmodell einfließen. Allerdings solltest du die Überprüfung der
Werte im Geschäftsmodell bedenken, um jederzeit die Effektivität deiner Kundenbeziehungen prüfen und diese gegebenenfalls verändern zu können.

Es gibt verschiedene Varianten der Kundenbeziehung, welche je nach Unternehmen und Kundensegment eine unterschiedliche Gewichtung einnehmen
können. Je besser die Art der Kundenbeziehung an die Wünsche der Kundensegmente angepasst ist, umso effektiver kann die Kundenbeziehung aufgebaut
werden.

Menschliche Gesprächspartner

Viele Kunden bevorzugen noch immer die direkte Kommunikation mit einem
menschlichen Gesprächspartner. Die Berührungspunkte und Aktivitäten der
Gesprächspartner können dabei durchaus variieren. Vom Verkaufspunkt aus
kann die Kommunikation über Call Center, E-Mails oder soziale Medien erfolgen.
Wichtig ist nur, dass dem Kunden vermittelt wird, dass kein Bot sondern ein ech-
ter Mensch seine Anfragen beantwortet.

Zugewiesene Gesprächspartner

Vor allem im hochpreisigen Segment und im B2B-Bereich betreuen einzelne
Kundenberater nur ausgewählte Kunden. So kann sich über einen langen Zeitraum ein Vertrauen aufbauen, welches die Verkaufsprozesse nachhaltig beein-
flusst. Wenn du ein Geschäftsmodell für ein solches Unternehmenssegment
erstellen möchtest, solltest du den persönlichen menschlichen Kontakt nicht
aus den Augen verlieren.

Selbstbedienung

Auch die Selbstbedienung ist eine Form der Kundenbeziehung. Dem Kunden werden keine menschlichen Hilfen an die Hand gegeben, der gesamte Prozess ist darauf ausgerichtet, dass der Kunde seine Einkäufe ohne fremde Interaktion problemlos bewältigen kann.

Automatisierte Servicedienstleistungen

Wie bei der Selbstbedienung kann der Kunde hier alleine und frei interagieren. Unterstützt wird er allerdings von mehreren automatisierten Systemen, welche den komplexen Teil der Arbeiten übernehmen. Online-Banking ist ein Beispiel für diese Art von automatisierter Servicedienstleistung.

Der Kunde als Erschaffer

Die traditionelle Beziehung zwischen Unternehmen und Kunde ist bei weitem durchlässiger geworden. Einige Unternehmen wie Amazon oder YouTube setzen aus diesem Grund auf Inhalte, welche von Kunden des Unternehmens geschaffen werden. Sei es als YouTube-Video oder als Produktrezension. Diese Form der Kundenbeziehung bindet den Kunden in die Wertschöpfungskette mit ein und macht diesen somit zu einem effektiven Teil der Marketingstrategie.

Beispiele aus der Praxis

Hier gibt es auf dem Markt einige gute Beispiele, welche zeigen, wie effektiv manche Unternehmen die Kundenbeziehung einsetzen, um die eigenen Produkte und Dienstleistungen zu verbessern und somit den Kunden neue und bessere Kaufanreize zu bieten.

Fiat ist ein bekanntes Beispiel. Der Automobilhersteller sammelt bereits seit Jahren die Erfahrungen und Wünsche seiner Kunden in zentralen Datenbanken. Diese werden genutzt, um Design und Funktionalität der verschiedenen Fahrzeuge zu verbessern und somit dem Kundenwunsch immer näher zu kommen. Dies hat zu einer deutlichen Verbesserung der Absatzzahlen beigetragen. Ebenfalls gut sichtbar ist das Gegenteil dieser Erfahrungen bei vielen kleinen und eher persönlich geführten Geschäften oder Unternehmen. Durch die Verlagerung der Verkäufe ins Internet, um beispielsweise Kosten zu sparen, haben viele der Unternehmen ihre Kundenbeziehungen geschwächt und sich somit deutlich schlechter positioniert.

Wenn du ein gutes und tragfähiges Geschäftsmodell aufbauen möchtest, solltest du dir in jedem Fall Gedanken machen, wie du die Kundenbeziehung gestalten musst, um die Wertversprechen mit den Kundensegmenten in Einklang zu bringen und somit deine Einnahmen beständig zu verbessern. Durch die Kundenbeziehungen im Geschäftsmodell steuerst du effektiv die Leistungsfähigkeit des Unternehmens, da hier jede Aktivität oftmals eine spürbare Reaktion der Kunden nach sich ziehen kann.

Der fünfte Baustein: Die Einkommensströme

In jedem modernen Geschäftsmodell müssen die Einkommensströme überwacht und gesteuert werden. Dabei zählen zunächst vor allem die reinen Einnahmen und nicht der Gewinn. Die Einkommensströme sollten bei einem gut aufgebauten Geschäftsmodell nach Kundensegment und Produktsegment unterteilt werden, um eine übersichtliche und effektive Steuerung zu ermöglichen.

Ein erfolgreiches Geschäftsmodell generiert über zwei verschiedene Prozesse unterschiedliche Einkommensströme. Zum einen über einfache Kundenzahlungen, welche für ein bestimmtes Produkt oder eine Dienstleistung getätigt werden. Zum anderen über wiederkehrende Zahlungen, welche entweder durch die Auslieferung eines bestimmten Wertversprechens oder durch einen bestimmten Service am Kunden gerechtfertigt werden. Dabei wirst du als Unternehmer immer wieder dazu gezwungen, dir über die verschiedenen Einkommensströme Gedanken zu machen, um diese in deinem Unternehmen zu optimieren.

Einkommensströme können in einem erfolgreichen Unternehmen auf verschiedene Weisen generiert werden.

Der Verkauf von Vermögenswerten

Der Kunde erwirbt ein spezielles, vom Unternehmen vertriebenes Produkt, welches somit direkt in seinen Besitz übergeht. Das ist ein übliches Vorgehen im Vertrieb. So wie Amazon Bücher verkauft und Opel Autos, kannst du in deinem Unternehmen natürlich auch eigene Produkte verkaufen und vom Kunden einen Gegenwert für das Produkt und die Übertragung der Besitzrechte verlangen.

Abonnement-Modelle

Eine weitere Möglichkeit, um geschäftsmodelloptimierte Einkommensströme zu erzeugen, ist der Abschluss von Abonnements durch deine Kunden. Durch einen kontinuierlichen oder sich wiederholenden Vorgang kann der Kunde auf einen bestimmten Service oder bestimmte Leistungen zugreifen. Die Mitgliedschaft im Fitnessstudio ist ein sehr gutes Beispiel. Hier zahlt der Kunde für den Zugang zum Studio, für die Bereitstellung der verschiedenen Geräte, für deren Wartung und die Trainer.

Nutzungsabhängige Zahlungsmodelle

Hier zahlt der Kunde für die in Anspruch genommenen Leistungen. Ein Beispiel wären Telefongesellschaften, welche vom Kunden für vertelefonierte Minuten, verschickte SMS oder auch verbrauchtes Datenvolumen im mobilen Internet bestimmte Kosten in Rechnung stellen. Auch im Hotel- und Gastgewerbe sind diese Einkommensströme eine effektive Lösung.

Vermietung oder Leasing

Der Kunde zahlt eine bestimmte Summe, um ein Produkt über einen festgelegten Zeitraum und zu klar definierten Konditionen nutzen zu können. Dieses Modell ist beispielsweise beim Auto-Leasing, aber auch beim Vermieten von Ferienwohnungen ein beliebtes Modell, um Einkommensströme zu erzeugen. Da diese oftmals anhand des Gesamtwertes des Produkts berechnet werden, kann die Preisgestaltung hier durchaus deutliche Zugewinne ermöglichen.

Lizenzierung

Die Lizenzierung ist ein schwieriges Pflaster bei einem tragfähigen Geschäftsmodell, kann aber durchaus lukrative Einkommensströme erzeugen. Ein bestimmtes Produkt wird lizenziert und diese Lizenzen werden an Dritte verkauft. Eine Methode, welche oftmals von Patententwicklern genutzt wird, um aus den eigenen Patenten einen hohen Gewinn zu realisieren.

Vermittlungsgebühren

Wenn du in deinem Geschäftsmodell Geschäftsabschlüsse zwischen zwei Parteien anbietest, diese organisierst und strukturierst, so kannst du für diese Leistungen Vermittlungsgebühren verlangen. Auf diese Weise arbeitet beispielsweise ein Zahlungsdienstleister wie PayPal, welcher für jede getätigte Zahlung eine Vermittlungsgebühr erhebt.

Werbung

Auch Werbung kann Einkommensströme realisieren. Wenn du beispielsweise auf deiner Webseite Werbung schalten lässt, welche Produkte anderer Anbieter bewirbt, kannst du für den Werbeplatz die entsprechenden Gebühren kassieren. Die Einkommensströme durch Werbung sind jedoch erst ab einer gewissen Unternehmensgröße von entscheidender Bedeutung.

Preisgestaltung

Die Steuerung der Einkommensströme erfolgt über die Preisgestaltung. Diese kann sowohl fixiert als auch flexibel gestaltet werden. Die Höhe der Preise kannst du von verschiedenen Variablen abhängig machen, unter anderem von Produktionskosten, von den Preisen, welche die Kunden maximal zu zahlen bereit sind oder von weiteren, flexiblen Marktfaktoren. Für ein gutes Geschäftsmodell solltest du die Preisgestaltung in jedem Fall erklären können und errechnen, ob dein Konzept mit dieser Preisgestaltung tragfähig ist.

Beispiele aus der Praxis

Unterschiedliche Unternehmen gehen auf unterschiedliche Weise mit ihren Einkommensströmen um. Gerade am Anfang ist es durchaus sinnvoll, die Einnahmen wieder in das Geschäft zu reinvestieren, um die eigene Positionierung zu sichern und die eigene Marktmacht zu optimieren.

Amazon ist wieder ein hervorragendes Beispiel. Hier wurden die Einkommensströme, welche durch den Buchverkauf erzielt wurden, direkt wieder in das Unternehmen sowie in neue Produktgruppen und Erweiterungen der Kundensegmente investiert. Ähnlich hat Intel gearbeitet. Das Unternehmen hat Milliarden von Dollar investiert, um das eigene Logo in den Köpfen der Computerkäufer zu verankern und zu einem Synonym für Qualität zu werden. Dies hat sich rentiert, wie die Verkaufszahlen der Intel-Prozessoren bereits seit vielen Jahren beweisen.

Wenn du dir bei deinem Geschäftsmodell über die Einkommensströme Gedanken machst, so solltest du nicht nur die verschiedenen Verdienstmöglichkeiten bedenken, sondern vor allem auch überlegen, wie du mit den zu erwartenden Einkommensströmen umgehen möchtest. Ein gutes Geschäftsmodell setzt vor allem in den ersten Jahren auf verstärkte Reinvestitionen und sichert somit langfristig den Erfolg des Unternehmens. Das ist natürlich mit einem unternehmerischen Risiko verbunden, doch bei einem gut strukturierten Geschäftsmodell erkennst du in der Regel sehr schnell, in welchen Bereichen sich Investitionen und Verbesserungen am meisten lohnen und wo du den höchsten Gewinn für dein Unternehmen zu erwarten hast.

Der sechste Baustein: Die Ressourcen

Unter dem Baustein der Ressourcen werden alle Vermögenswerte und Produktionsressourcen aufgeführt, welche für den Betrieb des Unternehmens notwendig sind oder als notwendig erachtet werden. Die Ressourcen sind die Basis bei jedem Geschäftsmodell, da nur durch diese die Wertversprechen und die Einkommensströme realisiert werden können.

Die Ressourcen können dabei sowohl physisch als auch finanziell sein, intellektuelles Know-how umfassen oder bestimmte Personen, welche für das Geschäftsmodell und den Unternehmenserfolg von entscheidender Bedeutung sind.

Diese Schlüsselressourcen sind entweder direkt im Besitz des Unternehmens, können gemietet werden oder müssen gegebenenfalls von strategischen Partnern zur Verfügung gestellt werden.

Die Ressourcen können in folgende Kategorien fallen:

Physische Ressourcen

Physische Vermögenswerte können sehr breit gestreut sein. In diese Kategorie fallen unter anderem Produktionsstätten und Fabriken, Gebäude, Fahrzeuge sowie Produktionsmaschinen und Produktionssysteme. Ladenlokale, Verkaufsräumlichkeiten und weitere Vertriebsnetzwerke gehören ebenfalls zu den physischen Ressourcen eines Unternehmens. Werden diese für die Produktion oder den Erfolg benötigt, müssen sie zwingend von dir im Geschäftsmodell eingeplant werden.

Intellektuelle Ressourcen

Auch die intellektuellen Ressourcen können sehr vielfältig ausfallen und als Basis für den Unternehmenserfolg dienen. Unter diesem Komplex finden sich beispielsweise Marken, urheberrechtlich geschütztes Wissen und Patente sowie natürlich auch Partnerschaften und Kundendatenbanken.

All diese Elemente tragen zum großen Teil zu einem tragfähigen und belastbaren Geschäftsmodell bei und müssen bei der Planung in jedem Fall berücksichtigt werden. Einige Unternehmen basieren sehr stark auf den intellektuellen Ressourcen. Microsoft beispielsweise ist abhängig von urheberrechtlich geschütztem Wissen, welches immer weiter verfeinert und verbessert wird. Der Sportartikelhersteller Nike hingegen ist auf seine Marke angewiesen und hat in diese viel Geld investiert.

Menschliche Ressourcen

Praktisch jedes Unternehmen benötigt menschliche Ressourcen. Besonders in kreativen Bereichen oder Unternehmen mit starkem Wissensvorsprung können diese menschlichen Ressourcen eine sehr hohe Bedeutung annehmen. Je stärker der Unternehmenserfolg von den Fähigkeiten der menschlichen Ressourcen abhängig ist, desto stärker solltest du diese in deinem Geschäftsmodell einbinden.

Finanzielle Ressourcen

Es gibt einige Geschäftsmodelle, deren Fokus auf finanziellen Ressourcen basiert. Diese müssen nicht immer direkt und in bar vorhanden sein, sondern können auch als eingeräumte Kreditlinien von Banken oder durch Bürgschaften eingebracht werden. Durch den Einsatz der finanziellen Ressourcen kann ein Unternehmen beispielsweise die benötigten intellektuellen Ressourcen finanzieren oder sich in neuen Märkten etablieren und somit frei von der Konkurrenz arbeiten.

Gerade als Gründer sind finanzielle Ressourcen oftmals schwierig zu akquirieren. Geschäftsmodell und Businessplan müssen sehr gut sein, damit solche Ressourcen von den zuständigen Entscheidern freigegeben werden.

Beispiele aus der Praxis zu den Ressourcen

Google soll hier sinnbildlich den gelungenen Einsatz von Ressourcen in einem Geschäftsmodell darstellen. Das Unternehmen nutzt die Kundendaten, welche durch die Suchmaschinennutzung und die Analytics-Nutzung entstehen und kann durch diese den eigenen Werbeservice besser und effektiver gestalten. Somit nutzt das Unternehmen seine vorhandenen intellektuellen Ressourcen, um das Wertversprechen seiner Kunden einzulösen und zugleich sichere und dauerhafte Einkommensströme zu generieren.

Skype hat im Gegensatz dazu über einen sehr langen Zeitraum von freien Ressourcen profitiert und intellektuelle sowie menschliche Ressourcen eingesetzt, um sich zunächst als Alternative zum Telefonmarkt zu etablieren und seinen eigenen Service bekannter zu machen. Hierfür waren sichere finanzielle Ressourcen wichtig. Erst im Nachgang schaffte es Skype, sich mit seinem Geschäftsmodell zu etablieren und Einkommensströme in ausreichender Menge zu realisieren.

Du siehst, wie wichtig die Ressourcen für dein Geschäftsmodell und dein Unternehmen sind. Da die Ressourcen immer auch mit dem Bereich der laufenden Kosten und Ausgaben verbunden sind, kannst du im Business Model Canvas die verschiedenen Optionen für dein Unternehmen durchspielen und vergleichen.

Erfasse zunächst alle Ressourcen, welche du für deine Produktion oder deine Leistungen benötigst. In welchem Maße diese Ressourcen Eingang in deinen späteren Businessplan finden, hängt von deinem Geschäftsmodell ab. Plane Ressourcen besser für den Anfang knapp und gut kalkuliert als zu groß dimensioniert. Achte dabei darauf, dass du die Ressourcen bei Bedarf erweitern oder vergrößern kannst, wenn dein Unternehmen wächst, denn begrenzte Ressourcen können das einsetzende natürliche Wachstum eines Unternehmens nachhaltig schädigen.

Der siebte Baustein: Die Aktivitäten

Unter den Aktivitäten werden beim Business Model Canvas alle Aktionen aufgelistet, die ein Unternehmen durchführen muss, damit das Geschäftsmodell funktioniert und im Endeffekt von Erfolg gekrönt ist. Jedes Geschäftsmodell benötigt solche Schlüsselaktivitäten.

Welche Aktivitäten das sind, hängt in sehr großem Maße von der Branche und den Unternehmenszielen im Geschäftsmodell ab. Während sich eine Beraterfirma beispielsweise auf das Lösen von Problemen spezialisiert hat, müssen sich viele produzierende Unternehmen bei ihren Aktivitäten auf die Produktion und vor allem auf die Optimierung der Lieferkette konzentrieren. Somit hängt die Wichtigkeit der Schlüsselaktivitäten und deren Wertung im Geschäftsmodell sehr stark vom Business und von der Ausrichtung des Unternehmens ab. In folgenden Branchen und Einsatzbereichen sind die Aktivitäten oftmals der Schlüssel zum Erfolg:

Produktionsunternehmen

Im produzierenden Gewerbe kommen den Produktionsaktivitäten enorme Bedeutungen zu. Dabei können unter diesen Oberbegriff eine ganze Reihe von Tätigkeiten fallen, angefangen beim Design über die Fertigung bis zur abschließenden Qualitätskontrolle. All diese Aktivitäten müssen im Geschäftsmodell erfasst werden, da nicht alle Aktivitäten vom Unternehmen selbst übernommen werden müssen. Durch die Auslagerung verschiedener Bereiche lassen sich beispielsweise verschiedene Wertversprechen leichter einlösen oder die Ausgaben des Unternehmens senken.

Nehmen wir ein praktisches Beispiel. Laut Geschäftsmodell möchte ein Unternehmen Schmuck anfertigen und diesen günstiger und besser als die Konkurrenz verkaufen können. Design, Produktion und Qualitätskontrolle wären jetzt hier die Schlüsselaktivitäten. Es kann jedoch für das Unternehmen deutlich günstiger sein, die Produktion an einen Partner auszulagern und sich somit bei den Ressourcen zu entlasten. Nur Design und Qualitätskontrolle würden in den Händen des Unternehmens verbleiben und müssten als Aktivitäten im Geschäftsmodell aufgeführt werden. Eine Abwägung der Aktivitäten sollte jeder Unternehmer bei der Planung seines Geschäftsmodells durchführen.

Problemlösungen

Unternehmen, welche als Problemlöser dienen, sind bereits vom Geschäftsmodell her von ihren Aktivitäten abhängig. Ob Beratungsgesellschaften, in der Pflege oder dem allgemeinen Gesundheitswesen, Wissensmanagement, Training und Ausbildung des Personals gehören hier zu den wichtigsten Kernaktivitäten dieser Unternehmen.

Plattform-Angebote

Unternehmen, welche für verschiedene Dienstleistungen eine eigene Plattform anbieten, sehen ihre Kernaktivitäten oftmals in der Entwicklung, Pflege und Wartung dieser Plattform. Ebay ist hier ein gutes Beispiel, da das gesamte Geschäftsmodell des Unternehmens von der Qualität und Leistungsfähigkeit der Plattform abhängig ist. Dementsprechend muss das Unternehmen seine Energie in die Wartung, Weiterentwicklung und natürlich in die Werbung für diese Plattform investieren.

Beispiele aus der Praxis

Die meisten Unternehmen haben es geschafft, sich auf einen bestimmten Bereich zu spezialisieren und dort die notwendigen Aktivitäten zu bündeln. Ein Beispiel ist Microsoft. Das Unternehmen fokussiert seine Aktivitäten in die Entwicklung und Verbesserung von Software und hat dort sein Kerngeschäft. Alle weiteren Aktivitäten werden durch die Schlüsselaktivitäten finanziert und getragen.

Ähnlich sieht es beispielsweise bei VISA aus. Hier fokussiert sich das Unternehmen klar auf die eigene Plattform, welche eine Verbindung zwischen Handel und Banken schafft und die mit enorm großem Aufwand betrieben, abgesichert und gewartet werden muss.

Wenn du dein Geschäftsmodell entwickelst und dabei die Aktivitäten planst, solltest du im Idealfall nach einem bestimmten Muster vorgehen. Notiere alle noch so kleinen Aktivitäten, welche für dein Geschäftsmodell notwendig sind. Versuche danach, diese Elemente des Mikro-Managements zusammenzufassen und zu gruppieren. Somit erhältst du passende Schlüsselaktivitäten, welche alle relevanten Tätigkeiten für dein Geschäftsmodell enthalten.

Der achte Baustein: Die Partner

Unter dem Oberbegriff der Partner werden bei einem Unternehmen die Netzwerke aus Zulieferern und Geschäftspartnerschaften beschrieben, welche benötigt werden, um das Geschäftsmodell aktiv zu halten. Unternehmen schmieden Partnerschaften, um ihr Geschäftsmodell zu festigen, um Risiken zu reduzieren oder auch um weitere Ressourcen an sich zu binden. Insgesamt haben sich vier verschiedene Typen an Partnerschaften etabliert:

- Strategische Partnerschaften zwischen nicht konkurrierenden Unternehmen

- Strategische Partnerschaften zwischen konkurrierenden Unternehmen
- Gemeinschaftsunternehmen zur Öffnung neuer Märkte
- Käufer-Zulieferer-Beziehungen für die eigene Produktion

Bei den Partnerschaften spielen vor allem die Motivationen der Unternehmen eine entscheidende Rolle. Dies solltest du in jedem Fall bedenken, wenn du dir Gedanken über notwendige bzw. mögliche Partner für dein Geschäftsmodell machst.

Die Hauptmotivationen für Unternehmen sind:

Die Optimierung und die Ökonomie in skalierbaren Größen

Das Ziel für das Unternehmen ist eine optimale Kosten-Nutzen-Rechnung. Wenn ein Unternehmen bestimmte Ressourcen benötigt, diese aber nicht selbst besitzt oder herstellen kann, ist ein passender Partner von entscheidender Bedeutung. Dieser muss ausreichende Kapazitäten besitzen, um die benötigten Ressourcen auch bei steigender Anforderung liefern zu können.

Bei der Suche nach einem solchen strategischen Partner solltest du immer die Kosten im Auge behalten. Nicht immer ist der günstigste Partner optimal, beispielsweise dann nicht, wenn bei gesteigerter Nachfrage die Preise durch die hohen Abnahmemengen reduziert werden können. Die Balance zwischen Qualität und Kosten ist für ein Unternehmen von entscheidender Bedeutung.

Die Reduzierung von Risiken und Unsicherheiten

Geschickt gewählte Partnerschaften können Risiken in unsicheren und neuen Geschäftsfeldern deutlich reduzieren. Viele Unternehmen gehen in einigen Märkten strategische Partnerschaften mit konkurrierenden Unternehmen ein, obwohl diese in anderen Märkten zu den stärksten Konkurrenten gehören.

Ein gutes Beispiel ist hier das Blu-Ray-Format beziehungsweise die dahinter steckende Technologie. Dieses wurde von mehreren Unternehmen am Markt etabliert, welche zu diesem Zweck eine starke strategische Partnerschaft eingegangen waren. Nachdem sich die Technologie als neuer Standard etablieren konnte, konkurrierten die Unternehmen untereinander im Verkauf eigener Blu-Ray-Produkte, ohne dass dies bei der vorherigen Partnerschaft ein Problem gewesen wäre.

Der Einkauf spezieller Ressourcen oder Kenntnisse

Viele Unternehmen erweitern ihre eigenen Möglichkeiten, indem spezielle Technologien oder auch Aktivitäten von anderen Unternehmen eingekauft werden. Diese Ressourcen können sowohl spezialisiertes Wissen, Lizenzierungen oder auch Zugänge zu neuen Kundengruppen umfassen.

Ein gutes Beispiel ist der Mobilfunkmarkt. Viele Hersteller von hochwertigen Smartphones fokussieren ihre Energie und Aktivitäten annähernd vollständig in den Bereich der Fertigung. Die benötigte Software, also das Betriebssystem, wird per Lizenzierung eingekauft und kann somit effektiv eingesetzt werden.

Beispiele aus der Praxis

Der Konzern REWE ist in sehr viele Partnerschaften eingebunden, welche als Zulieferer für einen kontinuierlichen Zustrom an Waren sorgen. Diese Partnerschaften sichern den Erfolg des Unternehmens und die Versorgung der Kunden mit den benötigten Waren. Das Wertversprechen des Unternehmens kann somit nur durch die effektiven Partnerschaften erfüllt werden.

Ähnlich verhält es sich mit der Verkaufsplattform Ebay. Ebay ist strategische Partnerschaften mit mehr als 60 unterschiedlichen Webseiten eingegangen und hat sich damit Wissen, Technologie und vor allem neue Kundensegmente erkauft. Auch die strategische Partnerschaft mit dem Zahlungsdienstleister PayPal hat das Angebot von Ebay spürbar erweitert und neuen Kunden den Zugang zum Markt ermöglicht.

Wenn du für dein Geschäftsmodell nach strategischen Partnern suchst, musst du viele Elemente bedenken. Unternehmen können auf vielerlei Arten von einer Partnerschaft überzeugt werden. In vielen Fällen ist Geld der entscheidende Faktor, etwa wenn du einen Zulieferer für bestimmte Waren oder Ressourcen benötigst. Andere Unternehmen können bei einer Partnerschaft im Tausch von deinem Know-how oder deinen Produkten profitieren. Nicht immer muss eine Partnerschaft mit Geld erkauft werden.

Sorge für ausreichend verlässliche Partner, um dein Geschäftsmodell abzusichern und die Risiken für dein Unternehmen zu minimieren.

Der neunte Baustein: Die Ausgaben

In diesem Baustein werden alle Kosten und Ausgaben gesammelt, welche benötigt werden, damit das Geschäftsmodell funktioniert. Die Kosten und Ausgaben lassen sich recht leicht kalkulieren, wenn du bereits im Vorfeld die Ressourcen, die Aktivitäten und die Partnerschaften bestimmt und kalkuliert hast.

In jedem tragfähigen Geschäftsmodell ist es üblich, die Kostenstrukturen so weit wie nur möglich zu senken. Allerdings gibt es hierbei auch Extreme, welche stark vom Geschäftsmodell abhängen. Billig-Airlines oder auch besonders günstige Anbieter wie beispielsweise Discounter versuchen die Kosten so weit wie möglich zu senken.

Insgesamt kannst du zwei verschiedene Geschäftsmodelle unterscheiden: kostengesteuerte und wertgesteuerte Geschäftsmodelle.

Kostengesteuerte Geschäftsmodelle versuchen, die laufenden Kosten und die Produktionskosten so weit wie nur möglich zu reduzieren. Dies gelingt zumeist durch eine Kombination aus Produkten im Niedrigpreissegment, durch eine sehr starke Automation im Bereich Produktion und Vertrieb, sowie durch eine sehr starke Einbeziehung verschiedener Partner.

In wertgesteuerten Geschäftsmodellen hingegen legen die Unternehmen höchsten Wert auf hochwertige Produkte und Angebote, welche oftmals mit einem sehr hohen Servicegedanken und vielen Servicedienstleistungen für die Kunden einhergehen. Gute Beispiele in dieser Kategorie sind die verschiedenen Designer-Modemarken oder auch Luxushotels und viele große Smartphone-Hersteller wie Samsung oder Apple.

Bei den Ausgaben musst du folgende Kategorien unterscheiden und in deinem Geschäftsmodell auch unterschiedlich stark gewichten:

Die Fixkosten

Diese Kosten bleiben immer gleich. Hierunter zählen unter anderem die Löhne der Angestellten, die Mietkosten für Gebäude oder Maschinen, die Wartung und Pflege deiner Betriebsmittel sowie die Instandhaltung von Verkaufsräumen und deren weitere Kosten.

Die variablen Kosten

Diese Kosten sind abhängig von der Höhe deiner Produktion und deiner Verkäufe. Hier können die Kosten also durchaus stark variieren. Variable Kosten entstehen beispielsweise durch die Preise deiner Rohstoffe, durch Provisionen für deine Mitarbeiter oder durch Fracht- und Transportkosten für deine Waren. Auch die Stromkosten gehören zu den variablen Kosten, da diese oftmals abhängig vom Grad der Beschäftigung und von der Menge der Produktion steigen und fallen.

Betriebswirtschaftlich skalierbare Kosten

Durch die Steigerung der Produktion lassen sich die Stückkosten je Einheit in der Regel spürbar senken. Dementsprechend kann es für dich deutlich sinnvoller sein, direkt in größeren Mengen zu produzieren, um die Kosten pro produzierter Einheit signifikant zu senken. Dies kann bis zu dem Punkt skaliert werden, an dem Probleme aufgrund großer Produktionsmengen auftreten.

Einsparpotenziale finden und entwickeln

Je größer das Unternehmen, umso leichter lassen sich verschiedene technologische Entwicklungen auf andere Marktbereiche übertragen. So lassen sich die Kosten teilweise massiv reduzieren.

Beispiele aus der Praxis

Viele Unternehmen reduzierten die Kosten für die eigenen Dienstleistungen, indem bestehende Möglichkeiten genutzt und geschickt erweitert wurden.

Skype ist hier ein passendes Beispiel. Das Unternehmen hat kein eigenes Netzwerk aufgebaut, welches gewartet und gepflegt werden muss, das bestehende Internet konnte direkt für die angebotenen Dienstleistungen genutzt werden. Apple nutzt wie viele andere Unternehmen die Möglichkeit, über die Preise die eigenen Absätze effektiv zu verbessern. Kommt ein neues Modell auf den Markt, wird der Preis des alten Modells gesenkt. Somit werden weitere Käuferschichten angesprochen, was die Kosten für die Überproduktion der Geräte sowie die Kosten für die Lagerung und Entsorgung der Bestandsgeräte für das Unternehmen minimiert.

Die Ausgaben sind ein schwieriger Bereich für jeden Unternehmer. Wenn du in deinem Geschäftsmodell alle anderen Faktoren geplant hast und diese nun vor dir liegen, kannst du anfangen, die Kosten zu berechnen. Es ist durchaus sinnvoll, mehrere Optionen durchzuspielen und zu schauen, mit welchem Kostenmodell und mit welchen Ausgaben du wirtschaftlich am sichersten fährst und mit welcher Lösung du ein entsprechend hohes Entwicklungspotential erreichen kannst.

Sparen um jeden Preis kann manchmal kontraproduktiv sein, vor allem dann, wenn dich die Einsparungen in der Entwicklung deines Unternehmens behindern oder einschränken. Eine gute Kalkulation der Ausgaben ist darüber hinaus für deinen Businessplan wichtig, da hier in der Regel besonders genau kontrolliert wird.

Mit dem Business Model Canvas steht dir eine Lösung zur Verfügung, mit welcher du dein Geschäftsmodell schnell bestimmen und flexibel gestalten kannst. Wenn du dir ein wenig Zeit nimmst und du bereit bist, dich umfassend mit den Stärken und Schwächen deiner Idee auseinanderzusetzen, kannst du innerhalb weniger Stunden ein eigenes Geschäftsmodell entwickeln, es auf Schwächen abklopfen und somit die Grundlage für deinen geschäftlichen Erfolg legen. Ein solides und validiertes Geschäftsmodell verschafft dir deutliche Vorteile gegenüber der potentiellen Konkurrenz, sorgt für eine höhere Sicherheit bei deiner angehenden Geschäftstätigkeit und dient zusätzlich zur Überprüfung der erreichten Ziele und zur Verbesserung der eigenen Strategie.

Je gründlicher du dich mit deinem Geschäftsmodell auseinandersetzt und je intensiver du am Business Model Canvas arbeitest, umso effektiver kann sich dein Geschäft entwickeln, denn die Grundlagen sind für den dauerhaften Erfolg von entscheidender Bedeutung. Eine gute Idee allein kann zwar den Anstoß bieten, doch ohne ein tragfähiges Geschäftsmodell ist eine solche Idee in beinahe allen Fällen zum Scheitern verurteilt.

Das Business Model Canvas ist das ideale Tool, um schnell und pragmatisch die Tragfähigkeit deines Konzepts zu überprüfen und gegebenenfalls bei Bedarf Veränderungen vornehmen. Während unseres „Kickstart Coaching" arbeiten unsere Kunden exklusiv mit einer abgewandelten Form des Business Model Canvas, dem Online Business Canvas. Dieses abgewandelte Modell ist optimal geeignet, um ein Online Business zu evaluieren.

Also zögere nicht länger, drucke dir unsere Business Model Canvas-Vorlage im Downloadbereich aus und beginne, dein eigenes Geschäftsmodell zu entwickeln (**https://mitglieder.gruender.de**). Du wirst begeistert sein, wie einfach dies mit dem Business Model Canvas gelingt und wie einfach es ist, die verschiedenen Möglichkeiten zu vergleichen und zu nutzen. So kannst du beinahe spielerisch dein Unternehmen planen und eventuelle Schwachstellen frühzeitig entdecken.

SCHRITT 2:
DIE EVALUIERUNG DEINES GESCHÄFTSMODELLS

Du weißt jetzt, welche Punkte entscheidend für dein erfolgreiches Geschäftsmodell sind. Kommen wir nun zu den Zahlen, denn die beste Geschäftsidee ist letztlich nichts wert, wenn die Zahlen nicht stimmen. Schließlich wäre es extrem schade zu sehen, dass dein Projekt es endlich auf die Füße geschafft hat, um dann von den fehlenden Finanzen direkt wieder umgeschubst zu werden.

Aus diesem Grund will ich dir mit einem simplen Kalkulationstool helfen, um frühzeitig Kapitalbedarf, Cashflow und langfristige Perspektiven des Projekts abschätzen zu können, ohne dich in Details zu verrennen.

Du wirst feststellen, dass Planung und tatsächliche Zahlen ohnehin immer ein Stück weit voneinander abweichen. Eine Vorabplanung ist trotzdem sinnvoll, um ein Projekt zu bewerten und Prognosen treffen zu können. Eine extrem detaillierte Planung ganz am Anfang eines Projektes ist aber meist nur ein Zeitfresser, der dich deinen Zielen nicht näher bringen wird.

Um diese Evaluation vorzunehmen, habe ich dir im Download-Bereich eine Exceltabelle zur Verfügung gestellt, die du ganz einfach mit deinen Zahlen füttern kannst und so sehr schnell einen Überblick darüber gewinnst, ob dein Konzept tragfähig ist und welches Potenzial es mittelfristig birgt.

Die Kalkulation orientiert sich am Cashflow. Der Cashflow bezeichnet die Differenz zwischen Einnahmen und Ausgaben. Insbesondere Rückstellungen und Abschreibungen lassen wir also zunächst außen vor.

Betrachte für diese einfache Cashflow Planung die ersten zwölf Monate deines Business. Auf dieser Basis kannst du dann die folgenden Jahre kalkulieren. Bitte beachte dabei, dass in der Praxis die Werte ohnehin an vielen Stellen deutlich abweichen werden, weil man es nie schafft, auf dem Papier die unzähligen Variablen eines neuen Geschäftsmodells vorherzusagen.

Also kalkuliere nur so genau, wie es dein Zeitplan zulässt. Abweichungen von zehn, 20 oder auch 50 Prozent werden an einzelnen Stellen ohnehin vorkommen, deswegen zerbrich dir nicht unnötig lange den Kopf über einzelne Zahlen.

Wichtig ist, dass du dir zunächst Gedanken darüber machst, wie hoch deine Umsätze am Anfang realistischerweise sein werden und welche Kosten in welcher Höhe auftreten. Für die ersten zwölf Monate empfiehlt es sich hier, jeden einzelnen Monat zu betrachten und auf Basis des ersten Jahres eine Schätzung für die folgenden Geschäftsjahre abzuleiten.

An den Ergebnissen kannst du zunächst einmal deinen Kapitalbedarf ablesen. Wenn der verfügbare Cashflow in einem der Monate im roten Bereich, also im Minus sein sollte, musst du diesen Fehlbetrag entweder durch Geld aus deiner eigenen Tasche oder durch Fremdkapital ausgleichen, um nicht zahlungsunfähig zu werden. Es empfiehlt sich hier, einen gewissen Puffer einzukalkulieren, um nicht von Abweichungen nach unten überrascht zu werden.

Des Weiteren kannst du an dieser Kalkulation das Potential deines Geschäftsmodells ablesen. Wenn du merkst, dass der verfügbare Cashflow im fünften

Geschäftsjahr (in der Tabelle mit GJ abgekürzt) immer noch weit hinter deinen Zielsetzungen in Punkto Einkommen liegt, wirst du mit deinem Business vermutlich nicht glücklich werden.

Zudem solltest du hier eine gewisse Risikokomponente einkalkulieren. Stell dir mal vor, es läuft alles wie geplant und dein Cashflow erhöht sich im fünften Geschäftsjahr um 250.000 Euro. Diese 250.000 Euro wären deine Rendite als Unternehmer im fünften Geschäftsjahr vor Steuern. Das wäre sicherlich kein schlechtes Ergebnis. Aber du solltest dir an dieser Stelle unbedingt die Frage stellen, wie wahrscheinlich es ist, dass alle von dir angenommenen Entwicklungen so eintreten. Wenn sehr viele Dinge zu deinen Gunsten laufen müssen, damit du dieses Ergebnis erreichst, wird das Ergebnis deutlich unattraktiver.

Nehmen wir mal an, du gehst davon aus, dass es nur mit einer Wahrscheinlichkeit von 25 Prozent klappt, dann musst du diese Wahrscheinlichkeit mit diesem erwarteten Ergebnis multiplizieren, um den tatsächlichen Erwartungswert zu erhalten. Dieser Erwartungswert liegt in diesem Fall bei ‚nur' 62.500 Euro. Du musst dir an dieser Stelle die Frage stellen, ob du bereit bist für die von dir berechnete Rendite im fünften Jahr, fünf Jahre lang Vollgas zu geben.

Je simpler dein Business Modell, je planbarer und zuverlässiger die Komponenten, desto höher wird dieser Erwartungswert. Deshalb solltest du dir gut überlegen, ob du lieber mit einem Business arbeiten willst, dass zu 90 Prozent klappt und 200.000 Euro Rendite verspricht oder auf eine zehn prozentige Wahrscheinlichkeit einer 3.000.000 Euro Rendite setzt.

Dir sollte klar sein, dass unternehmerisches Handeln immer mit dem Abwägen von Risiken zu tun hat, oder anders ausgedrückt, du dir die besten Chancen aussuchen solltest.

Das soll an dieser Stelle nicht demotivieren, sondern nur zum klugen Abwägen motivieren, denn wer gar nicht erst mitspielt, kann natürlich auch nicht gewinnen.

Solltest du an dieser Stelle zu dem Ergebnis kommen, dass dein Business Modell nicht genug Ertrag bringen wird, hast du zwei Möglichkeiten. Entweder du nimmst dir alle Stellschrauben deines Business Modells nochmal vor und überlegst, ob man die Erträge optimieren kann (wie beispielsweise durch ein besseres Erlösmodell oder durch stärkere Partner) oder aber du fängst einfach nochmal mit einem anderen Business Modell von vorne an.

Bei den allerwenigsten Gründern hat direkt das erste Unternehmen, das erste Projekt oder das erste Business Modell funktioniert. Ich habe in meiner Karriere sicherlich schon weit über 1.000 Geschäftsideen bewertet und kann dir sagen:

Mit jeder Bewertung steigt deine "Geschwindigkeit" und dein Erfahrungsschatz. Also lass dich nicht unterkriegen und fange damit an, deine Geschäftsidee Schritt für Schritt aufzuschreiben.

Anwendung auf die eigene Geschäftsidee am Beispiel Gründer.de

Bevor wir uns den Erfolgsgeschichten der Co-Autoren widmen, möchte ich dir an einem persönlichen Beispiel zeigen, wie das Business Model Canvas in der Praxis angewendet aussehen kann. Und was wäre da geeigneter, als das Unternehmen Gründer.de, das viele Höhen und Tiefen in der Gründungsphase erlebt hat, schlussendlich aber doch ein voller Erfolg wurde? Die wichtigsten Bausteine möchte ich einmal kurz für dich zusammenfassen.

Beginnen wir mit dem ersten Baustein, den **Kundensegmenten**, welche die Grundlage eines erfolgreichen Business Model bilden. Bei Gründer.de sprechen wir Kunden in der Alterspanne von 20-45 Jahren an, da sich hier die meisten potenziellen Gründer befinden. Mit unserer Zielgruppe wenden wir uns an einen Nischenmarkt, weswegen es nicht sinnvoll ist, die Kundengruppe zu stark zu segmentieren.

Wir möchten mit unserem Unternehmen Menschen ansprechen, die mit dem Gedanken spielen, ein Unternehmen zu gründen, schon mit dem Gründungsprozess begonnen haben oder sich nebenbei etwas dazu verdienen wollen. Wir möchten diesen potenziellen Gründern unterstützend zur Seite stehen, ihnen Tipps und Hilfestellungen geben und als Ansprechpartner fungieren.

Diejenigen, die mit dem Gedanken spielen, sich ein passives Einkommen aufzubauen und in vielen Punkten noch unsicher sind, möchten wir motivieren und ihnen dabei helfen sich weiterzuentwickeln und sich selbst zu verwirklichen.

Mit dem zweiten Baustein **Wertversprechen** möchten wir mit unseren Angeboten die Probleme unserer Kunden lösen. Hierfür bieten wir verschiedene Produkte wie Webinare, Bücher, Videokurse, Workshops, Ratgeber und Seminare an.

Mithilfe unserer Produkte stehen wir den Kunden unterstützend zur Seite und helfen ihnen, sich das benötigte Know-how für die Unternehmensgründung anzueignen. Unsere Angebote sollen die Angst nehmen, die eine Gründung mit sich bringen kann. Wir möchten Denkanstöße geben und dich bei deinem Weg in die Selbstständigkeit unterstützen.

Der Kunde kann einen Nutzen aus unseren Büchern und einem Magazin ziehen und bei der Teilnahme an Webinaren von dem Wissen unserer Experten profitieren. Wir bieten somit einen Leitfaden und einen guten Überblick, wie man bei der Gründung eines Unternehmens vorgehen sollte.

Da sich bei Gründer.de alles auf unserer Homepage abspielt, findet unsere Kommunikation hauptsächlich über Online-**Kanäle** statt. Auf der Internetseite findet der Kunde alle Produkte und nähere Informationen zu diesen. Möchte er mit uns ins Gespräch kommen, findet er dort alle wichtigen Kontaktdaten, um sich bei uns zu melden und weitere Informationen zu bekommen. Ebenfalls sind wir auf verschiedenen Social-Media-Kanälen präsent.

Die **Kundenbeziehung** steht bei uns im Vordergrund, da es für unsere Produkte wichtig ist, dass wir eine enge Vertrauensbasis zu unseren Kunden haben. Bei der Kundenbeziehung geht es uns sowohl darum, neue Beziehungen aufzubauen, als auch bestehende Beziehungen aufrecht zu erhalten. Neue Kunden gewinnen wir durch kostengünstige Angebote, der Herstellung von ersten Kontakten in der Branche und durch Wissen, welches wir durch unsere Produkte vermitteln. Zur Aufrechterhaltung der Kundenbeziehungen werden unsere Inhalte ständig aktualisiert und unsere Themen und Angebote stetig weiterentwickelt und ausgebaut.

Die **Einkommensströme**, die den fünften Baustein des Business Model bilden, werden bei uns über einen Sales Funnel generiert. Das bedeutet, dass wir unseren Kunden als erstes Angebot günstige oder auch kostenlose Produkte anbieten, um ihnen einen ersten Eindruck über unsere Leistungen zu vermitteln. Im zweiten Schritt bieten wir ihnen hochpreisige Produkte an, die auf den ersten aufbauen.

Die Zahlungsbereitschaft der Kunden ist für das hochpreisige Produkt zunächst gering. Wird ihnen aber zuerst ein günstiges oder sogar kostenloses Produkt angeboten, steigt die Zahlungsbereitschaft für das Hochpreisige an. Schließlich konnte sich der Kunde so durch das Einstiegsprodukt von unserer Expertise überzeugen.

Zu dem sechsten Baustein zählen in unserem Unternehmen hauptsächlich die intellektuellen **Ressourcen**. Wir bieten den Kunden unser Know-how und unsere Expertise an, wovon sie beim Kauf unserer Produkte profitieren können. Ebenso wichtig ist für uns die Möglichkeit, uns über das Internet zu präsentieren und dort unser Online Marketing an den Kunden zu bringen. Der Zugang über das Internet zu unserer Webseite ist somit für uns unabdingbar. Auch unsere Kontakte sind für uns sehr wichtige Ressourcen, da sie uns dabei helfen, unsere Bücher und Magazine zu produzieren, Kontakte von Gründer zu Gründer herzustellen und eine Kundenbasis aufzubauen.

Die **Kernaktivität** unseres Unternehmens ist, dass wir Wissensaustausch generieren. Für uns ist es bei dem siebten Baustein deswegen wichtig, dass unsere Inhalte stets aktualisiert und unsere Kunden immer mit den neuesten Informationen versorgt werden. Wir möchten, dass sie aktiv an unseren Angeboten teilhaben und sich mit uns und anderen Teilnehmern austauschen können. Dazu muss unsere Hauptaufgabe sein, Vertrauen zu unseren Kunden aufzubauen, ihnen zu zeigen, dass wir für sie da sind und den weiteren Kontakt zu ihnen zu pflegen.

Bei Gründer.de haben wir **Partner** in unterschiedlichen Bereichen. Beispielsweise besteht für uns nicht die Möglichkeit, unsere Bücher und Magazine selbst zu drucken. Aus diesem Grund brauchen wir die Partnerschaft mit einer Produktionsfirma, die das für uns übernimmt und die sich in dem Bereich auskennt. Weitere wichtige Partner sind für uns bekannte Gründer, die unseren Teilnehmern neben uns beratend zur Seite stehen. Sie bilden unsere Unterstützung und geben unseren Kunden gezielt für spezielle Branchen Ratschläge und Hilfestellungen. Durch den Mehrwert, den wir unseren Kunden bieten, kommt es oft vor, dass ehemalige Teilnehmer Partner werden und nachfolgenden Teilnehmern ihr Wissen und ihre Erfahrungen weitergeben. Zudem zählt zu unseren Partnern ein Logistikdienstleister und wir führen mehrere Affiliate Partnerschaften.

Der neunte und letzte Baustein des Modells ist wichtig, um die **Kosten** seines Unternehmens im Blick zu haben. Bei unserem Geschäftsmodell verteilen sich die Kosten hauptsächlich auf die Bücher, Pflege der Webseite, Werbung, Mitarbeiter und Weiterbildungen. Am wichtigsten sind hierbei die Ausgaben für Werbung, Bücher und für das Magazin, da es hierbei um die Gewinnung neuer Kunden geht. In gewissen Bereichen versuchen wir, die Kosten gering zu halten. Wir bieten beispielsweise Hardcover-Bücher an, setzen aber vermehrt auf Taschenbücher und E-Books. Zudem bieten wir zusätzlich zu Seminaren, bei denen die Teilnehmer vor Ort sein müssen, Webinare an, die online laufen. Kostenintensiver sind bei uns alle Weiterbildungen im Marketingbereich und die Teilnahme an Seminaren.

Die Gründung meiner ersten richtigen Firma

Anhand der Bausteine des Business Model Canvas hast du jetzt vielleicht schon eine Idee, wie eine Unternehmensgründung theoretisch ablaufen kann. Besser vorstellen kannst du es dir aber wahrscheinlich, wenn ich dir genauer erzähle, wie meine erste Gründung ablief. An diesem Beispiel wirst du sehen, dass auch bei mir nicht alles perfekt lief. Wichtig ist nur, dass man nicht aufgibt, sondern immer einen Weg findet, weiterzumachen.

Auf der Startlinie: Mein erster Gewerbeantrag

Meinen Gewerbeantrag stellte ich am 15.01.2010. Damals entschloss ich mich, einen Online-Shop für Uhren aufzubauen. Ich dachte, der Markt sei Milliarden groß. Wie dumm diese Annahme war, merkte ich erst später. Aber ich sammelte wertvolle Erfahrungen. Meine erste Uhr besaß ich übrigens erst 2013, also drei Jahre nachdem ich meinen Uhrenshop gründete bzw. zweieinhalb Jahre nachdem ich ihn wieder plattgemacht hatte – soweit war ich von der Thematik „Uhren" inhaltlich entfernt.

Den Uhren-Shop baute ich parallel zu meinem Studium auf. Ich saß in den Vorlesungen genauso wie meine Kommilitonen, nur dass sie der Vorlesung folgten (schließlich bezahlte Papa meist das Studium) oder Handyspiele spielten, während ich parallel Artikel in meinem Shop bearbeitete, Rechnungen schrieb oder Versandaufträge erteilte.

Manche fanden das sonderbar, manche hatten sich daran gewöhnt – schließlich hatte ich schon 2008 während der Vorlesungen Online-Poker gespielt, um meine Studiengebühren zu finanzieren. Ja okay, das war wirklich sonderbar.

Der Shop war finanziell derart erfolglos, dass ich nicht mal meine Miete davon bezahlen konnte. Wenige hundert Euro blieben übrig. Doch er eröffnete mir eine neue Welt – und ich lernte darüber Prof. Dr. Oliver Pott kennen, der als Professor für Entrepreneurship meine Bachelorarbeit betreuen sollte.

Kurz zusammengefasst: Noch im April 2010 begann ich in Olivers Firma zu arbeiten (mein Studium ging noch bis September). Aufgrund meiner Erfolgsbeteiligung, waren die paar hundert Euro von dem Online-Shop bald nur noch Peanuts – ich machte den Shop dicht und fokussierte mich auf meinen neuen Job.

Oliver handelte früher mit Internet-Domains wie andere mit Immobiliengrundstücken. Er besaß die Domain www.gruender.de und ein Mitarbeiter von uns baute Kontakt zu einem befreundeten Gründerberater auf – Christoph Schreiber.

Von der Idee, Gründer.de gemeinsam aufzubauen, bis zum Konzept ging alles sehr schnell. Der Plan war geschmiedet mit Christoph und mir als operative Kräfte und Oliver als strategischem Partner und drittem Gesellschafter. Kurz vor Weihnachten 2010 fassten wir den Entschluss zu gründen. Im Januar gründeten wir die GmbH und im Februar begann die operative Arbeit.

Es war übrigens extrem clever, eine Firma bzw. GmbH mit jemandem zu gründen, den man nicht mal einen Monat kannte und erst einmal vorher getroffen hatte. Vorsicht, Ironie! Doch Christoph und ich taten das, wir zogen voll durch und Gründer.de war von Beginn an ein Riesenerfolg.

Ein überzeugendes Geschäftsmodell finden

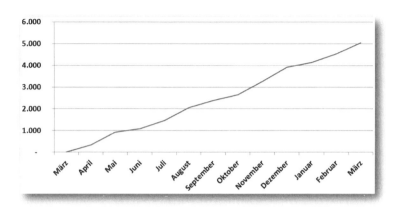

Gründer.de Bestelleingänge ab März 2011; © Gründer.de

Bereits sechs Monate nach der Gründung hatten wir über 100.000 Besucher auf unserer Webseite und über 2.000 Personen hatten eines unserer Coaching-Produkte gekauft. Im August 2011 wurde ich 29 Jahre alt und ich war unternehmerisch erfolgreich. Dieser Geburtstag zeichnete damals für mich den Höhepunkt meines bisherigen Lebens. Ich setzte mir an diesem Tag ein neues Ziel: die Erlangung völliger finanzieller Freiheit innerhalb der nächsten zwölf Monate. Ob ich das erreicht habe, kannst du ausführlicher in meiner Biografie "Der Tag an dem sich alles änderte" nachlesen.

War dieser Höhepunkt der Lohn für meinen Mut? Nicht mal ein Jahr zuvor verdiente ich fünfstellig als Geschäftsleiter, kündigte meinen Job und startete von Null. Meine Mutter hatte damals Angst um Haus und Hof und ich war auf einer Welle, in der ich „unbesiegbar" schien – so sehr unterschieden sich die Sichtweisen.

Christoph und ich bauten das Business in Rekordgeschwindigkeit weiter aus. Wir flogen 2011 in die USA, um näher am Puls der Online-Welt zu sein. Ein fantastischer Trip, auf den wir heute gerne zurückblicken – mit der Einschränkung, dass die Mücken mich deutlich lieber stachen als ihn.

Doch es kam dann ganz anders: Nach einem Jahr, im Januar 2012, zogen wir Bilanz. Wir schlossen das Jahr mit einem großen Umsatz ab, auf den wir sehr stolz waren. Doch die immensen Werbeausgaben, die das Wachstum und den Umsatz finanzierten, drückten den Gewinn drastisch nach unten.

Wir waren uns uneinig. Christoph und ich hatten unterschiedliche Ansichten über die weitere Entwicklung der Firma. Ich erspare euch die Details. Freundlich, aber emotionslos trennte man sich. Oliver und ich kauften Christoph aus der Firma raus, ich machte operativ alleine weiter.

Der Exit von Christoph war für Oliver und mich damals richtig teuer, aber rückblickend betrachtet war es für alle Beteiligten die beste Entscheidung – auch finanziell. Die Wege trennten sich. Zunächst.

Christoph, der für Gründer.de sein Masterstudium pausiert hatte, beendete dieses endlich und er ließ es sich nicht nehmen, mich mal zu einem SC Paderborn Fußballspiel einzuladen. Diese Vorliebe teilten wir. Ich revanchierte mich mit gegrillten Steaks auf meiner Terrasse, er sich wiederum mit Cocktails in Köln, woraufhin ich ihn zum Geburtstag einlud und er sich mit einer Gegeneinladung revanchierte – wie in einer gescheiterten Beziehung, wo der eine nicht vom anderen lassen kann.

Manchmal muss man Menschen eine faire zweite Chance geben!

Und die gaben wir uns im Frühjahr 2013. Ich wollte mein eigenes Eventformat aufbauen und war zwar in der Lage, Tickets an die Gründer.de-Kunden zu verkaufen, hatte jedoch keine Zeit, das Event zu organisieren. Christoph übernahm die Organisation und baute die Webseite. Wir hatten einen 50/50 Deal und waren wieder im Geschäft. Die Conversion und Traffic Konferenz „Contra" wurde geboren (**www.die-contra.de**). Der Contra folgte wenig später noch ein zweites Format, die „One Idea Mastermind" (**www.oneidea.de**).

Spätestens im nun Folgenden wird deutlich, warum ich Christoph gerne als meinen engsten Weggefährten, Freund und Geschäftspartner bezeichne.

Im Frühjahr 2014 stand die Planung der nächsten Contra an. Ich durchlebte jedoch gerade die Trennung von meiner Freundin und steckte in einer Krise.

Das Letzte, worauf ich Lust hatte, war ein unprofitables Projekt mit gigantischem Organisationsaufwand – wie die Contra. Ganz ehrlich, von mir aus wäre die Contra in diesem Jahr gestorben. Doch Christoph war da, boxte die Contra fast im Alleingang durch. Er zog mich mit. Die Contra war ein Erfolg. Sie wuchs in den Folgejahren auf über 2.000 Teilnehmer.

Christoph wiederholte dieses Kunststück, als ich Weihnachten 2016 eine weitere Trennung durchlebte. Mit dem Erfolgskongress stand Mitte Januar 2017 Deutschlands größter Online-Kongress mit über 31.500 Teilnehmern vor der Tür. Das war mein Baby - und Christoph war da, um es zu retten. Der Erfolgskongress setzte damals neue Maßstäbe in Deutschland und wuchs in den Folgejahren auf über 60.000 Teilnehmer.

Es ist so unglaublich wertvoll zu wissen, dass man jederzeit auf die Menschen in seinem Umfeld zählen kann. Manchmal muss man Menschen eine faire zweite Chance geben! Du hast sie mir gegeben. Danke, Christoph!

Lieber Leser, umgib dich mit Menschen, die dich unterstützen, auf die du zählen kannst, wenn es nicht so gut läuft und die dich weiter pushen, wenn es richtig gut läuft. Das Leben ist keine Einbahnstraße. Du brauchst Menschen, die dich auffangen, wenn du fällst. Genauso wie du Menschen auffangen solltest, wenn sie fallen.

Aufgrund des Erfolges der Contra und der One Idea Mastermind, gründeten Christoph und ich 2016 unsere zweite Firma, die One Idea GmbH (2017 in Digital Beat GmbH umbenannt). Die beiden Eventformate sind gemeinsam mit dem Erfolgskongress richtungsweisend in Deutschland geworden.

Bei Gründer.de übernahm ich 2015 die verbleibenden 49 Prozent-Anteile von Oliver Pott für einen sechsstelligen Betrag. Dies geschah als Schlussfolgerung meines Umzuges von Paderborn nach Köln, was wiederum mein Fazit aus meiner Weltreise 2014 war. Im Mai 2017 kaufte dann Christoph wiederum 50 Prozent der Anteile an Gründer.de, sodass wir zu dem Zeitpunkt zwei Firmen mit je 50/50-Anteil besaßen. Alle Hebel wurden auf Wachstum gestellt. Innerhalb weniger Monate vergrößerte sich infolgedessen unser Team und seit 2019 ist

Das Digital Beat Team auf der Contra; © Ronny Barthel

die Digital Beat GmbH gemeinsam mit der Gründer.de GmbH die Heimat von über 40 Mitarbeitern an unseren Standorten in Köln und Berlin. Mehr Infos über uns findest du auf **www.digitalbeat.de**.

Warum ich dir diese persönlichen Details erzähle? Meine Karriere als Gründer und Unternehmer sieht auf dem Papier aus wie ein Musterbeispiel. War es aber beileibe nicht. Ich habe viele Rückschläge einstecken müssen und manchmal wurde ich sogar zu Boden geworfen. Das ist das Leben. Solche Rückschläge wirst du bei fast jedem erfolgreichen Gründer finden - so auch bei den Co-Autoren in der zweiten Hälfte dieses Buches. Du merkst also: sich ein passives Einkommen aufzubauen, kann ganz schön schwierig sein. Doch mit der richtigen Motivation und etwas Arbeit kann sich das Durchhalten für dich richtig lohnen.

SCHRITT 3:
SUCHE DIR EINEN MENTOR

Auf dem Weg zur Gründung deines eigenen Unternehmens habe ich dir mit den ersten beiden Schritten gezeigt, wie du dein Geschäftsmodell entwickelst und wie wichtig die Planung der Kosten ist. In diesem Schritt möchte ich dir nun zeigen, wie wichtig andere Menschen bei deiner Gründung sein können:

Du bist der Durchschnitt der fünf Menschen, mit denen du die meiste Zeit verbringst.

So sagt man. Ich glaube sehr an diese These, weil man sich bewusst oder unbewusst an diese Menschen anpasst.

Ich möchte ganz ehrlich zu dir sein: Ich habe in meinem Leben sehr bewusst Distanz zu Menschen aufgebaut oder mich von ihnen getrennt, weil es einfach nicht passte, da sie mich Energie gekostet haben. Sei es, weil sie unehrlich oder unzuverlässig waren, eine grundsätzlich negative Einstellung hatten, es standig Probleme gab oder mich verletzt haben. Teilweise waren die Interessen / Gesprächsthemen / Hobbies auch einfach zu unterschiedlich, sowohl privat als auch beruflich.

Ganz bewusst habe ich aber auch Nähe zu Menschen aufgebaut oder bestehende Beziehungen intensiviert, weil es zuverlässige Menschen waren mit einer positiven Lebenseinstellung. Menschen, die mich nicht so einfach fallen lassen würden, die etwas bewegen wollen in ihrem Leben, die Farbe in mein Leben brachten.

Erkenne und vermeide Energievampire!

Auf deinem Weg, deine Träume zu realisieren und deine Ziele zu erreichen, solltest du unbedingt sogenannte „Energievampire" meiden. Diese vergeuden deine Zeit, ziehen dich runter und oftmals tun sie alles, um dich von deinem Weg abzubringen.

Man darf das denjenigen nicht grundsätzlich übelnehmen. Menschen, die dich aufhalten und versuchen, dich von deinem „neuen unsicheren Weg" abzubringen, wollen dich beschützen und vor allem wollen sie dich nicht verlieren. Sie sind aber selber nicht bereit, ihre Komfortzone zu verlassen.

Positive Menschen inspirieren und motivieren dich!

Wer sind deine fünf Personen, mit denen du dich gerne umgeben möchtest? Wie würde sich dein Leben verändern, wenn du mehr so werden würdest, wie sie? Das passiert nicht von heute auf morgen! Bitte versteh mich nicht falsch: Es geht hier nicht darum, dass du so wirst wie jemand anderes!

Doch wenn du erfolgreiche Personen an deiner Seite hast, die dich motivieren, die vielleicht schon das erreicht haben, was auch du erreichen möchtest, dann werden dich diese Personen unweigerlich „mitziehen". Schließe dich mit Gleichgesinnten zusammen.

Man kann bei Facebook Werbeanzeigen an die Freunde von den Menschen schalten, denen deine Seite gefällt. Warum gibt es diese Funktion überhaupt? Weil sie funktioniert! Sie funktioniert, weil Menschen auf Basis der o. g. Erkenntnis oft so sind wie deren Freunde (= persönliches Umfeld). Sportler haben deshalb oft andere Sportler als Freunde. Unternehmer kennen oft andere Unternehmer. Ärzte kennen viele andere Ärzte.

Du wunderst dich über die vielen Stimmen bei der Bundestagswahl für die "AFD", weil du selber keinen oder kaum einen AFD-Wähler kennst? Jetzt weißt du, warum das so ist.

Sei kein Egoist. Brich nicht den Kontakt zu Menschen ab, nur weil sie deinem Erfolg momentan nicht dienlich sind. So ist das hier nicht gemeint. Aber bedenke hier und da, welche langfristigen Auswirkungen dein persönliches Umfeld haben wird.

Im Folgenden möchte ich dir einen besonderen Menschen aus meinem eigenen Umfeld vorstellen.

Ein überzeugendes Geschäftsmodell finden

In meinem Leben habe ich drei Jahre für mein Abitur mit Schwerpunkt Wirtschaft gebraucht, drei Jahre für meine Ausbildung zum Industriekaufmann und drei Jahre für mein BWL-Studium. Im April 2010 begann ich meinen neuen Job unter Prof. Dr. Oliver Pott. Und ich habe dort in den ersten drei Wochen wesentlich mehr gelernt, als in drei Jahren Abitur, drei Jahren Ausbildung und drei Jahren Studium zusammen!

Damals wusste ich nicht, was ein Mentor ist. Aber mit Oliver hatte ich erstmals jemanden, der mich aktiv gefördert (und gefordert) hat. Klar, ich war sein Mitarbeiter und er hatte einen persönlichen (finanziellen) Nutzen daraus – aber die etlichen anderen Chefs vor ihm förderten mich nicht so gezielt.

Ich durfte sehr eng mit ihm zusammenarbeiten. Die ersten Monate habe ich im Keller seines Wohnhauses gearbeitet (keine Sorge, es war ein luxuriös ausgebauter Keller) und habe dadurch unfassbar viel lernen dürfen. Ich durfte unzählige positive wie negative Erfahrungen machen, wofür ich ihm heute sehr dankbar bin.

In "Erfolgsbüchern" liest man immer wieder, dass man wichtige sowie ungeliebte Aufgaben als erstes am Tag erledigen sollte. Das kann soweit hoffentlich jeder nachvollziehen. Aber Hand aufs Herz. Wer steht morgens auf und macht als erstes die unbeliebtesten Aufgaben? Quasi niemand.

Olivers ungebremste Selbstdisziplin prägte mich. Er stand morgens um sechs Uhr auf und erledigte zuerst die Aufgaben, auf die er am wenigsten Lust hatte. Dieses Glücksgefühl so früh am Tag die unliebsamen Aufgaben erledigt zu haben nahm er mit, um anschließend seine wichtigsten Aufgaben zu erledigen. Ohne zu übertreiben: An einem Montagmittag hatte er mehr erledigt, als die meisten Menschen in einer ganzen Woche. Bis heute habe ich niemanden kennengelernt, der derart effizient, diszipliniert und produktiv arbeitet wie Oliver.

Seine Firma Blitzbox war 2005 eine der ersten Software-Download-Plattformen Deutschlands. Schon nach zwei Jahren hatte Blitzbox über vier Millionen Euro Umsatz erzielt und wurde für mehrere Millionen Euro vom französischen, börsennotierten Avanquest-Konzern übernommen.

Oliver war vermutlich der größte Internet-Unternehmer, den das Paderborner Umland bis zu der Zeit hervorbrachte. Ich begann als Projektmanager im April 2010, wurde im August zum Geschäftsleiter befördert, baute ein Team mit einer Handvoll Leute auf und konnte als Angestellter im November – aufgrund meiner Erfolgsbeteiligung – zum ersten Mal ein fünfstelliges Gehalt kassieren.

Doch wenngleich ich sehr dankbar bin, so einen Menschen wie Oliver kennengelernt zu haben, so gab es doch auch Punkte, an denen wir aneckten. Und wenn

Thomas Klußmann

47

Geschäftsführer und Geschäftsleiter nicht die gleiche Richtung einschlagen wollen, dann gibt es unweigerlich Spannungen.

Es war ein Segen – denn genau zu diesem Zeitpunkt tat sich eine Chance auf. Die Chance, Gründer.de zu gründen und damit meinem Leben eine komplett andere Richtung zu geben.

Der Appell an dich ist, dass du dir aktiv jemanden suchst, der dich fördert, der dir zur Seite steht und der dich coacht. Das kann ein neuer Chef sein, muss es aber nicht.

Doch verwechsle das nicht – damit ist niemand gemeint, der deinen „Scheiß" macht. Niemand, der deine Probleme löst oder der dazu da ist, dass du deine negativen Emotionen bei ihm ablädst.

Gemeint ist, dass du jemanden an deiner Seite hast, der dich aktiv fördert und fordert.

Bei Oliver habe ich gemerkt, dass er das bei mir getan hat und ich dadurch immer mehr dazulernen und besser werden konnte.

Aber ich weiß natürlich auch, dass das nicht bei jedem der Fall ist. Dass nicht jeder einen Mentor findet, der diese Förderung übernehmen kann.

Das heißt aber nicht, dass du deswegen auf dich alleine gestellt bist und auf deinen Mentor verzichten musst. Diese Rolle möchten wir übernehmen und dir aktiv dabei helfen, mit deiner Gründung voran zu kommen. Mit dem Kickstart Coaching stehen wir dir zur Seite, geben dir Tipps und Hilfestellungen und unterstützen dich auf deinem Weg zum Gründer und dann zu deinem Ziel, passives Einkommen mit deinem Unternehmen zu generieren.

SCHRITT 4:
DEFINIERE DEINE UNTERNEHMENSWERTE

Wenn man ein Unternehmen aufbaut, ist es immer ratsam, sich seine Werte bewusst zu machen. Was macht das Unternehmen aus? Welche Ziele verfolgt es? Nach welchen Regeln arbeitet das Team zusammen?

Sich diese Werte in den Sinn zu rufen kann dabei helfen, seine Ziele zu verfolgen und besser mit seinem Team zusammenzuarbeiten und ein einheitliches Unternehmermodell zu etablieren. Wie können solche Werte aussehen?

Die Werte von Digital Beat; © Digital Beat GmbH

Bei uns im Unternehmen haben wir uns alle bei einer Team-Fahrt zusammengesetzt und gemeinsam überlegt, was uns allen wichtig ist. Herausgekommen sind dabei sechs Werte, die wir täglich leben und die unser gemeinsames Miteinander in unserem Unternehmen repräsentieren:

1. Begeisterte Weiterentwicklung: Von uns, unseren Kunden und deren Unternehmen. Wir glauben, dass ständige Weiterentwicklung für Menschen und Unternehmen entscheidend ist, um ihre Ziele zu erreichen. Wir glauben, dass Online Marketing die entscheidendste unternehmerische Disziplin des 21. Jahrhundert und dass Wissensaustausch der beste Weg für Wachstum ist. Damit sie wirkt, muss Weiterentwicklung begeistern.

2. Wir sind, wer wir sind. Authentisch: Uns prägt eine Startup-Mentalität und wir leben eine ausgeprägt hohe Transparenz. Wir streben nach flachen Hierarchieebenen und jedem Mitarbeiter wird ein hohes Maß an Vertrauen entgegengebracht. Wir sind Macher und leben Agilität. Wir behandeln jeden wertschätzend, ehrlich und respektvoll - unabhängig von seiner Position. Die Meinung und Arbeit jedes Einzelnen im Team sind wertvoll, wichtig und tragen zum Erfolg unserer Kunden bei.

3. Kunden und Kollegen können sich auf uns verlassen: Wir geben Gas, wir sind offen für Innovationen, wir machen Dinge anders und besser. Uns passieren Fehler – doch wir nutzen diese für einen nachhaltigen Lernprozess. Doch wir arbeiten gewissenhaft und verlieren niemals die Kontrolle. Durch einen engen Teamspirit unterstützen wir uns gegenseitig, es gibt keine Hürden im Team. Wir vereinen verschiedene Charaktere und Stärken unter einem Hut – das macht uns aus – das macht uns stark.

Ein überzeugendes Geschäftsmodell finden

4. Wir packen an und schaffen Lösungen: Kein Mimimimimi – wir sparen uns Gejammer und konzentrieren uns auf das Wesentliche. Energievampiren geben wir keinen Raum. Wir übernehmen Verantwortung und handeln eigenverantwortlich. Wir packen an und schaffen Lösungen – für unsere Kunden, für Probleme und jeder für die eigene Technik.

5. Wir sind alle Beaster – und lieben unsere Freiheit: Unsere Umsetzungsgeschwindigkeit zeichnet uns aus, wir leben jeden Vormittag den „Beast-Mode". Doch wir genießen auch die Freiräume eines kreativen Arbeitsumfeldes sowie von flexiblen Arbeitszeiten. Wir kennen unsere Energie und nutzen diese so effizient und produktiv wie möglich. Für unseren Kunden gehen wir die Extrameile, genießen gleichzeitig aber auch viele Freiräume bei der Gestaltung von Prozessen, Routinen und dem Arbeitsumfeld. Spaß und Motivation stehen bei uns an erster Stelle.

6. Den Kunden im Fokus: Wir arbeiten leidenschaftlich für unsere Kunden und bringen diesen tatsächlich weiter. Wir sind immer nah dran. Der Umgang ist stets freundlich und lösungsorientiert. Wir bieten unseren Kunden eine kompromisslose Qualität sowie innovative Formate, damit diese von den aktuellsten Trends, Strategien und Techniken profitieren. In unserem Team repräsentiert „Bruno" unseren Kunden, der uns daran erinnert, dass unser ganzes Handeln stets auf den Erfolg unseres Kunden ausgerichtet ist.

Hast du dich mit deinem Team auf Werte geeinigt, mit denen ihr alle zufrieden seid, wird sich jeder viel wohler fühlen und ihr könnt das beste aus eurer Arbeitszeit herausholen.

SCHRITT 5:
NUTZE DEINE ZEIT EFFIZIENT

Damit du deine Ideen, deine Planung und deine Unternehmenswerte vernünftig ein- und umsetzen kannst, ist es wichtig, dass du deine kostbare Zeit ideal einsetzt. Denn effizientes Arbeiten bringt dich schneller an dein Ziel. Helfen kann dir ein sehr effektives Prinzip:

Das Pareto-Prinzip: Warum richtiges Zeitmanagement für die Effizienz Gold wert ist

Gute Arbeit erfordert Zeit, das ist nichts Neues. Im Rahmen unserer Arbeitszeit können wir immer nur ein bestimmtes Arbeitspensum bewältigen. Wenn wir versuchen, unsere Arbeit schneller auszuführen, um mehr Zeit zur Verfügung zu haben, setzen wir uns vermehrtem Stress aus und machen irgendwann Fehler.

Ist das Arbeitspensum dennoch größer, als es unsere Arbeit zulässt, fangen viele Unternehmer und Arbeitnehmer an, einfach länger zu arbeiten, in der Hoffnung, dass so ein immer größeres Pensum abgearbeitet werden kann.

Die Yerkes-Dodson-Kurve: Warum mehr Arbeit nicht mehr Produktivität fördert

Ganz davon abgesehen, dass wir unter großen Aufwendungen unsere (Frei-)Zeit und unseren persönlichen Ausgleich opfern und uns enormem Stress aussetzen, bringt es in Sachen Effizienz herzlich wenig, die Arbeitszeit einfach beliebig nach oben zu schrauben.

Ein Extrembeispiel in Sachen körperliche Auswirkungen kannst du in Japan finden. Dort arbeiten Menschen aus sozialem Druck heraus, für eine gute Überstundenbezahlung oder einfach, weil sie es müssen häufig, zwölf bis sechzehn Stunden am Tag. Das Ergebnis ist, dass es dort den sogenannten Karoshi gibt.

Fällt dir spontan ein anderes Land ein, das ein eigenes Wort für den aus Überarbeitung resultierenden plötzlichen Tod durch Schlaganfall oder Herzinfarkt aufgrund von Stress kennt? Nicht nur das. Es gibt in Japan rund 40 (!) Kliniken, die sich auf Menschen mit Karoshi-Gefährdung spezialisiert haben.

In Sachen Produktivität kannst du ebenfalls davon ausgehen, dass du dich nicht beliebig zu weiterer Leistung pushen kannst. Das Problem: Unserer Denkkapazität sind Grenzen gesetzt. Das zeigt vor allem die sogenannte Yerkes-Dodson-Kurve. Die beiden Wissenschaftler fanden in ihren Arbeiten heraus, dass je nach Aktivierung durch äußere Reize die kognitive Leistungsfähigkeit bis zu einem bestimmten Punkt ansteigt. Auf ihrem Maximum stagniert die Leistungsfähigkeit nicht etwa, sondern fällt sofort rapide wieder ab, wenn darüber hinaus Reize gesetzt werden.

Das bedeutet, dass wir nur einer bestimmten Zeit äußeren Reizen ausgesetzt sein können, ohne dadurch Denkleistung einzubüßen. Hintergrund ist der, dass auch für unser Denken biochemische Prozesse ablaufen. Die benötigen einfach ihre Zeit. Wenn eine Zelle zwecks Aktivierung gereizt wird, muss sie erst in ihren Normalzustand zurückkehren, um erneut aktiviert werden zu können. Irgendwann tritt eine Überreizung ein und der Prozess funktioniert erst einmal nicht mehr.

Einfach ausgedrückt: Aus diesem Grund kannst du nicht einfach beliebig viel arbeiten, um beliebig viel zu schaffen, weil dein Kopf irgendwann zumacht. Entsprechend brauchst du Hilfsmittel, die dich dabei unterstützen, deine vorhandene Arbeitszeit möglichst effektiv zu nutzen.

Zeitmanagement und Priorisierung

Die wichtigsten Maßnahmen hierfür sind Zeitmanagement und Priorisierung. Zeitmanagement bedeutet, dass du deine vorhandene Arbeitszeit so auf die zu erledigenden Aufgaben verteilst, dass du maximale Effizienz erreichst. Priorisierung hingegen bedeutet, dass du deinen Aufgabenbereich danach strukturierst, was sehr wichtig, weniger wichtig oder gar nicht wichtig ist.

Diese beiden Bereiche sind nur schwer getrennt voneinander zu behandeln. Zeitmanagement funktioniert nur, wenn du den wichtigsten Aufgaben die Zeit zukommen lässt, die sie benötigen. Priorisierung wird dadurch notwendig , dass die Zeit nicht reicht, alle Aufgaben sofort und selbst zu erledigen.

Auch ich musste mich seit jeher mit dem Zeitmanagement beschäftigen. Nicht, dass ich es nicht gern gemacht habe. Ich finde es wichtig, dass ich meine Zeit effizient nutze. Entsprechend möchte ich das auch so gut wie möglich machen.

Darüber hinaus ist es auch die Notwendigkeit, die uns dazu bringt, unsere Zeit bestmöglich einzusetzen. Gerade wenn wir erfolgreich sein wollen, ist sie unser Kapital, in dessen Rahmen wir uns überhaupt verwirklichen können, und sie ist endlich. So musste ich neben meinem Studium damals noch das Pokern für meinen Lebensverdienst integriert bekommen. Also habe ich bis zu elf Stunden täglich am Pokertisch verbracht, wenn es meine Zeit zuließ.

Nutze das Pareto-Prinzip für dein Zeitmanagement

In Sachen Zeitmanagement ist das Pareto-Prinzip DAS Must-Have, das du dir unbedingt aneignen solltest. Unser natürlicher Standpunkt ist erst einmal der, dass wir mit 20 Prozent Aufwand 20 Prozent Ertrag ernten. Das ist allerdings nicht der Fall.

Der italienische Ökonom und Soziologe Vilfredo Pareto fand zunächst heraus, dass zu Beginn des 20. Jahrhunderts in Italien 20 Prozent der Bevölkerung 80 Prozent des Bodens besaßen. Im Jahr 1989 fand man heraus, dass zu diesem Zeitpunkt 20 Prozent der Weltbevölkerung knapp über 80 Prozent des weltweiten Vermögens besaßen.

Im Laufe der Zeit kristallisierte sich heraus, dass dieses Prinzip nicht nur auf Besitz, sondern auch auf verschiedene Sachverhalte im Hinblick auf Aufwand und Ertrag angewendet werden kann. Das Pareto-Prinzip wurde so zu weitaus mehr als einer einfachen Besitzverteilungsformel. Mittlerweile bezeichnet man es als Prinzip der Ungleichverteilung zwischen Ursache und Wirkung, Aufwand und Ertrag, Anstrengung und Ergebnis.

Beispiele für die statistische Ungleichverteilung

Im Folgenden ein paar Beispiele, auf die Pareto zutreffen kann (!). Wichtig: Es funktioniert häufig, aber auch nicht in ausnahmslos jedem individuellen Fall. Deshalb reflektiere bei jedem Beispiel, ob es tatsächlich auch auf dich zutrifft und sieh es eher als Liste mit möglichen Ansatzpunkten.

- 20 Prozent der Produkte eines Unternehmens sorgen für 80 Prozent des Umsatzes.
- 20 Prozent der Kunden eines Unternehmens sorgen für 80 Prozent des Umsatzes.
- 20 Prozent der Mitarbeiter in einem Unternehmen sind für 80 Prozent der Krankheitstage verantwortlich.
- Mit 20 Prozent unserer Kontakte verbringen wir 80 Prozent unserer sozialen Aktivität.
- Mit 20 Prozent der eingespeicherten Telefonkontakte führen wir 80 Prozent unserer Telefonate.
- 20 Prozent des Teppichs leiden unter 80 Prozent des Verschleißes.
- 20 Prozent der Kunden sind für 80 Prozent der Reklamationen verantwortlich.

Wie du siehst, gibt es viele Anwendungsbeispiele für die Pareto-Regel, egal ob beruflich oder privat. Doch wie kannst du das Pareto-Prinzip nun dazu nutzen, dein Zeitmanagement zu optimieren?

Konzentriere dich auf die wichtigen Bestandteile

Wenn du vor einem Projekt stehst, es aber in der vorhandenen Zeit nicht zu 100 Prozent umsetzen kannst, brauchst du eine effiziente Herangehensweise. Die Pareto-Regel besagt, dass du mit 20 Prozent der Arbeit für das Projekt häufig bereits 80 Prozent des gewünschten Ergebnisses erreichen kannst.

Deshalb mache dir zu diesem Projekt eine Liste. Welche Aufgaben müssen alle erledigt werden, um es komplett nach deinen Vorstellungen umzusetzen? Und nun streichst du auf der Liste alles, was nicht benötigt wird, um viel zu erreichen.

Mache dir keine Sorgen, dass du dabei zu streng vorgehst, wenn dir schlicht die Zeit für alles fehlt. Bedenke: Wenn 20 Prozent der Arbeit 80 Prozent des Ergebnisses ausmachen, dann machen 80 Prozent der Arbeit 20 Prozent des Ergebnisses aus. Sprich: Dieser Anteil ist nicht sonderlich effizient und kostet dich mehr Zeit, als er dir an Nutzen einbringt. Konzentriere dich einfach nur auf die wesentlichen Kernaufgaben und du wirst in einer guten Zeit bereits brauchbare, wenn auch nicht perfekte Ergebnisse erreichen.

Wenn du dieses Prinzip verinnerlichst, wirst du lernen, deine Zeit den wichtigen Dingen zu widmen, statt dich in den Details zu verlieren. So kannst du effizienter an Projekten arbeiten und musst dich – zumindest nicht selbst – bis zur endgültigen Perfektion mit ihnen beschäftigen.

Auf welche Weise kann ich das Pareto-Prinzip noch für mich nutzen?

Das Pareto-Prinzip musst du nicht ausschließlich für dein Zeitmanagement nutzen. Es kann dir auch enorm dabei helfen, Ursachenforschung zu den unterschiedlichsten Sachverhalten zu betreiben.

Ich habe dir oben einige Beispiele genannt, auf welche Bereiche die Pareto-Regel übertragen werden kann. Ich möchte jetzt gerne zwei dieser Beispiele noch einmal aufgreifen, um dir zu zeigen, wie du diese für dich nutzen kannst.

- 20 Prozent der Kunden sorgen für 80 Prozent des Umsatzes

Hat dein Unternehmen Kunden in seinem Stamm, die viel Umsatz generieren? Dann ist es wichtig, dass du dich vor allem um diese Kunden in besonderem Maße kümmerst. Die übrigen 80 Prozent der Kunden mögen ebenfalls nett, zahlungskräftig und wichtig für die Unternehmensstruktur sein, aber deine großen "20 Prozent-Kunden" sind es, die dir am Monatsende das Essen auf den Tisch bringen.

Bitte versteh mich nicht falsch: Du sollst nicht jeden vor den Kopf stoßen, der nicht zu den 20 Prozent der Premiumkunden gehört. Aber du musst wirtschaftlich denken und alles in deiner Macht stehende tun, die größeren Kunden zu halten und zu fördern. Davon ist dein Unternehmen abhängig.

Es gibt tatsächlich Firmen, die regelmäßig ihren Kundenstamm durchforsten und die Kundenbeziehungen beenden, die kaum Umsatz einbringen. So schaffen sie größere Kapazitäten für die Betreuung der Kunden, die wirklichen Umsatz generieren.

Weiterhin kannst du für dich auch einen Marketingansatz entwickeln. Was genau ist bei den 20 Prozent der großen Kunden so anders als bei den 80 Prozent der kleinen Kunden? Und hast du eventuell die Möglichkeit, Reize zu setzen, dass mehr von den Kleinkunden in die Großkundenriege aufrücken?

- 20 Prozent der Kunden sorgen für 80 Prozent der Reklamationen

Auch durch diesen Sachverhalt bieten sich dir einige Möglichkeiten. Einerseits stellt sich die Frage, ob die bei dir eingehenden Reklamationen in der Sache berechtigt sind. Wenn deine Produkte oder deine Dienstleistungen fehlerhaft sind, bedenke, was das langfristig für dich bedeutet. Nicht jeder Kunde beschwert sich direkt über eine nicht optimal ausgeführte Leistung. Aber wenn der Kunde noch einmal etwas braucht, kommt er nicht wieder zu dir, wenn er unterschwellig oder ganz offenkundig unzufrieden war. Also nutze die Reklamationen, die bei dir ankommen, um herauszufinden, wie du besser werden kannst. So kannst du nicht nur deine Reklamationsquote generell verringern, sondern auch langfristige Kundenbeziehungen generieren.

Andererseits sind Reklamationen in einem Unternehmen immer ein Kostenfaktor. Du verschwendest Arbeitszeit und Geld in einen Prozess, der dir keinen Umsatz bringt. Entsprechend solltest du genauso ausloten, ob du die Möglichkeit hast, dich in irgendeiner Weise von übermäßig reklamierenden Kunden zu trennen, wenn sie eher marginal begründet sind. So sparst du Zeit und Geld in der Nachbearbeitung, was deinen effektiven Gewinn steigern kann.

Probleme und Gefahren bei der Umsetzung

Das Pareto-Prinzip darfst du nicht einfach blind ohne Sinn und Verstand umsetzen, sonst wirst du es schnell fehlinterpretieren und Fehler machen. Beispielsweise nutzen einige Leute das Prinzip als Ausrede, um sich zurückzulehnen. Wenn man in 20 Prozent der Zeit bereits 80 Prozent des Ergebnisses erreicht hat, kann man sich schließlich entspannen.

Nein, das kannst du nicht! Das Prinzip soll dazu beitragen, dass du deine Zeit so produktiv wie möglich einsetzt. Nimmst du es als Anlass, dich zurückzulehnen, widerspricht sich das ja bereits in sich selbst, oder?

Ein überzeugendes Geschäftsmodell finden

Außerdem haben einige Leute den Eindruck, dass man das Pareto-Prinzip toll in einem Kuchendiagramm umsetzen könnte, weil sich 20 und 80 Prozent genau zu 100 Prozent aufaddieren lassen. Das ist aber falsch. Wenn wir 20 Prozent Aufwand und 80 Prozent Ertrag haben, verbleiben immer noch 80 Prozent Aufwand und 20 Prozent Ertrag. Das bedeutet, wir benötigen zwei Kuchendiagramme, um Pareto vollständig darzustellen. Die beiden Größen sind eigenständig zu behandeln.

Das bedeutet auch, dass man nicht automatisch aufhören kann, wenn man 80 Prozent des Ergebnisses hat. Natürlich gibt es Situationen, in denen es sich nicht vermeiden lässt, das Projekt im optimalen Aufwand-Ertrag-Verhältnis zu bearbeiten. Aber nicht zwangsläufig sind die letzten 20 Prozent Ertrag etwas, auf das man immer verzichten kann. Diese können ebenfalls ein enorm wichtiger Bestandteil des Projekts sein, selbst wenn sie im Verhältnis deutlich mehr Zeit erfordern.

Stell dir einmal vor, du würdest deine Steuererklärung nur zu 80 Prozent ausfüllen, weil das die Sachen sind, die du am schnellsten zusammensuchen kannst. Hältst du es für eine gute Idee, die restlichen 20 Prozent nicht auszufüllen, nur weil sie dir mehr Arbeit bereiten?

Das heißt für dich: Priorisiere und organisiere deinen zeitlichen Ablauf so, dass du mit wenig Aufwand möglichst viel Ertrag erzielst. Und frage dich stets, ob es sinnvoll ist, auf die letzten 20 Prozent zu verzichten oder ob du ihnen nicht doch einen Teil deiner Aufmerksamkeit widmen willst.

Außerdem gilt, dass die Zahlen 80 und 20 nicht in Stein gemeißelt sind. Die reichsten 20 Prozent der Weltbevölkerung haben mittlerweile deutlich mehr als 80 Prozent des Weltvermögens. Nichtsdestotrotz bleibt die Grundaussage des Pareto-Prinzips gleich. Es weist auf Ungleichverteilung von Aufwand und Ertrag hin.

Genau aus diesem Grund solltest du Pareto für dich als Ansatz kennen, mit dem du dieses Ungleichgewicht in den unterschiedlichsten Bereichen potenziell erkennen und für dich nutzen kannst. Sieh diese Ungleichheit stets in dem Kontext, wie du deine Effizienz damit verbesserst und wie du unwichtige Zeitfresser an die Seite schieben kannst.

Wie du siehst, gibt es einige Schritte, die du bei der Gründung deines Unternehmens beachten solltest. Du musst eine Geschäftsidee finden und diese in einem gut strukturierten Plan aufschreiben, die Kosten durchrechnen und dir am besten einen Mentor suchen, der dich auf deinem Weg unterstützt. Auch die Definition von Unternehmenswerten und die effiziente Nutzung deiner Zeit sollte nicht vergessen oder unterschätzt werden.

Das sind die wichtigsten Dinge, auf die du achten solltest, aber eben noch lange nicht alles. Damit du bei all dem den Überblick nicht verlierst und verstehst, was es alles benötigt, um ein Unternehmen nach vorne zu bringen, habe ich das Kickstart Coaching ins Leben gerufen.

Das Kickstart Coaching für deinen nächsten Step

Innerhalb dieses Kickstart Coachings möchte ich gerne mein Wissen an dich weitergeben, dich vor möglichen Fehlern bewahren und dir auf deinem Weg zur Seite stehen. Du hast bis jetzt sehr viele Informationen bekommen, wie eine Gründung ablaufen kann und das kann im ersten Moment etwas überfordernd wirken. Ziel des Coachings ist es, dir die Tools nahezubringen, die dein Online-Business rentabel machen, dir einen zeitlichen Rahmen an die Hand zu geben und dir während dieses ganzen Prozesses mit meinem Wissen helfen, erfolgreich zu werden.

Nach dem Intensiv-Seminar bei uns im Büro, hast du einen genauen Fahrplan an die Hand bekommen, mit dem du weiter an deinem Business arbeiten kannst. Die Hauptaufgabe der Coaching-Maßnahme ist die Generierung von sogenanntem „passiven Einkommen". Das passive Einkommen ermöglicht dir, mit möglichst wenig Zeiteinsatz ein attraktives Nebeneinkommen zu erzielen.

Du fragst dich jetzt vielleicht, für wen das Kickstart Coaching das Richtige ist. Die Zielgruppe ist schnell erklärt: Das Coaching fokussiert sich auf Angestellte, Selbstständige, Business- und Privatpersonen, die endlich mit der Digitalisierung und Automatisierung von Prozessen starten wollen. Diese Prozesse sind notwendig, damit du passives Einkommen im Nebenberuf und als Zusatzeinkommen im Internet generieren kannst. Damit du einen kleinen Überblick bekommst, wie das Coaching aufgebaut ist und wie das Ganze abläuft, möchte ich dich diesbezüglich kurz briefen.

Die drei Phasen zum Erfolg

Grob gesagt besteht das Kickstart Coaching aus drei Phasen:

1. dem Online Coaching

2. dem Intensiv Seminar

3. und dem interaktiven Begleitcoaching

Das Online Coaching findest du in deinem persönlichen Mitgliederbereich von Gründer.de. Nun hast du die Möglichkeit, auf eine große Wissensdatenbank mit Online Coachings und Webinaren zuzugreifen. Diese bestehen sowohl aus Videokursen, als auch aus ergänzenden Materialien. Die Inhalte ergänzen wir natürlich fortlaufend. Ich empfehle dir, die Kursinhalte vor deinem Intensiv-Seminar durchzuarbeiten.

Die zweite Phase besteht aus dem „Intensiv-Seminar" das in Köln in unserem Büro stattfindet, wo wir täglich arbeiten und Gas geben. Du kannst einmalig an einem dreitägigen Intensiv-Seminar teilnehmen. Hierbei hast du die Wahl, ob du direkt beim nächsten Termin dabei sein willst oder wahlweise zu einem späteren Zeitpunkt teilnehmen möchtest. Wir veranstalten das Intensiv-Seminar alle drei Monate.

Ich möchte dich bitten, mir etwa eine Woche vor Beginn des Intensiv-Seminars ein paar Informationen über dich zukommen zu lassen:

- Wer bist du?
- Was hast du schon gemacht?
- Was sind deine Pläne?
- Was ist dein aktueller Stand?
- Was ist deine größte Herausforderung?
- Was ist deine Erwartung an das Intensiv-Seminar?

Je besser ich dich kenne, desto besser kann ich dich unterstützen! Scheu dich nicht davor, in den Pausen das Gespräch mit meinem Team und mir zu suchen. Bei diesem Seminar hast du die Möglichkeit, in einer absoluten Mastermind-Atmosphäre, das heißt in Kleingruppen, gecoacht zu werden. Dabei wirst du lernen, wie du deinen eigenen, passiven Einkommensstrom im Internet aufbauen kannst.

Die Teilnehmer sind ein toller Mix aus Menschen, die in die Selbständigkeit gehen wollen oder bereits als Selbständige oder Unternehmer aktiv sind. Du kannst dich intensiv mit den anderen Teilnehmern vernetzen, da diese auch voller Business-Ideen und -Visionen stecken.

Du bist Teil eines kleinen, sehr elitären, Kreises. Nach unserer Erfahrung haben sich in der Vergangenheit immer wieder Kooperationen zwischen den Teilnehmer ergeben. Genau das wünschen wir uns auch: dass Synergien aufgebaut werden.

Du arbeitest drei Tage mit mir und weiteren Experten aus wertvollen Themenbereichen am Aufbau deiner Geschäftsidee und der Umsetzung mit mehreren Online-Tools. Mein Team und ich stehen dir vor Ort natürlich für all deine Fragen zur Verfügung. Abschließend erhält jeder Teilnehmer nach diesen drei Tagen ein Zertifikat.

Die dritte und letzte Phase vom Kickstart Coaching trägt den Namen „Interaktives Begleitcoaching". Finden kannst du dies ebenfalls im Mitgliederbereich. Falls du dich fragst, welchen Mehrwert dir Phase drei gegenüber Phase eins bietet, lass mich dies kurz erklären: Als Mitglied im Begleitcoaching hast du sechs Monate vollen Zugriff auf interaktive Webinare und Live-Coachings, du bist Mitglied einer exklusiven Facebook-Gruppe und genießt weitere Vorzüge. Das Begleitcoaching ist wichtig, damit du immer einen kompetenten Ansprechpartner hast - nicht nur während, sondern auch nach deinem Intensiv-Seminar. Denn die meisten Fragen tauchen ja oft erst im Nachhinein auf.

Weitere Informationen zum Coaching-Programm erfährst du auf:
https://gruender.de/kickstartinfo

Nach der ganzen Theorie wird es Zeit, dass du ein paar praktische Beispiele aufgezeigt bekommst. Und wer könnte dir besser erklären, wie man die Theorie des Kickstart Coachings in die Tat umsetzt, als ehemalige Coaching Teilnehmer?

Es erfüllt mich mit Stolz, diese jetzt hier zu Wort kommen zu lassen. Nicht nur, weil viele von Ihnen mittlerweile auch enge Kooperationspartner von uns sind und regelmäßig auf unseren größten Bühnen stehen. Sondern vielmehr, weil sie ihren großen Durchbruch eigenmotiviert geschafft haben - und das teilweise trotz schwieriger Umstände.

Gründer.de Kickstart Coaching Teilnahme-Zertifikat

ERFOLGREICHE KICKSTART TEILNEHMER UND IHRE GESCHICHTEN

Die acht Gastautoren erzählen dir, wie ihr Weg zum Erfolg ausgesehen hat, welche Probleme auf diesem Weg auf sie zukamen und geben dir Tipps, wie du aus ihren Fehlern lernen kannst.

Zudem erklären sie dir, wie sie das Business Model Canvas auf ihr Unternehmen angewendet haben, sodass du einige erfolgreiche Beispiele dafür hast, auf wie viele verschiedene Konzepte das Modell angewendet werden kann.

ERFOLGSPIRATEN WISSEN KAPERN

Ein Gastbeitrag von Udo Gast [1]

SCHEITERN MACHT GESCHEITER

Ein wunderbarer Sonntagabend im April 2016. Ich erinnere mich noch ganz genau. Den Wagen im Carport geparkt. Gut gelaunt, noch die letzten Melodien aus dem Autoradio im Kopf, betrete ich das Haus. Meine Frau Rena nimmt mich in den Arm und fragt: „Na, wie war's?" Die Begeisterung in meiner Stimme ist nicht zu überhören. „Einfach klasse!" antworte ich.

Udo Gast

Ich komme gerade von einem Kreativwochenende mit meiner Band BlueSwing. Einmal im Jahr gönnen wir uns das. Sechs Jungs machen Musik. Blues und Swing ist unsere Stilrichtung. Wenn ich mit dem Saxofon auf der Bühne stehe, dann darf ich mich austoben. Endlich habe ich mal wieder Energie aufgetankt.

Die Arbeitswoche kann kommen. Und da wartet einiges auf mich, denn ich arbeite an meinem Lieblingsprojekt und Lebenstraum. Zusammen mit einem Partner aus Österreich will ich eine Getränkemaschine bauen. So eine Maschine baut man natürlich nicht mal so eben. Dazu bedarf es schon einer Menge technischer Erfahrung, Marktkenntnisse und natürlich Kapital. Für das Projekt bringe ich 25 Jahre Erfahrung, Kontakte und Insiderwissen in der Vending-Branche mit. Das sind die Leute, die sich mit Kaffee- und Getränkeautomaten beschäftigen. Mein österreichischer Partner steuert technische Kompetenz und ein entsprechendes Netzwerk dazu bei. Gemeinsam haben wir eine ganze Menge Geld in die Hand genommen, um diesen Traum Wirklichkeit werden zu lassen. Leider geht es im Augenblick überhaupt nicht voran, es stockt mit der Entwicklung in Österreich.

An diesem Sonntagabend habe ich jedoch meinen ganzen Frust hinter mir gelassen und genieße gut gelaunt unser Abendessen.

---

[1] Diese und alle folgenden Einschätzungen von Thomas wurden von ihm mündlich diktiert und anschließend in Schriftform transkribiert. Wundert euch daher bitte nicht, wenn ihr manchmal über eine eher ungewöhnlichen Ausdrucksweise oder Satzbau stolpert - denn die gesprochene Sprache entspricht nicht immer der geschriebenen Sprache. Die inhaltliche Qualität leider darunter aber selbstverständlich nicht.

Kurz nach acht klingelt das Telefon. Der Schweizer Vertriebspartner für das neue Getränkekonzept ist dran. Sofort spüre ich an seiner ernsten Stimme, dass etwas nicht stimmt. „Weißt du schon, dass dein österreichischer Freund und Geschäftspartner in Untersuchungshaft sitzt?"

Diese Worte hauen mich um. Schon eine ganze Zeit habe ich mich gefragt, warum es nicht so recht voran geht. Bislang war ich immer gutgläubig und arglos, auch wenn bei mir versehentlich Mahnungen für den österreichischen Partner landeten. Jetzt wird mir mehr und mehr klar, dass ich auf Sand gebaut habe. Sofort schleicht sich ein Bild in meine Gedanken ein. Es ist ein großes Kartenhaus. Und ganz langsam, wie in Zeitlupe fällt diese wunderbare Konstruktion in sich zusammen.

Und richtig, das Kartenhaus ist zusammengefallen, die Idee gescheitert und ich habe viel Geld dabei verloren. Es stellte sich heraus, dass mein Geld nicht so eingesetzt wurde wie geplant und immer andere finanzielle Löcher stopfen musste. Viele Versprechungen über zahlreiche Großkunden und kurz vor dem Abschluss stehende Liefervereinbarungen erwiesen sich als Luftblasen.

Durch Gespräche mit ehemaligen Geschäftspartnern erfuhr ich, dass ich nicht der Einzige war, der meinem „Freund" auf den Leim gegangen war.

Warum erzähle ich dir diese Geschichte? Wenn wir im Internet, in Büchern, im Fernsehen oder wo auch immer die Geschichten über erfolgreiche Menschen hören, dann haben sie alle eins gemeinsam. Sie sind nur dahin gekommen, weil sie ihre Fehler nicht als Fehler, sondern als Lektionen des Lebens gesehen haben und weil sie nach ihren Niederlagen nicht liegen geblieben, sondern wieder aufgestanden sind und weitergemacht haben.

Wir hätten keine Glühbirne, wenn Thomas Alva Edison aufgegeben hätte. Die Aussagen in der Literatur sind unterschiedlich, jedoch gehen die meisten Geschichten davon aus, dass es nahezu tausend Misserfolge bedurfte, bis die Glühbirne endlich leuchtete. Edison soll auf die Frage, wie er mit seinen Fehlversuchen umgegangen sei, gesagt haben: „Ich habe nicht versagt, ich habe nur 10.000 Wege gefunden, die nicht funktionieren."

Und noch treffender: „Erfolg ist ein Gesetz der Serie und Misserfolge sind Zwischenergebnisse. Wer weitermacht, kann gar nicht verhindern, dass er irgendwann auch Erfolg hat."

Scheitern in dieser Dimension war für mich eine völlig neue Erfahrung. Bislang war in meinem Leben eigentlich immer alles glatt gelaufen. Zwar hat das mit meinem Wunsch, Medizin zu studieren nicht geklappt und der Lebensweg hat mich zunächst auf den Pfad des Rettungssanitäters und Krankenpflegers mit

Schwerpunkt Intensivmedizin geführt. Das hat mir aber nicht gereicht und ich habe bildungstechnisch noch einmal nachgelegt und Wirtschafts- und Sozialwissenschaften studiert.

Ursprünglich wollte ich damit auch wieder im Gesundheitswesen aktiv werden, aber das Leben zeigte mir andere Wege auf und ich habe sie angenommen. Mein Studium habe ich mir damit verdient, dass ich die Kaffeeautomaten aus dem kleinen Nebenerwerb meines Vaters befüllt und technisch betreut habe.

Am Ende so eines Studiums stellt sich die berechtigte Frage: „Was willst du wirklich, eine abhängige Beschäftigung im öffentlichen Dienst oder Mut zur Selbstständigkeit?" Ich habe mich für Letzteres entschieden.

Und siehe da, der Erfolg ließ nicht lange auf sich warten. Die Anzahl der Kunden und Automaten stieg rasant an und bald wurde das kleine Unternehmen Gast Automaten zum regionalen Platzhirsch in der Region Lüneburg und Hamburg.

Mittlerweile ist Gast Automaten & Service eine bedeutende Größe in der Branche geworden. Auf dem Weg zum regionalen Branchenprimus gab es für mich eine Menge Learnings bis zum Erfolg, die ich gerne mit dir teilen möchte.

Learnings aus einem Unternehmerleben

Learning 1 – Du brauchst eine Basis

Als ich 1992 meine Diplomarbeit zum Thema „Struktur und Chancen der neuen Selbständigen" schrieb, habe ich unzählige Bücher und Aufsätze zu diesem Thema gelesen.

Dabei wurde mir eins klar: **Die richtige Geschäftsidee und Glück allein reichen nicht aus, um deine Idee zum Erfolg zu führen.** Du brauchst eine Basis. Dieses Fundament kann und sollte nicht nur aus einer Säule bestehen. Wenn man ein Haus baut, dann reicht es nicht aus, nur die Ecken abzustutzen. Ein Fundament ist deine Ausbildung.

In der Schule war ich nie der fleißigste Schüler und Mathe war überhaupt nicht mein Ding. Dennoch hatte ich früh begriffen, dass ich es in der Hand habe, den richtigen Weg zu wählen und die geeignete Schule für mich zu finden. So habe ich mich nach dem ersten Halbjahr der elften Klasse von meinem konservativen und demotivierenden altsprachlichen Traditionsgymnasium getrennt. Dort frönte ich einem bescheidenen Schülerdasein in einer reinen Jungenklasse.

Der Wechsel zu meinem Traumgymnasium mit reformierter gymnasialer Oberstufe war eigentlich gar nicht vorgesehen, denn das war mitten im Schuljahr eigentlich undenkbar. Aber reden konnte ich schon immer und so überzeugte ich den Direktor der Schule, der damals ganz fortschrittlich Kurskoordinator hieß, von meinem Herzenswunsch. Schulbildung ist nur ein kleiner Teil der Basis, die ich meine.

Nach meinem Abi war der Zivildienst mein wichtigster Lehrmeister. Im Rettungsdienst beim Arbeiter Samariter Bund in Lüneburg lernte ich schnelle und klare Entscheidungen zu treffen. In einer Notsituation am Unfallort musst du sofort entscheiden, was du tust. Versorgst du den Patienten erst gründlich am Unfallort oder nur notdürftig? Rast du so schnell es geht mit Tatütata in die nächste Notaufnahme? Vor allem aber lernst du, die Verantwortung für deine Entscheidungen und für die Menschen in der lebensbedrohlichen Situation zu übernehmen. Ich würde mir manchmal wünschen, dass so mancher Manager diese Schule durchlaufen hätte.

Es ist der Umgang mit Menschen, den ich ganz bewusst zu dieser Basis des Erfolges zähle. Nicht erst im Verkaufsgespräch mit dem Kunden musst du dein Gegenüber wahrnehmen und überzeugen, sondern schon viel früher. Wenn du dein Konzept Freunden, deinem Lebenspartner(in) oder den Finanzierungspartnern vorstellst, brauchst du diese Basis.

Neben der menschlichen, emotionalen Kompetenz ist es vor allem die fachliche Kompetenz, die dein Erfolgsfundament bildet. Die betriebswirtschaftlichen Grundlagen aus meinem Studium haben mir schon sehr gute Dienste bei der Kalkulation von Angeboten, in Fragen der Finanzierung und bei der Gestaltung von Verträgen geleistet.

Das Wichtigste jedoch, das mir über so manche Rückschläge hinweggeholfen hat: Das Feuer der Begeisterung, welches in mir brannte. Dazu später mehr beim Thema „Was ist dein Warum?".

Learning 2 – Du schaffst es nicht allein

Manchmal können die Voraussetzungen für ein Business schon ideal sein. Meinen ersten Mitarbeiter für die Befüllung meiner Automaten bekam ich gleich aus dem Hause Coca-Cola mitgeliefert. Das war super, den kannte ich und ich musste ihn auch gar nicht erst anlernen.

Der zweite Mitarbeiter war dann ein totaler Fehlgriff. Gutmütig wie ich bin, habe ich mich auf einen entfernten Verwandten aus der ehemaligen DDR eingelassen. Dass er jahrelang in einem Kraftwerk in Dresden als verantwortlicher Leiter eines Mitarbeiterkollektivs tätig war, hätte mich eigentlich stutzig machen sollen.

Einen so gut ausgebildeten Stasi-Mitarbeiter bekommt man sicher kein zweites Mal. Am letzten Tag der Probezeit beendeten wir das Arbeitsverhältnis. Das waren meine ersten Personalerfahrungen vor über fünfundzwanzig Jahren.

Mittlerweile sind es über dreißig Mitarbeiter, die in unserem Unternehmen tätig sind. Die meisten davon gehören schon seit mehr als fünf Jahren zum Team. Und einige haben sogar das fünfundzwanzigjährige Firmenjubiläum mitgefeiert. In der langjährigen Praxis ist bei mir die Erkenntnis gereift: Suche in erster Linie nach Mitarbeitern mit menschlichen und sozialen Fähigkeiten. Fachliche Qualifikation kann man lernen, dafür gibt es zahlreiche Schulungsangebote.

Learning 3 – Wenn du Erfolg haben willst, dann lerne zu teilen

Viele Selbstständige werden das kennen: ständig erreichbar sein, ständig in der Verantwortung sein, ständig Entscheidungen treffen. Selbst im Urlaub kannst du dich nicht entspannen, weil du glaubst, es geht nicht ohne dich. Ich vermute mal, daher kommt der Begriff „ständig" in „selbstständig."

Solche Jahre hatte ich auch hinter mir. Erst als ich lernte, Verantwortung und Erfolg zu teilen, da wurde es endlich entspannter. So wurde aus einem Familienunternehmen ein Zweifamilienunternehmen mit gleichberechtigter Aufteilung von Verantwortung, Aufgaben und Gewinn. Von da an ging es mit Riesenschritten voran, weil jeder seinen eigenen, klar abgegrenzten Kompetenz- und Verantwortungsbereich hatte. Jeder vermeintlich kluge Berater hatte vorweg seine Bedenken zu dieser Konstellation geäußert. Es sei doch schon riskant genug, ein Unternehmen mit dem eigenen Partner zu gründen und dann noch mit zwei Familien. Kann das gut gehen? Ich sage in jedem Fall ja und daher kommt eine weitere Erkenntnis.

Learning 4 – Nimm dich selbst nicht zu wichtig

Die meisten Chefs neigen dazu, zu glauben, dass ihr Wort und ihre Meinung Gesetz sind. Sie selbst sind die wichtigste treibende Kraft im Unternehmen. Gerade hier unterscheidet sich der Selbstständige vom Unternehmer. Der Unternehmer hält zwar die Fäden in der Hand, lässt aber allen genug Leine für die Entfaltung eigener Ideen.

Nicht immer fällt es uns leicht, zuzugeben, dass andere die besseren Konzepte haben. Wenn wir uns selbst nicht so wichtig nehmen, dann sperren wir erst die Ohren für die Meinungen und Vorschläge der anderen auf, bevor wir selbst reden.

Der bekannte US-amerikanische Buchautor und Unternehmensberater Simon Sinek hat einmal den Satz geprägt: „Good leaders speak last." Dazu gehört schon verdammt viel Disziplin, sich als Führungspersönlichkeit so lange mit den Äußerungen zurückzuhalten, bis alle gesprochen haben.

Mir persönlich ist das nie ganz gelungen. Da spricht mein kreativer Eifer ganz klar dagegen. Allerdings habe ich in mehr als 25 Jahren Unternehmerpraxis gelernt, wie wichtig es ist, mich nicht zu wichtig zu nehmen. So ist manche Auseinandersetzung gar nicht erst entstanden und das tut der Entwicklung eines Unternehmens sicher gut.

Learning 5 – Wenn du Visionen hast, dann folge ihnen

Helmut Schmidt hat einmal den Satz geprägt: „Wer Visionen hat, der sollte zum Arzt gehen." Das war seine Antwort auf die Zukunftsvisionen von Willy Brandt im Bundestagswahlkampf 1980. Ich bin mir ziemlich sicher, dass Willy Brandt genau das hatte: Visionen von einer besseren Politik für die Menschen und von einer gerechten Zukunft.

Leider prägt das Tagesgeschäft den Alltag in einem Unternehmen. Mit diesem Alltagstrott bremst du die Kreativität aus. Du reagierst auf Anfragen, auf Reklamationen, auf den Wettbewerb und allmählich verlierst du die Ideale aus den Augen, für die du mal angetreten bist.

Ich benutze dabei gerne das Bild von einem Schiff, noch besser von einer Galeere. Alle Mitarbeiter sind am Rudern und natürlich gibt es jemanden, der mit seinem Paukenschlägel den Takt angibt und damit die Geschwindigkeit bestimmt. Das Steuer ist zwar besetzt, nur der Ausguck nicht. Wir machen Fahrt, aber wir wissen nicht wohin.

Nun reicht es nicht allein aus, Visionen zu haben. Der Weg von der Idee zur erfolgreichen Umsetzung ist ein längerer, steiniger Weg. In der Literatur zur Persönlichkeitsentwicklung gibt es ein Standardwerk, dass ich jedem empfehlen kann. "The seven habits of highly effective people" von dem verstorbenen Steven R. Covey. Das Werk zählt zu den einflussreichsten Büchern der letzten 100 Jahre. Wer es lieber auf deutsch mag, dem sei die Ausgabe „Die 7 Wege zur Effektivität: Prinzipien für persönlichen und beruflichen Erfolg" empfohlen.

„Folge deinem Glücksgefühl und das Universum öffnet dir Türen, wo vorher nur Wände waren." Das ist ein Zitat des US-amerikanischen Autors und Mythologen John Campbell. Visionen und Glücksgefühl können häufig beieinander liegen.

Ich habe leider die Erfahrung machen müssen, dass vermeintliche Glücksgefühle und Euphorie allzu leicht dazu führen, nicht mehr auf die innere Stimme zu hören, die dir sagt: „Moment mal, nicht so schnell, da stimmt doch etwas nicht!" Tatsächlich verarbeitet unser Unterbewusstsein in jedem Moment Millionen von

Signalen, während unser Bewusstsein nur eine gute Handvoll wirklich zuordnen kann.

In meiner gescheiterten Geschäftsbeziehung habe ich die unbewussten Alarmsignale schlichtweg ignoriert. Wenn dir jemand in jeder dritten E-Mail schreibt „Dein Freund sowieso", dann glaubst du das irgendwann.

TRAUM ZERPLATZT, UND NUN?

Wenn du in deinem Leben bislang immer schön gleichmäßig jede Stufe auf der Erfolgsleiter erklommen hast, ohne auch nur einmal ins Straucheln zu geraten, dann fällt es dir umso schwerer, wenn dir der erhoffte und gewohnte Erfolg versagt bleibt. Als ich erkannte, dass mein großer Lebenstraum von der Getränkemaschine wie eine Seifenblase zerplatzte, da blinkte immer ein Wort in Großbuchstaben vor mir auf:

GESCHEITERT

Ganz ehrlich: Am Anfang glaubst du das und bist wie gelähmt von diesem Gedanken. Genau das ist es: Es sind deine Gedanken, die das Ereignis zu einem Misserfolg machen. Als Folge suchst du nach der Ursache und erwartest natürlich von irgendwoher eine

ANTWORT

Mit dem „gescheitert" geht die Grübelei einher, die Schlaflosigkeit, das Aufwachen mitten in der Nacht mit der bangen Fragestellung „Und was jetzt?" **Wenn die Momente der Traurigkeit und der Trostlosigkeit vorübergehen sollen, dann ist es wichtig, sich Menschen zu suchen, die dir helfen können. Das kann dein Partner sein, das können Freunde sein, Coaches und Trainer.** Zwei Dinge habe ich gelernt. Die Antwort auf deine Fragen findest du nur, wenn du dir klar machst, was denn zu dem Begriff dazu gehört. Das ist eigentlich ganz einfach, nämlich Verantwortung.

Übernimm Verantwortung für das, was geschehen ist. Suche nicht die Schuld bei anderen. Auch wenn dich jemand betrogen und über den Tisch gezogen hat, hast du vielleicht zu viel riskiert, hast dich nicht sorgfältig genug informiert, warst zu leichtgläubig, hast nicht auf deinen Bauch gehört und einhundert andere Gründe. Erst wenn du Verantwortung übernimmst, dann kann das „gescheitert" eine neue Bedeutung gewinnen:

Aus dem „gescheitert" kann ein „gescheiter" werden, du kannst das T streichen. Das T steht für mich an dieser Stelle für Trauer, Trostlosigkeit oder Tränen.

Verantwortung heißt vor allem, selbst das Steuer in die Hand zu nehmen und den neuen Kurs abzustecken. Sicher wird der ein oder andere dir auf die Schulter klopfen und sagen: „Lass man, das wird schon wieder!" Ja toll, das hilft ungemein. Natürlich weißt du, dass du in deiner Branche einen guten Job gemacht und dir schon eine gewisse Anerkennung erworben hast. Ein solches Prädikat bekam ich mal in Form eines richtigen Oscars. Wenn du allerdings glaubst, dass sich andere Menschen aus deiner Branche nach deinem Misserfolg Sorgen um dich machen, dann steht dieser Glaube auf sehr schwachen Füßen. Die erhofften Jobangebote blieben aus.

Gescheitert – Jetzt aber wieder aufstehen!

„So, und weiter geht's!" Nach einigen Wochen der Orientierungslosigkeit, des wilden Gedankenkarussells klärt sich der Horizont ein wenig auf. Ich ziehe Bilanz und stelle fest, dass alles gar nicht so schlimm ist, wie ich zunächst vermutet hatte. Sicher habe ich viel Geld verloren, aber ich bin gesund, leistungsfähig und kann immer noch dazulernen. In meine alte Position als Geschäftsführer kann ich nicht mehr zurück. Diese habe ich in jüngere, kompetente Hände gegeben. Aber ich bin noch Gesellschafter eines gesunden Unternehmens und nage deshalb nicht am Hungertuch. Insofern ist die Fallhöhe nicht so hoch wie bei einem finanziellen Ruin.

Dennoch ist Scheitern eine sehr persönliche Sicht der Dinge und manifestiert sich in deinem Ego. Eine wichtige Grundregel, die ich bereits in der Kindheit gelernt habe, hat mich oft vor schlimmen Folgen bewahrt. Wenn du schon persönliche Risiken eingehst, dann müssen sie überschaubar und kalkulierbar sein. Vielleicht hat mich dazu besonders eine tragische Geschichte gemahnt, die mir eine Arbeitskollegin aus der Krankenpflege erzählt hat. Ihr kleiner Bruder sprang, ohne nachzudenken, kopfüber in einen Baggersee, den er nicht kannte. Das Wasser war so trübe, dass er nichts sehen konnte. Dabei schlug er mit dem Kopf auf einem großen Stein auf und musste seit diesem Tag sein Leben im Rollstuhl verbringen. Dieser Sprung war ein völlig unnötiges, unkalkulierbares Risiko mit dramatischem Ausgang. **Auf dem Weg zum Erfolg darfst du mutig sein und Neues ausprobieren! Gehe jedoch nie Risiken ein, die dich in Existenznöte bringen können.**

Auf dem Weg zu neuen Ufern stellten sich mir einige zentrale Fragen. Was will ich mit dem Rest meines Lebens anfangen? Was ruft meine Begeisterung hervor? Warum stehe ich morgens auf? Hast du dich jemals mit solchen Fragen beschäftigt? Wenn nicht, dann wird es höchste Zeit, das zu tun. Die häufigsten Antworten auf die Frage „Warum stehst du morgens auf?" sind „Um Geld zu verdienen" und etwas humoriger, aber sinnloser: „...weil der Wecker klingelt". Geld ist lediglich eine Form von Energie, um deinen Lebensunterhalt zu verdienen und dir Wünsche zu erfüllen und kann deshalb niemals dein eigentliches *Warum* sein.

Das *Warum* darf für mich das Fundament für Erfolg sein. Wie können wir eigentlich die Worthülse „Erfolg" mit Leben füllen?

Recht populär ist die Auffassung, Erfolg stehe für die Erreichung von gesetzten Zielen. Diese können breit gefächert und sehr unterschiedlich sein. Mal handelt es sich um materielle Ziele, wie ein bestimmtes Einkommen oder sachliche Ziele, wie das Erreichen eines Berufsabschlusses. Auch immaterielle Ziele (Anerkennung, Status) können lebensbestimmend sein. Will man seine Ziele erreichen, dann bedarf es einer Handlungs- und Umsetzungskompetenz. Eine andere Herangehensweise an das Thema definiert den Begriff aus einer ganzheitlichen Perspektive. **Erfolg ist das, was folgt, wenn du deiner Bestimmung nachkommst.** Genau darum geht es bei deinem *Warum*.

Sicher kennen einige Leser das Format TED. Hier präsentieren Redner aus ganz unterschiedlichen Bereichen innerhalb von achtzehn bis zwanzig Minuten eine zentrale Idee vor einem interessierten Publikum. Im Internet findet man eine Fülle dieser überwiegend englischsprachigen Talks. Eine der bedeutsamsten Vorträge wurde 2009 von dem oben erwähnten Simon Sinek gehalten. In seiner Keynote „Wie große Führungspersönlichkeiten zum Handeln inspirieren" geht es um die Unterscheidung von *Was*, *Wie* und *Warum*. Was tust du, wie tust du es und warum tust du das? Dazu mehr im nächsten Abschnitt.

Mittlerweile beschäftigt mich das Thema als Coach und Trainer und ich helfe Menschen, ihr Warum zu entdecken, damit sie ihren Weg zu Erfolg und persönlichem Wachstum leichter finden können. Dazu die folgende Geschichte.

WAS IST DEIN WARUM? – AUF DER SUCHE NACH DEM SINN

Wir lieben diese Regelmäßigkeit. An fünf Tagen früh aufstehen, zur Arbeit gehen, heimkommen, Freizeit. Freitag – endlich geht es ins Wochenende. Aber warum tun wir eigentlich das, was wir tun? Was ist, wenn sich einmal alles ändert?

Ich sitze mit Bettina in der Lobby unseres Tagungshotels in Trier – wir reden. Wir nehmen hier an einem Seminar für Persönlichkeitsentwicklung teil – Bettina als Teilnehmerin, ich als Dozent. Als sie erfährt, dass ich mich in Coaching und

Therapie mit dem Abbau von Stress und Ängsten beschäftige, bittet sie mich um Hilfe. Nach einem kurzen Eingangsgespräch in der Lobby stellt Bettina fest, dass die Unterredung viel zu persönlich wird und keine fremden Ohren duldet. Wir ziehen in einen Seminarraum um. „Ich weiß einfach nicht mehr, wofür ich mir das alles antue. Wofür stehe ich morgens auf? Nachdem mein Mann mich vor einigen Jahren verlassen hatte, waren die Kinder mein einziger Fokus. Ich habe jeden Job angenommen, alles ertragen; nur um meine Kinder und mich über Wasser zu halten", gesteht mir die ehemalige Schneiderin. Nachdem ihre beiden Kinder sich nun abgenabelt haben, sitzt Bettina immer öfter allein zu Hause, verfällt in Grübeleien und Depressionen. „Anpassungsstörung!" hat ihr Hausarzt diagnostiziert. „Gehen Sie mal unter Leute und machen Sie Sport: das hilft. Wenn es schlimmer wird, gibt es auch noch Medikamente."

Oft glauben wir zu wissen, warum wir etwas tun. So glaubte Bettina immer, sie müsse dafür sorgen, dass ihr Mann ein gutes Zuhause hat und ihre Kinder eine Mutter, die immer für sie da ist. Aber ist dies ihr wahres *Warum*?

Betrachten wir die Absicht unseres Handelns in einem Modell. Wir stellen uns drei Kreise vor - von außen nach innen. Der US-amerikanische Autor und Unternehmensberater Simon Sinek hat dazu in dem bereits erwähnten TED Talk aus dem Jahre 2009 das Modell des Goldenen Kreises vorgestellt. Ich erkläre es anhand eines Apfels. Ganz außen ist die Schale des Apfels zu sehen. Das ist das *Was*. Daran erkennen wir das Objekt. Was tust du? Du bist beispielsweise Krankenschwester, Mutter, Ehefrau und so weiter. Der nächste Kreis von außen nach innen ist das Wie, also das Fleisch des Apfels. Wie fülle ich meine Rolle als Krankenschwester, Mutter, Ehefrau aus? Wie tue ich das, was ich tue? Im letzten Schritt kommen wir wortwörtlich genommen zum Kern des Apfels. Das ist sein Warum. Warum gibt es überhaupt diese Kerne? Ganz klar, der Apfel ist ein Apfel, weil es sein Ziel ist, neue Apfelbäume wachsen zu lassen. Das ist sein eigentliches *Warum*.

Der Apfel und der Goldene Kreis – Was tue ich wie und vor allem warum?

In Bettinas Fall ist ihr *Was* und ihr *Wie* verlorengegangen. Sie hat Mann und Kinder umsorgt (*Was*) und das hat sie mit Liebe und Hingabe getan (*Wie*). Beides fehlt nun. Jetzt fehlt ihr das *Warum*. Wie findet man denn eigentlich sein *Warum*? Dazu können die folgenden Schritte hilfreich sein.

1. Ausgangsfrage stellen

Dein persönlicher Sinn ist die Antwort auf die Frage: „Warum tue ich das, was ich tue?" Oder anders herum: „Warum tue ich nicht etwas ganz anderes?" Noch gezielter formuliert: „Was bringe ich mit meiner Arbeit, meinem Handeln, meinem Unternehmen in die Welt, dass andere vermissen würden?"

2. Vorsicht vor den offensichtlichen Lösungen

Manchmal scheinen die Antworten auf das Warum zu offensichtlich. „Klar, ich mache das, um Geld zu verdienen, reich zu sein, meine Familie zu ernähren." Das ist jedoch oft nur ein Zwischenschritt auf dem Weg. Vielleicht lautet das Warum eher: „Ich schaffe meinen Kindern die besten Voraussetzungen für ihre Entwicklung."

3. Blick in die Vergangenheit

Hier findet sich der Schlüssel. Schaue einmal zurück auf deine früheren Erfahrungen. Erzähle der Person deines Vertrauens deine besten Geschichten. Was hast du erlebt? Wie hat es sich angefühlt? Warum war das Erlebnis wichtig und welche Folgen hatte es für dich?

4. Die wichtigsten Themen

Manche Geschichten sind lustig, andere traurig oder bewegend. Schon beim Erzählen wirst du merken, welche Themen dich bewegt haben. Wo fließen Tränen? Wo schlägt das Herz schneller? Wo warst du besonders stolz, wann warst du enttäuscht, wann ging es dir schlecht, wann ging es dir außerordentlich gut?

5. Die Suche nach dem eigenen Beitrag

Oft geht das Warum über den eigenen Interessenshorizont hinaus. So kursiert die plakative Formulierung des Apple Gründers Steve Jobs: „Er wolle eine Delle ins Universum hauen". Sein Ziel war es nicht, nur gute Produkte zu bauen - das können viele - sondern er wollte Menschen die Möglichkeit geben, Zugang zu Informationen auf Abruf in einer ganz neuen Dimension zu bekommen. iPod, iPhone und iPad sind die Ergebnisse. Frage dich deshalb, was du in besonderen Momenten für andere geleistet hast. Wo hast du wem bei was geholfen?

6. Wirkung erzielen

Jetzt stellt sich die Frage: „Welche Wirkung habe ich mit meinem Beitrag erzielt?" Stellen wir uns beispielsweise vor, du arbeitest in der Altenpflege. Durch deinen Beitrag fühlen sich die Menschen wieder ernst genommen, sie können der Einsamkeit entfliehen und sie erfahren Hilfestellung bei körperlichen Gebrechen.

7. Das Statement

Nehmen wir das obige Beispiel aus der Seniorenbetreuung. Hast du vielleicht geglaubt, dein Warum lautet: „Ich stehe morgens auf, um Geld zu verdienen.", dann könnte es jetzt heißen: „Ich möchte Menschen helfen, damit sie sich angenommen fühlen und wieder sicher den Alltag bewältigen können".

Simon Sinek schlägt für die Formulierung einen Satz nach dem Schema „Ich möchte _____ (mein Beitrag), damit _____ (die Wirkung)" vor.

8. Lebe dein Warum

Im letzten Schritt geht es darum, den eigenen Sinn anzunehmen und zu leben. Passen die Dinge, die ich tue zu meinem Warum? Lese ich die richtigen Bücher? Treffe ich mich mit den Menschen, die zu mir und meinem Warum passen?

Wenn wir uns auf die Suche nach unserem Warum begeben, dann sollten wir nicht ungeduldig sein. Die Suche ist ein Prozess. Das kann man nicht mal schnell in einer Sitzung abhandeln. Bettina hat jedoch wichtige Tipps aus unserem Gespräch mitgenommen. Sie hat gespürt, dass die Fremdbestimmung durch Mann und Kinder nicht ihr Warum waren. Es waren eher Loyalität und Pflichtgefühl. In ihren Geschichten flossen da die Tränen, wo sie Lob und Anerkennung erhalten hatte - und zwar dafür, wie sie anderen Menschen etwas aus ihrem Berufsalltag als Schneiderin erklären und beibringen konnte. „Ich glaube, ich bin meinem Warum ein Stück näher gekommen. Aber jetzt gönne ich mir erst einmal einen Kurzurlaub mit einer guten Freundin und Zeit zum Nachdenken." resümiert Bettina unser Gespräch.

Ich frage mich, was bewegt Menschen, sich für ihre Ideale und Ziele einzusetzen? Wie schaffen sie es, ihre Ideen umzusetzen? Aus diesem Grund wollte ich von Menschen lernen, die auf der Erfolgsleiter schon ein paar Stufen höher geklettert sind. Ich wollte quasi ihr Wissen kapern. Ein probates Mittel dazu sind Interviews.

Eines meiner ersten Interviews führte ich mit dem hanseatischen Kaufmann Albert Darboven, berühmt und bekannt als Inhaber des Hamburger Kaffeeunternehmens J.J. Darboven. Das ist schon bewegend, wenn du so eine spannende Lebensgeschichte aus erster Hand erfährst. Ich hatte das Privileg, den Unternehmer auf seinem IDEE Gestüt zu besuchen. Völlig fasziniert war ich von seinem kreativen Kunstverständnis. Zahlreiche Kunstwerke zieren das Gelände. Jedes Werk ist von dem agilen, über Achtzigjährigen mit eigener Hand gestaltet worden. Am meisten hat mich eine verkleinerte Ausgabe des Berliner Brandenburger Tores begeistert, eine Nachbildung aus etwa 1.200 Hufeisen. Dieser Auftakt hat mich beflügelt, auf diesem Weg weiterzumachen.

Mittlerweile hatte ich das Internet als hervorragende Weiterbildungsquelle entdeckt und kam erstmals mit Webinaren in Berührung. Bei einem dieser Onlinetrainings lernte ich Thomas Klußmann von Gründer.de kennen. Die lockere, sympathische Art von Thomas fand ich sehr angenehm und er beeindruckte durch seine Kompetenz in einem Bereich, in dem ich ein absoluter Novize war, dem Thema Online Marketing Seine Verkaufsargumentation und -strategie war so überzeugend, dass ich nicht nur das angebotene Online-Produkt bestellte, sondern auch alle Upsell Produkte. Bei mir hat Online Marketing und das Funnel System hundertprozentig funktioniert.

Thomas Ansatz interessierte mich, denn mit dem Thema Verkauf über das Internet hatte ich mich noch nie beschäftigt. Ich wollte mehr wissen und mich persönlich mit dem Onlineprofi austauschen. Nach einigen Anläufen gelang es mir schließlich, einen Interviewtermin im Kölner Mediapark zu vereinbaren. Beim Betreten der Firmenetage spürte ich sofort, dass hier ein junges, dynamisches Team mit Power und Freude bei der Arbeit ist. In unserem sehr offenen Gespräch gewährte mir Thomas erste Einblicke in die Bedeutung des Online Marketing und in seine persönliche Motivation. Was ich aus diesem Gespräch mitgenommen habe, sind drei Dinge:

1. Fokussiere dein Handeln und verzettel dich nicht. Schließe erst ein Projekt ab, bevor du dich einem anderen widmest, es sei denn du hast genügend Helfer, die auch ohne dich daran arbeiten.

2. Das Sammeln von Informationen, Seminaren und Online-Kursen ist prima. Besser ist es, erst umzusetzen, bevor du dich neuen Informationen zuwendest.

3. Dein Handeln und dein Erfolg macht Sinn, wenn es ein großes übergeordnetes Ziel gibt, mit dem du einen Beitrag leisten kannst. Thomas Stiftung, die konkrete soziale Projekte unterstützt, hat mich sehr beeindruckt.

Mittlerweile ist das Thema Online Marketing präsenter und greifbarer für mich geworden. Thomas' Bücher, der Traffic Masterplan und verschiedene Onlinekurse von Gründer.de haben mein Wissensdefizit erheblichen ausgeglichen. Im November 2017 habe ich dann den großen Schritt gewagt, mich zum Kickstart Coaching anzumelden, um mehr über die Generierung von passivem Einkommen zu erfahren. Im Grunde genommen war das noch viel zu früh, weil ich noch gar keine Idee für ein Online Produkt im Kopf hatte. Drei Tage hochkonzentrierter Input, das war schon klasse. In vier Stunden live ein Online Buch-Verkaufssystem zu erleben, das ist eine spannende Sache. Alle Präsentationen und Informationen stehen auch nach dem Coaching noch online zur Verfügung. Das macht Sinn!

Am meisten bringt in diesem Business der Austausch mit anderen. Eine wertvolle Plattform dafür ist ohne Zweifel die Contra, die Conversion Traffic Konferenz. Hatte ich mich als konservativer Social Media Verweigerer bislang von Facebook und Co. ferngehalten, so wollte ich nach dem Kickstart Coaching in Köln endlich loslegen und mitspielen. Aus für mich unerfindlichen Gründen wollte Facebook das aber nicht und sperrte mehrmals meinen Account. Alle Versuche und Gegenwehr halfen nicht; mein Konto blieb gesperrt – bis zur Contra. Kaum hatte Facebook Direktor Kai Herzberger, verantwortlich für eCommerce & Transformational Retail im deutschsprachigen Raum, nach seinem Vortrag die Bühne verlassen, nutzte ich die Gelegenheit für ein Reklamationsgespräch. Eine halbe Stunde später funktionierte mein Facebook Account. Ein Hoch auf die traditionellen, analogen und persönlichen Kontakte.

Leben heißt lernen

In meiner neuen Ausrichtung nach dem Projekt „Getränkemaschine" wollte ich vieles ausprobieren, Neues lernen und sog das Wissen auf wie ein Schwamm. Besonders interessierten mich Themen zu persönlichem Wachstum. Endlich hatte ich mal die Zeit, mich mit Dingen und Methoden zu beschäftigen, die mich schon als junger Erwachsener interessierten, für die ich aber nie Zeit gefunden hatte.

Schon in frühester Jugend hatte es mir Freude bereitet, anderen etwas beizubringen und sie zu unterhalten. Das begann mit der Leitung des Kindergottesdienstes in unserer Gemeinde, setzte sich fort mit Jugendgruppenleitung, Gründung einer Theatergruppe und einigem mehr. Immer wollte ich lernen und lehren. Dies setzte sich bis in die jüngste Vergangenheit fort . So besuchte ich in den letzten drei Jahren zahlreiche Seminare und Kurse in Bereichen, die mich schon früher begeisterten. Eines der Themen war der Einsatz von Hypnose in Coaching und Therapie. Menschen auf dem Weg zu persönlichem Wachstum und Erfolg zu helfen, macht einfach Spaß. Mittlerweile finden sich in meinem Werkzeugkoffer neben Hypnose auch Tools wie wingwave®; Mesource® und der Heilpraktiker für Psychotherapie.

Von den Besten lernen

Nach vielen Begegnungen, Seminaren und Interviews ist eine wichtige Erkenntnis bei mir gereift. **Wenn du ein Ziel oder eine Vision hast, dann umgib dich mit den Menschen, die wissen, wie es geht und die dein Ziel schon erreicht haben. Mit anderen Worten: Lerne von den Besten.**

Mittlerweile habe ich zahlreiche Interviews mit bedeutenden und bekannten Menschen führen dürfen. Jeder von ihnen ist dabei Spezialist auf seinem Themengebiet. Ich durfte lernen, dass gute und geniale Ideen nicht von vornherein zum Erfolg führen. Vielmehr spielen weitere Schlüsselfaktoren, wie Persönlichkeit, Netzwerk, geplantes und zielgerichtetes Vorgehen, Zeitgeist und vor allem das eigene Mindset eine bedeutende Rolle. Natürlich war ich stolz, wenn es mir gelang, eine bekannte Persönlichkeit wie Herrn Albert Darboven, bekannt durch seinen IDEE Kaffee oder Herrn Dirk Roßmann, Namensgeber der bekannten Drogeriemärkte, vor das Mikrophon zu bekommen. Viel wichtiger war mir jedoch die emotionale Kompetenz meiner Gesprächspartner.

Aus den Interviews reifte der Wunsch, diese Erkenntnisse der „Erfolgreichen" mit anderen zu teilen. Dazu bedurfte es einer Plattform – natürlich im Internet. Ein cooler Name musste her. Erfolgsratgeber, Erfolgsschule, Erfolgsportal, das klang mir alles nicht sexy genug oder war schon vergeben. Schließlich kam mir der Begriff „Erfolgspiraten" in den Sinn. Wenn ich einmal darüber nachdenke, was zu den Erfolgspiraten führte, dann waren es folgende Gedanken und Bilder: Das Bild vom Steuermann auf einem Schiff. Die Segel sind gesetzt und das Schiff steuert ein konkretes (Erfolgs-)Ziel an. Auf eine gefährliche Reise mit einem Schiff in unbekannte Gewässer begibst du dich nicht nur so zum Spaß. Die Grundlage muss schon ein ausgeprägtes Warum sein. Was für Fähigkeiten und Kenntnisse brauchst du überhaupt auf deiner Abenteuerreise und vor allem, wo bekommst du sie her? Dieses Wissen solltest du bei anderen kapern. Und damit war die Idee der Erfolgspiraten geboren, eine Internetplattform, die dir viele qualifizierte Informationen zum Thema persönlicher Erfolg liefert.

Als ich mich mit dem Thema Erfolg beschäftigte, fiel mir auf, dass es unzählige Eintragungen und Webseiten zu einzelnen Erfolgsthemen gibt. Da dominieren Seiten zu beruflichem Erfolg, Karriere und Finanzen. Andere Webseiten beschäftigen sich mit Gesundheit und Fitness, wieder andere mit dem Thema Beziehungen. Wie wäre es denn, wenn man die einzelnen Lebensbereiche in einem Erfolgsportal bündelt? Grundlage dazu könnten die verschiedenen Säulen des Lebens sein, die wir bei den Erfolgspiraten aufgreifen.

Die Säulen des Lebens

Schauen wir uns die wichtigsten tragenden Säulen deines Lebens an. In der Literatur gibt es zahlreiche Varianten dieses Modells. Mal sind es mehr, mal sind es weniger Begriffe, die hier auftauchen. Für mich stellen die folgenden sechs Säulen die wichtigsten Bausteine für ein erfülltes Leben dar. Über Gesundheit müssen wir sicher nicht diskutieren. Persönlichkeit steht für deine persönlichen Fähigkeiten.

Was bringst du an Skills mit? Verfügst du über emotionale Kompetenz, kannst du auf Menschen zugehen, kannst du sie begeistern? Bist du ein Meister der freien Rede? Sprichst du verschiedene Sprachen? Business und Karriere bilden die berufliche Säule. Ohne Aktivitäten in diesem Gebiet wird es wohl nicht möglich sein, ein unabhängiges und sorgloses Leben zu führen, es sei denn, du verfügst

Die Säulen des Lebens

Gesundheit · Persönlichkeit · Karriere · Finanzen · Beziehung · Sinn des Lebens

Die Säulen des Lebens

über sogenanntes passives Einkommen oder hast geerbt. Wenn das der Fall ist, dann musst du dir um die Säule der „Finanzen" sicher keine Sorgen machen. Und was ist das beste Abenteuer, die schönste Reise und der größte Wohlstand wert, wenn du es nicht in der Beziehung mit einem Partner oder mit Freunden leben kannst?

Die letzte Säule greift das Thema Warum und den Sinn des Lebens auf. Für viele Menschen kann dieser Pfeiler eine überragende Bedeutung haben. Denken wir an ein Leben in Askese und spiritueller Hingabe.

DAS GESCHÄFTSMODELL DER ERFOLGSPIRATEN

Immer wieder lese ich in diversen Fachbüchern für Gründer und Startups von passiven Einkommensquellen. Das ist eine absolut großartige Geschichte. Nur zum Verständnis: passives Einkommen bedeutet, dass du Geld bekommst, ohne aktiv etwas dafür tun zu müssen. Der Haken ist, dass du zunächst etwas aufbauen oder investieren musst, damit das auch funktioniert. Es gibt unzählige Möglichkeiten, passives Einkommen zu generieren.

Eine dieser Möglichkeiten ist das Thema Affiliate-Marketing. Die Experten werden es wissen. Affiliate bedeutet Empfehlungen weitergeben und dafür eine Provision einkassieren. Dieses Prinzip machen sich auch die Erfolgspiraten zu nutze. Eine wichtige Grundlage sind die Interviews mit erfolgreichen Persönlichkeiten aus unterschiedlichen Lebensbereichen. Da kommen erfolgreiche Geschäftsleute, Unternehmer, Sportler, Trainer, Künstler, Speaker, Influencer, Schauspieler, Comedians und andere zu Wort. Viele von ihnen bieten wunderbare Produkte an, die bei den Erfolgspiraten vorgestellt und natürlich auch erworben werden können.

Bei den Piraten schauen wir uns zahlreiche Produkte an. Das können Veranstaltungen wie Seminare, Webinare, Kongresse sein. Je nach Zielgruppe findet man diese unter den sechs Kategorien. Eine Vertriebsoffensive findest du dann unter der Säule „Business", ein Fitness-Kongress gehört in die Kategorie „Gesundheit". Wir stellen ebenso Online-Kurse, Bücher und Hörbücher vor. Geplant ist auch ein Podcast mit regelmäßigen Beiträgen in Form von Interviews oder Wissensvermittlung zu aktuellen Themen.

Die Interessenten der Erfolgspiraten werden regelmäßig über Neuigkeiten in Form von Mailings auf dem Laufenden gehalten. Dazu kann es Videos, hilfreiche Tipps und Checklisten geben. Schauen wir uns einmal die Zielgruppe an. In erster Linie soll die Plattform eine Orientierung für Menschen sein, die sich gerne verändern möchten. Ausgehend von meiner persönlichen Geschichte denke ich eher an Kunden, die schon auf Erfahrungen zurückblicken können und sich neu orientieren möchten.

Welche Werte versprechen die Erfolgspiraten eigentlich ihren Kunden? Im Dschungel der Erfolgsliteratur bieten wir die Orientierung. Wir haben Angebote vorsortiert und offerieren nur Produkte mit Qualität. Dadurch spart der Erfolgshungrige Zeit. Wer wenig Zeit hat, findet sich in den Kategorien schnell zurecht und kommt bei online verfügbaren Produkten schnell zum Ziel.

Ich persönlich habe immer wenig Spaß daran gefunden, mit theoretischen Modellen und grauer Theorie zu arbeiten. Wenn ich ein Geschäftsmodell erarbeitet habe, dann war für mich wichtig, Ergebnisse für meine Kunden zu präsentieren. Dabei steht die Frage im Vordergrund: „Was habe ich davon, wenn ich mich auf dein Produkt einlasse?" Das will ich dir gerne beantworten: „Inspiration auf deinem Weg zum Erfolg!" Deshalb präsentiere ich dir eine Kostprobe aus einem Interview mit einem sehr bekannten und erfolgreichen deutschen Unternehmer – Dirk Roßmann. Als ich die Zusage zum Interviewtermin bekam, konnte ich es kaum glauben. Exklusiv hat er sich für mich über eine Stunde Zeit genommen, um meine Fragen zu beantworten. Dabei habe ich einen kleinen Einblick in die Welt der Global Player am Markt bekommen.

Business Model Canvas

Die Partner

- Digistore24, Copecart, Elopage
- Alle möglichen einfach zugänglichen Affiliate Marktplätze
- Alle, die Produkte online verkaufen wollen
- Digitalbeat
- Partner haben interessantes Produkt mit hoher Akzeptanz, guter Conversionrate und geringer Stornoquote
- Ralf Schmitz (bedeutender Affiliate Marketer)
- Verkaufspartner mit guter Reichweite und akzeptabler Affiliate Provision

Die Aktivitäten

- Interviews für Blogs und Podcast durchführen
- Webseite erstellen
- Mailings durchführen
- Werbung- und Marketingstrategie erarbeiten
- Potenzielle Partner ansprechen
- Produkte testen
- Facbookseite erstellen
- Infovideos produzieren
- Downloadbereich einrichten

Die Ressourcen

- Webspace und Hosting
- Online Plattform
- Digistore Account
- Anbieter von Zahlungsabwicklung
- Personen, die die Angebote aussuchen
- Fachperson Marketing
- Produktauswahl bei Digistore24 und anderen
- Inhalte erarbeiten

Das Werteversprechen

- Orientierung für Erfolgssuchende
- Bündelung von Informationen und Tools
- Wir testen die Produkte
- Wir wählen Qualität aus
- Kunde spart Zeit
- Alle Infos konzentriert auf einer Seite
- Sechs Lebensbereiche werden angesprochen
- Ansprache verschiedener Wahrnehmungskanäle (auditiv, visuell)
- Produkte für jeden Geldbeutel
- Produktvielfalt
- Selbststudium möglich
- Interaktion mit anderen
- Schnell zu Produkt und Info

Die Kundenbeziehung

- Newsletter
- Checklisten
- Mailings
- Freebies
- Podcast
- Regelmässige Aktionen

Die Kundensegmente

- Erwachsene Menschen mit Wunsch nach Veränderungen im Leben / der Lebensqualität
- Alter ab ca. 30 Jahren, besonders Lebensmitte mit Ereignissen, die das Leben nachhaltig beeinflussen – Sinnfrage
- Unerfüllt in einem oder mehreren Lebensbereichen – Lebensrad / Säulenmodell
- Eher Massenmarkt
- Kundenavatar entwerfen

Die Ausgaben

- Erstellung der Webseite
- Webspace
- Grafikkosten
- Videoproduktion
- Marketing Konzept erstellen

Die Einkommensströme

- Durch Affiliate Marketing und entsprechende Werbung
- Eigene Produkte, online und offline Seminare / Workshops

Die Kanäle

Facebook, Digital Beat, XING, Facebook Anzeigen, Instagram, Pinterest, LinkedIn, Youtube, Vimeo, Podcast installieren

Interview mit Drogeriekönig Dirk Roßmann

„Wo Menschen Vertrauen haben, wird unheimlich gut gearbeitet!"

Ein Unternehmerschiff im Fahrwasser von steigenden Kosten, Preisdruck und Wettbewerb zu führen ist eine große Aufgabe. Ungleich schwerer wird die Herausforderung, wenn das Schiff zu einem riesigen Unternehmenstanker mit einer Besatzung von mehr als 55.000 Mitarbeitern gewachsen ist. Dirk Roßmann erklärte mir, wie es geht.

Ehrfürchtig betrete ich in Burgwedel die Kommandozentrale des Drogerie-markt-Imperiums von Dirk Roßmann. Nach den üblichen Statussymbolen in Form von luxuriöser Inneneinrichtung oder großen teuren Autos vor der Tür suche ich hier vergeblich. Der Empfang beim Chef ist ausgesprochen freundlich, ja schon herzlich, obwohl wir uns zuvor erst einmal begegnet sind. Kein Problem!

Ich starte meinen Fragenkatalog mit der frühen Kindheit und möchte wissen, was es bedeutet, wenn man als Zwölfjähriger seinen Vater verliert und schon so früh in der Verantwortung für seine Familie steht? „Es war nicht nur der Tod des Vaters. Die ganzen Lebensumstände haben mich geprägt. Ich wurde 1946 geboren und Hannover war zerstört. Die Menschen waren nicht gut drauf. Sie waren teilweise verzweifelt. Ich sah als Kind sehr viele Menschen mit einem Arm oder einem Bein. Da war keine Stimmung von Zuversicht, von Lebensfreude, von Leichtigkeit. Es war eher eine Stimmung, die wie ein Damoklesschwert schwer über den Menschen lag."

Dirk Roßmann kommt aus sehr bescheidenen Verhältnissen. Bereits früh hat er die Herausforderungen des Lebens angenommen - und das ohne große Schulbildung. „Ich war kein sehr guter Schüler und ich habe nur Volksschule, wie man damals sagte. Mit vierzehn Jahren habe ich eine Drogistenlehre begonnen, mit siebzehn Jahren war ich fertig und stand mit meiner Mutter in unserem kleinen Laden. Die Mutter kränkelte, der Vater war tot, mein Bruder studierte. Die Großeltern väterlicherseits lebten auch von dem Geschäft."

Abitur war damals nicht drin, allerdings war der junge Drogist schon immer von Neugier und Wissensdurst geprägt. „Ich habe schon mit vierzehn Jahren nicht die dümmsten Bücher gelesen. Also Schule war für mich nicht so das zentrale Thema, sondern das zu lernen, was mich interessierte und das war schon früh die Literatur."

Den Grundstein für seinen unternehmerischen Erfolg legt Roßmann viele Jahre später im Alter von 25 Jahren. Am 17. März 1972 öffnet in Hannover der „Markt für Drogeriewaren".

Tiefergehende Fragen zur Lebensgeschichte gehen ins Leere. „Herr Gast, das können Sie alles in meiner Biographie lesen!" und die liest sich enorm spannend und authentisch: „... dann bin ich auf den Baum geklettert!" lautet der Titel dieses empfehlenswerten Buches.

Zurück zur Gegenwart. Das Familienimperium Roßmann beschäftigt europaweit mehr als 55.000 Mitarbeiter in etwa 3.700 Filialen, davon macht Deutschland mit 2.150 Standorten den Löwenanteil aus. Entwicklungschancen im Drogeriemarkt sieht Roßmann kaum noch. „Der Markt ist konsolidiert. Es gibt nur noch vier Drogeriemarktunternehmen, wobei Müller eigentlich mehr ein Kaufhausunternehmen ist."

Auf die Herausforderungen durch wachsende Online-Angebote hat der Branchenexperte ein klares Statement: „Natürlich gibt es Risiken. Das ist gar nicht auszuschließen, nur es gibt kein einziges Unternehmen, das mit Lebensmittel- und Drogerieartikeln im Onlinehandel Geld verdient, weil die Margen zu klein sind. Und die Kunden sind auch nicht bereit, höhere Preise zu zahlen."

Wir wenden uns dem Thema Mitarbeiterführung zu. Die riesige Zahl an Mitarbeitern bedeute doch eine enorme Verantwortung, die auf den Unternehmerschultern liegt. „Nein, das ist überschaubar. Wir sind 55.000 Mitarbeiter in Europa und jeder hat ein Stück Verantwortung für die Firma und nicht ich allein. Wir teilen uns die Arbeit und wir teilen uns auch die Verantwortung. Natürlich habe ich schon in gewisser Weise eine große Verantwortung. Aber ich erlebe das so, dass die Gemeinschaft von Menschen, die bei Roßmann arbeiten, eine große Leistung erbringen."

Die Geheimnisse erfolgreicher Führung? „Ich habe unendlich viele Psychologiebücher gelesen, ich habe Gruppentrainings gemacht, ich habe verschiedene Ausbildungen absolviert, beispielsweise in themenzentrierter Interaktion. Es sind wenige Dinge, die ich wirklich gelernt habe. Wenn Menschen etwas gemeinsam machen, dann ist eins unabdingbar: Das ist Vertrauen. Vertrauen entsteht durch Ehrlichkeit, durch Beständigkeit, durch Engagement, dadurch, dass man auch Interesse für den Anderen hat und zuhört. Wo Menschen Vertrauen haben, wird unglaublich gut gearbeitet." Dieses aufeinander hören findet sogar außerhalb der Unternehmensmauern statt. Dirk Roßmann bezeichnet das scherzhaft als „Management by Mittagessen". „Wir gehen regelmäßig mit Mitarbeitern essen. Aber dann wird auch nicht über die Firma gesprochen. Das ist dann wirklich privat."

Und das ist noch nicht alles. „Wir haben sehr viele Seminare für Mittelmanagent, für Topmanagement, wo es darum geht, wie kommuniziere ich, dass der andere nicht verletzt ist. So dass Achtsamkeit und Respekt im Mittelpunkt stehen."

Udo Gast

Klingt nach einem idealen Führungsstil. Wird auch gelebt, was der Firmenchef preisgibt? Das konnte ich schon vor unserer Begegnung überprüfen. Bei einem Spiegel-Interview in der Leuphana Universität nutzte ich die Gelegenheit, um drei Lüneburger Filialmitarbeiterinnen über ihren Chef zu befragen. Mit leuchtenden Augen berichteten Lisa F., Kathrin K. und Yasmin W. über das angenehme Arbeitsklima, den wertschätzenden Umgang untereinander und die vielen Fortbildungsmöglichkeiten; sogar mit einem spendierten iPad. In den letzten vier Jahren hat das Unternehmen Warengutscheine im Wert von fünfzig Millionen Euro an seine Mitarbeiter ausgegeben.

Auf Statussymbole, wie teure Autos, steht der erfolgreiche Unternehmer gar nicht. Seinen Reichtum sieht man ihm nicht an. „Meine Frau sagt immer: Sag nicht reich, sag vermögend! Ein neues Auto kaufe ich mir alle acht Jahre. Ich will bequem von A nach B kommen. Neue Automodelle sind für mich völlig unwichtig, weil es nichts mit meiner Lebensfreude zu tun hat."

Seine Steuern zahlt Roßmann konsequent in Deutschland und es ärgert ihn maßlos, wenn einige Unternehmen das nicht tun. „Jeder Arbeitnehmer zahlt Steuern, wenn man einen bestimmten Betrag übersteigt. Und deshalb ärgert es mich das auch so mit Amazon oder Google, oder wie die alle heißen. Riesenumsätze, Riesenprofit, aber hier kommt gar nichts an. Die nutzen auch unsere Infrastruktur. Amazon Produkte werden auf unseren Straßen ausgeliefert. Und wenn dem Fahrer was passiert, dann steht ja auch das Krankenhaus bereit - die ganze Infrastruktur. Aber was trägt Amazon dazu bei? Verdammt noch mal, wenn man in Deutschland Geld verdient, dann muss man dort auch Steuern zahlen."

Unternehmerische Verantwortung endet bei Roßmann nicht bei den Steuern. Er engagiert sich in der deutschen Stiftung für Weltbevölkerung, dem deutschen Kinderhilfswerk und der Leselernhilfe. Ein Projekt liegt ihm besonders am Herzen: Klasse! Wir singen. „In den Schulen wird ja alles über die digitale Welt gelehrt. Aber dieses einfache miteinander singen ist ja auch ein Stück Freude. Kinder, die miteinander singen, die haben Spaß. Unsere Welt besteht nicht nur aus Lernen und Informationen, sondern aus sozialem Miteinander."

Wie reich wäre unsere Gesellschaft, wenn wir mehr Unternehmer mit Verantwortung und Gespür für das soziale Miteinander hätten!

ZUM SCHLUSS – MACHE DEINE GUTEN VORSÄTZE ZU KONKRETEN TATEN

Du möchtest die Stufen der Erfolgsleiter erklimmen und hast dir in Gedanken immer wieder gute Vorsätze zurechtgelegt. Wie schafft man es denn nun, seine guten Vorsätze mit Erfolg umzusetzen? Dazu sollten wir uns zunächst einmal vor Augen halten, wie es zu den Änderungswünschen kommt. In der Psychologie unterscheidet man generell zwei Hauptmotive für unser Handeln. Das eine Motiv ist Schmerz und das andere ist Liebe. Wenn wir nun mit unserer Figur nicht zufrieden sind, dann bereitet uns der Blick in den Spiegel Unbehagen, also Schmerz. Wenn uns der Hausarzt am Ende der Untersuchung eröffnet, dass wir nur noch wenig Zeit unter unseren Lieben verbringen werden, wenn wir nicht sofort mit dem Rauchen aufhören, dann ist dieser Schmerz sicher Anlass genug, sofort die Zigarettenpackung wegzuwerfen.

Ist unser Lebenspartner Nichtraucher, dann findet unser Entschluss, mit dem Rauchen aufzuhören, sicher viel Lob und Anerkennung. Allerdings wird man unschwer erkennen, dass das Motiv Liebe bei weitem nicht so stark wirkt, wie der Schmerz. Das heißt, es muss also ein Motiv geben, dass stark genug ist, unser Verhalten zu ändern und damit kommen wir gleich zum nächsten Punkt.

Über 90 Prozent unserer Handlungen werden vom Unterbewusstsein gesteuert. Jedes Verhalten ist ein gelerntes Verhalten, welches durch Belohnung aufrechterhalten wird. Die Psychologie spricht hier von operanter Konditionierung. Das geschieht durch Lob oder Vermeidung von negativen Konsequenzen. So führt ein gutes Essen natürlich zu Wohlgefühl, die Zigarette beruhigt uns, überdurchschnittliches Engagement bei der Arbeit trägt zum Erhalt des Arbeitsplatzes bei, ausgiebiger Medienkonsum und Nutzung sozialer Netzwerke belohnt unser Informations- und Mitteilungsbedürfnis.

Gemeint ist, dass die Belohnung in unserem Gehirn durch die Ausschüttung von chemischen Botenstoffen gefördert wird. Für den Aufbau von Glücksgefühlen spielt vor allem Dopamin in Verbindung mit Noradrenalin und beta Endorphin eine zentrale Rolle, genauso wie Serotonin. Die vermissen wir natürlich ein Stück weit bei der Unterlassung von liebgewordenen Gewohnheiten.

Ganz entscheidend für den Umsetzungserfolg ist die eigene Motivation. Viele Klienten kommen in die Hypnosepraxis, um sich das Rauchen abzugewöhnen, weil ihr Partner sie geschickt hat. Das funktioniert in der Regel nie. Das Unterbewusstsein wird sofort erkennen: Das ist nicht mein Ziel!

Es gibt aber ein paar Tricks, die uns helfen können, unsere guten Vorsätze umzusetzen:

1. **Mache deine Ziele messbar:**

Einfach mal abnehmen ist kein konkretes Ziel. Wenn ich mir vornehme, in sechs Monaten zwölf Kilo abzunehmen, dann kann ich mir Etappenziele abstecken. Das sind dann nur zwei Kilo pro Monat und gerade mal fünfhundert Gramm pro Woche. Das ist doch wohl zu schaffen, oder?

2. **Konzentriere dich auf ein erreichbares Ziel:**

Die Durchsetzung von verschiedenen Vorsätzen kostet nicht nur viel Kraft, sie kann auch unser Gehirn schlichtweg überfordern. Darüber hinaus sollte die Veränderung unbedingt erreichbar sein, sonst tritt leicht Frust auf.

3. **Halte deine Ziele schriftlich fest:**

Eine Studie über erfolgreiche Absolventen der Havard University hat gezeigt, dass diejenigen Studenten im späteren Berufsleben überdurchschnittlich erfolgreich waren, die ihre Ziele vorher schriftlich festgehalten hatten.

4. **Mache dir einen Plan:**

Das ist der nächste Schritt nach der schriftlichen Zielfixierung – ein Umsetzungsplan. Bitte auf keinen Fall seitenlange Maßnahmenkataloge erstellen, eine Seite reicht völlig aus. Da steht zum Beispiel: Bis zum 31. Januar beim Fitnessstudio anmelden. Täglich nach dem Aufstehen auf die Waage und ins Gewichtstagebuch eintragen. Montag und Mittwoch 30 Minuten spazieren gehen und so fort...

5. **Visualisiere deine Veränderungen:**

Unser Unterbewusstsein liebt Bilder und kann dabei Fiktion und Realität kaum unterscheiden. So hat man beispielsweise festgestellt, dass Sportler ihren Erfolg immens steigern können, wenn sie neben körperlichem Training auch ihre Vorstellungskraft einsetzen.

6. **Belohne dich für Teilerfolge:**

Wie schön ist es, wenn man schon mal einen Teil seines gesteckten Zieles geschafft hat. Wenn von den geplanten zwölf Kilo bereits fünf geschafft sind, dann ist eine Belohnung durchaus angebracht. Das sollte nicht unbedingt eine große Packung Eis sein. Wie wäre es da beispielsweise mit einem Kinobesuch?

7. **Schaffe dir Verbündete:**

Geteiltes Leid ist halbes Leid, sagt der Volksmund. Eine Gruppe von gleichgesinnten Sportkollegen schafft Anreize. Das was sonst eher zu

Neid und Frust führt, der Vergleich mit anderen, kann hier ein wichtiger Ansporn sein.

8. **Führe ein Erfolgstagebuch:**
   Was ist das für ein tolles Gefühl am Ende des Tages auf ein vollbrachtes Werk zurückzuschauen. Genau so geht es uns, wenn wir unsere Erfolge schwarz auf weiß niederschreiben.

9. **Lass dir von Experten helfen:**
   Manche guten Vorsätze lassen sich mit fachlicher Hilfe von ausgebildeten Therapeuten viel besser umsetzen. Dazu gehören beispielsweise die Themen „Rauchen abgewöhnen" ebenso wie „Wunschgewicht", „weniger Alkohol trinken" und vieles mehr.

Geht es um die guten Vorsätze, geschäftlich endlich durchzustarten, dann stehen unzählige Angebote online und offline zur Verfügung. Eine hervorragende Plattform für den Einstieg und mehr findet sich im Internet unter **www.gruender.de**.

Ahoi, und viele gute Beutezüge, damit sich deine Schatztruhe mit Erfolgswissen füllt.

Dein Udo Gast

Einschätzung und Zukunftsausblick von Thomas:

Über 250.000 Empfänger gehören mittlerweile zu unserem E-Mail-Verteiler. Über 75.000 Kunden, das heißt Menschen und Unternehmen, haben in den vergangenen zehn Jahren eines unserer Produkte erworben. 35 Mitarbeiter zählt unser Unternehmen inzwischen. Was ich dir damit sagen will, ist Folgendes: Es ist mittlerweile sehr schwer geworden, persönlich an mich heranzukommen. Meine Mitarbeiter sind darin geschult, qualitativ sehr hochwertige Antworten zu geben, um mich abzuschotten. Anders ist es nicht möglich, dass ich mich auf unser eigentliches Business fokussieren kann. Dieses Kernthema ‚Fokus' wird umfangreich in diesem Buch behandelt.

Doch Udo Gast hat es geschafft, er hat es geschafft, einen der wenigen Termine in meinem Kalender zu erhaschen. Er konnte meine Mitarbeiter überzeugen, dass ein persönliches Gespräch mit ihm eine gute Sache sei. Und so saß Udo bei mir im Büro und führte mit mir ein Interview. Über eine Stunde meiner Zeit habe ich ihm gewidmet, um ihm zu erzählen, was erfolgreiche Gründer ausmacht und was für Selbstständige wichtig ist.

Du kannst mir glauben, lieber Leser, so etwas kommt sehr selten vor, weil mir dafür einfach die Zeit fehlt. Aber die eigentliche Frage ist: Wie hat Udo das möglich gemacht?

Sein Beitrag in diesem Buch gibt einen ersten Einblick in das "Wie?". Udo ist ein Mensch, der die Wege einfach geht, die vor ihm liegen. Er fragt an den entscheidenden Stellen nach, findet Kooperationsmöglichkeiten und bringt eine gesunde Hartnäckigkeit mit, die so wichtig in diesem Business ist.

Er weiß noch aus alten Schule heraus, wie man mit Menschen kommuniziert und wie man mit Menschen arbeitet. Aus dem Gespräch mit Udo haben sich in den darauffolgenden Jahren hervorragende Sachen entwickelt. Nicht nur, dass er einer meiner Coaching-Teilnehmer wurde, durch ihn konnte ich zudem einen Kontakt zu einem der großen deutschen Internetunternehmen herstellen. Aus diesem Kontakt hat sich wiederum eine tolle Kooperation für unsere Conversion und Traffic Konferenz "Contra" ergeben. Deswegen bin ich Udo auf doppelte Weise sehr dankbar.

Was Udo in seinem Beitrag sehr klar kommuniziert, möchte ich gerne aufgreifen und besonders betonen: Wenn du in deinem Leben etwas erreichen möchtest, dann brauchst du immer einen Ausgleich.

Etwas, das in einem völlig anderen Zusammenhang zu dem steht, was du erreichen willst. Bei Udo ist es das Saxophonspielen, ich beispielsweise bin Sportpilot. Als Sportpilot musst du völlig anders denken, als du es als Selbstständiger oder als Unternehmer tun musst.

Dies ist ein entscheidender Punkt für dein persönliches Wohlbefinden und für die Langlebigkeit deiner Projekte.

Einen zweiten Punkt, den ich aus Udos Beitrag hervorheben und bei dem ich dir Tipps aus unserer eigenen Praxis mitgeben möchte, ist der Punkt Mitarbeiter. Udo spricht diesen Punkt an, den Startups, Selbstständige und Gründer oft meistern müssen. Du kannst nicht immer alles alleine machen. Es gibt selbstverständlich Systeme, mit denen du Abläufe automatisieren oder wenigstens teilautomatisieren kannst. Doch wenn du wirklich wachsen willst, wenn du wirklich viele Kunden betreuen und diese erfolgreicher werden lassen möchtest, dann brauchst du Mitarbeiter. Nicht nur irgendwelche Mitarbeiter, sondern richtig gute Mitarbeiter.

Gerade als Gründer, Startup oder Selbstständiger stehst du oft vor dem Problem, richtig gute Mitarbeiter zu finden. Du hast noch keine große Bekanntheit erlangt, du bist keine bekannte Marke, es kommt niemand durch Zufall auf dich zu und bewirbt sich bei dir.

Deswegen erzähle allen die du kennst, was du für Leute brauchst. Wer kennt wen? Jeder kennt irgendjemanden, das ist ein ganz wichtiger Punkt.

Ein anderer wichtiger Punkt ist, dass es die Leute, mit der Qualifikation, die wir suchen, gar nicht gibt. Als wir damals unseren Standort noch in Paderborn hatten, standen wir vor dem großen Problem, Leute zu finden, die Know-how im Bereich Internetmarketing hatten.

Wir sind irgendwann dazu übergegangen, keine "fertigen" Mitarbeiter zu suchen, sondern Mitarbeiter, die vor allem zwei Sachen mitbrachten: eine hohe Eigenmotivation und eine gute Auffassungsgabe. Wenn deine Mitarbeiter diese beiden Eigenschaften mitbringen, kannst du ihnen alles beibringen.

Unseren besten und langjährigsten Mitarbeiter, jemand, der Gründer.de über Jahre hinweg mit mir gemeinsam aufgebaut hat, haben wir von einer Supermarktkette abgeworben. Er hat dort auf Mindestlohnbasis an der Kasse gesessen und Regale eingeräumt. Das sind Geschichten, die daraus entstehen können und die du brauchst, wenn du am Anfang bei null Mitarbeitern stehst und auf die ersten zehn wachsen möchtest .

Was ich ebenfalls aus Udos Beitrag mitgenommen habe ist, dass man mutig sein muss, Sachen einfach anzusprechen.

Udo bringt das Beispiel, dass er den Facebook Deutschland Direktor Kai Herzberger auf der Conversion und Traffic Konferenz einfach angesprochen hat, da sein Facebook-Account gesperrt wurde.

Auf der Contra sitzen rund 2.000 Teilnehmer und viele von denen haben dasselbe Problem wie Udo. Doch nur Udo ist aufgestanden und hat Kai persönlich darauf angesprochen.

Ich freue mich immer wieder, Kunden und in diesem Fall auch Coaching-Teilnehmern, genau das zu ermöglichen. Natürlich bitte ich um Verständnis, dass ich nicht jedem den Kontakt zum Facebook Deutschland Chef herstellen kann, aber in Einzelfällen ist es immer möglich. Ich besinne mich gerne darauf zurück, dass auch Udo mir in der Vergangenheit viele Türen geöffnet hat.

Was ich bei Udo ebenfalls sehr klar unterstreichen kann, ist die Aussage, von den Besten zu lernen. Gegenfrage: Von wem denn auch sonst? Vielleicht von dem günstigsten Anbieter? Alleine dieser Satz sollte schon deutlich machen, wie wenig Sinn das ergibt. Deswegen kann ich dir, lieber Leser, bei allem, was du vor hast, nur raten: Lerne von den Besten. Sei es fachlicher oder unternehmerischer Natur. Schaue dir genau an, wer bereits in dem Bereich erfolgreich ist, in dem du durchstarten möchtest. Folge diesen Leuten. Damit meine ich jetzt nicht, dass du dir ein Dutzend Coaches suchen sollst, sondern fokussiere dich auf zwei bis drei Experten. Im Bezug auf sein Business ist Udo sicherlich auf einem sehr guten Weg. Er hat die Erfolgspiraten vorgestellt - ein Projekt, welches ich gerne persönlich betreue.

Die Erfolgspiraten sind in ihrer Marktausrichtung sicherlich ein Wachstumsmarkt, der in Zukunft immer größer, wertvoller und wichtiger wird. Die Kernfrage, die ich mir hier stelle ist, ob Udo eine ausreichende Spezialisierung und Positionierung ausgearbeitet hat, beziehungsweise, ob er diese für sein Geschäftsmodell benötigt. Denn je spitzer ich mich spezialisiere und je punktgenauer ich mich positioniere, desto wahrscheinlicher wird der Erfolg meines Projekts. Da Udo sich in seinem Projekt vielen verschiedenen Lebensbereichen widmet, bleibt es abzuwarten, ob diese Streuung nicht zu weit gewählt ist und sich eine entsprechende Zielgruppe targetieren lässt. Man wird es an dem späteren Erfolg messen können, das weiß man im Vorfeld nie.

Der wichtigste Schritt ist, dass man ins Handeln kommt und den Schritt hat Udo geschafft. Lieber Leser, ich kann dich nur dazu einladen, dir Udos Projekt anzuschauen und seine Erfolgsgeschichte weiter mitzuverfolgen.

ERREICHE DEINE ZIELE OHNE AUSREDEN

Ein Gastbeitrag von Hakan Citak

Mein Name ist Hakan Citak, für dich natürlich nur Hakan. Ich bin in Köln als Immobilienmakler tätig und komme somit eigentlich aus einem Offline Business, in dem ich sehr viel im persönlichen Kontakt zu meinen Kunden stehe. Das Maklerleben ist ehrlich gesagt sehr hart und die Konkurrenz groß, dazu allerdings später mehr.

In diesen Zeilen möchte ich dir erläutern, was die Beweggründe für mich waren, ein Online Business zu gründen - wie und wann alles angefangen hat, welche Fehler ich dabei gemacht und welche Konsequenzen ich daraus gezogen habe, um diese Fehler zu eliminieren.

Hakan Citak

Wer bin ich, warum traue ich mir durch mein Online Business zu, andere Menschen zum Thema Immobilien zu coachen und wie wichtig ist dabei das Mindset?

Geboren wurde ich 1974 in Malkara/Türkei. Meine ersten Lebensjahre waren mit diversen Hürden versehen: Wegen eines schiefen- und sichelförmigen Fußes musste ich mich zahlreichen OPs unterziehen. Der Weg reichte über ein Gipsbein bis zu Beinschienen à la Forrest Gump. Schon hier habe ich mein erstes Ziel mit Willenskraft erreicht und konnte mit drei Jahren endlich laufen!

Hinzu kam mit vier Jahren der Wechsel meiner Heimat. Mit Mutter und Schwester zogen wir zu meinem Vater, der in Deutschland lebte und arbeitete. In einem fremden Land aufzuwachsen und vor allem mit einer grundverschiedenen Sprache, das war ehrlich gesagt nicht leicht für mich – und führte zu Stolpersteinen in der Schule, Unterschätzung meiner Leistungen und fehlender Unterstützung durch meine Lehrer sowie Eltern bei meinem Wunsch, studieren zu wollen. Ich wurde dafür sogar immer belächelt, nach dem Motto: „Du willst studieren? Mach doch eine Ausbildung zum Maurer, das ist ein realistisches Ziel für dich!"

Der kleine Junge, der mit sechs Jahren auf dem Fußboden sitzend Häuser und Grundrisse zeichnete - bereits da hatte ich einen Traum und diesen Traum sollte ich auch verwirklichen.

Seit 1990 bin ich in der Bau- und Immobilienwirtschaft tätig: Ausbildung zum Zimmerer und deutschlandweite Arbeit für unterschiedliche Bauunternehmen, Architekturstudium und Arbeit als Architekt. Zu guter Letzt mein Masterstudium in Facility Management und Immobilienwirtschaft, welches ich 2007 abschloss.

Im Juli 2007 gründete ich zusammen mit einem Partner ein Maklerunternehmen, eine GbR. Somit bin ich direkt in die Selbstständigkeit gegangen, weil ich mir nach meinen Erfahrungen als Angestellter und ein paar Vorstellungsgesprächen bei großen Immobiliengesellschaften nicht mehr vorstellen konnte, für andere zu arbeiten. Innerhalb der GbR-Partnerschaft, die ich gegründet hatte, merkte ich allerdings sehr schnell, dass wir zu unterschiedliche Auffassungen hatten, was die Dienstleistungsqualität und Mentalität anging. So habe ich mich sehr schnell im Guten von diesem Partner getrennt. Da saß ich nun, meine ganzen Rücklagen hatte ich in dieses Unternehmen investiert und dachte, das war es nun mit der Selbstständigkeit.

Also habe ich wegen dem Sicherheitsgefühl wieder Bewerbungen geschrieben und auch einige Vorstellungsgespräche wahrgenommen. Nach zwei Monaten hatte sich allerdings noch immer nichts Nennenswertes ergeben. So nahm ich meinen Mut zusammen und bin mit 32 Jahren wieder zu meinen Eltern in mein altes Kinderzimmer gezogen, habe mir von meinem Vater 5.000 Euro geliehen und gründete schließlich im März 2008 mein komplett eigenes Unternehmen, die Citak Immobilien e. K. aus meinem alten Kinderzimmer raus.

Mittlerweile besteht mein Maklerunternehmen seit nunmehr elf Jahren und zählt zu den innovativsten in Deutschland. Aktuell beschäftige ich drei Mitarbeiter, eine Aufstockung ist geplant. Je nach Bedarf und Projekt beauftrage ich gerne für speziellere Projekte und Dienstleistungen Experten. Meine Umsätze sind regelmäßig im sechsstelligen Bereich, am siebenstelligen Umsatz arbeite ich noch.

Ich bin zudem ein angesehenes Mitglied im Immobilienverband Deutschland – IVD, sowie im Bundesverband für die Immobilienwirtschaft – BVFI (hier fungiere ich zusätzlich als engagierter Landesdirektor).

Zudem wurde ich bereits mehrfach als Makler ausgezeichnet:

- Bellevue Best Property Agent 2014, 2015, 2016, 2017, 2018 & 2019
- Focus Top 1.000 Makler in Deutschland 2014, 2015, 2016, 2017, 2018 & 2019

- Preisträger des IDA-Award: Immobiliendienstleister des Jahres 2017
- Erfolg Magazin – TOP EXPERTE in der Kategorie Immobilien 2018 & 2019
- Quality Institute – Lorbeer des Experten & Beste Marke 2019

„Ihre Immobilie verdient Kompetenz" – so mein Slogan für Citak Immobilien.

Mein eingespieltes Team arbeitet mit einer gelungenen Mischung aus Innovation, Menschlichkeit und erfahrenem Gewusst-wie. Unser bewährtes Fünf-Phasen-System mit Leistungsgarantien, Produktion hochwertiger Immobilienvideos, virtuellen 360°-Immobilienrundgängen sowie die umfassende Vermarktung inkl. Mieter- und Bonitätsprüfung zum Schutze unserer Auftraggeber sind nur einige der herausragenden Methoden bei unserer Immobilienvermarktung. Wir sorgen nicht nur für einen reibungslosen Ablauf der Immobilienvermittlung sondern liefern Qualitätsarbeit.

Warum habe ich diese Einleitung zu meiner Person so ausführlich geschrieben? Ganz einfach: Egal, unter welchen Bedingungen oder sozialem Umfeld man aufwächst, egal welche Grundvoraussetzungen man mit- oder auch nicht mitbringt: **Jeder und zwar ausnahmslos jeder, kann seine Ziele erreichen, wenn er wirklich will und seinen Hintern hochbekommt, alles andere sind nur Ausreden.** Ich selbst komme nicht aus einer reichen Familie oder ähnlichem; bin also nicht mit dem Silberlöffel im Mund geboren und konnte dennoch meine bisherigen Etappenziele erreichen.

Aus jeder Lebenslage und Situation heraus kann man seine Ziele erreichen. Wichtig ist nur, dass man sich Ziele setzt! Ob es akademische Ziele, Ziele der Selbstverwirklichung, Ziele des Unternehmertums oder auch monetäre Ziele sind, ist dabei völlig irrelevant. Man muss sich nur auf seinen Allerwertesten setzen, seine Ziele niederschreiben, einen Masterplan mit Zeitplan erstellen und diese Ziele mit Hartnäckigkeit und ohne Unterlass verfolgen. Man muss also aus seiner Komfortzone raus, um etwas zu ändern bzw. bewirken zu können. Man muss täglich trainieren, um ein besseres Ich des eigenen Selbst zu erschaffen.

Das war der Grund, warum ich für dich meinen Weg der Zielerreichung vom kleinen Hauptschüler zum erfolgreichen Unternehmer mit zwei akademischen Titeln skizzieren wollte, obwohl ich wahrlich nicht die besten Startvoraussetzungen hatte.

Meine ursprünglichen Ziele habe ich mittlerweile erreicht, ich könnte mich ruhig zurücklehnen und sagen: „Ah, was bin ich doch für ein cooler Typ". Ich habe alles geschafft, was ich mir bisher vorgenommen habe. Dies mag sein, aber in meinen Augen war dies nur ein Trainingsprogramm auf das, was in Zukunft noch kommt. Bisher habe ich lediglich, als bildlichen Vergleich, den Gipfel der Zugspitze (höchster Berg Deutschlands mit 2.962 Metern) erklommen. Das nächste mittelfristige Ziel ist die Besteigung des Mont Blanc (höchster Berg Europas mit 4.810 Metern) und wenn dieses Ziel erreicht worden ist, ist der Mount Everest (höchster Berg der Erde mit 8.848 Metern) dran. Wenn auch der höchste Berg der Welt erklommen ist, könnte man sagen, das war es, was soll denn noch kommen? Ganz einfach; dann sind alle 14 Achttausender an der Reihe. Ah ja, es gibt auf dem Mars einen Berg mit 26.000 Metern, der ist danach dran.

Es hört also nie auf mit der Zielerreichung, denn sobald man seine Ziele erreicht hat, kommen immer neue Ziele dazu. Oder aber auch andere Zeiten und Entwicklungen, auf die man sich als Unternehmer einstellen muss, um flexibel und erfolgreich zu bleiben. Wenn man das Gefühl hat, es ist alles so gut, wie es bisher läuft und hört auf, sich weiter zu entwickeln, kann dies den Anfang vom Ende bedeuten. Dies wäre der größte Fehler, den man machen kann, vor allem als Unternehmer.

Ich beobachte den Immobilienmarkt sehr genau und versuche, immer früh Tendenzen und Entwicklungen zu erkennen, sodass ich mich besser darauf einstellen kann. Ich nenne es „Anpassung an die Gegebenheiten", am besten vergleichbar mit einem Chamäleon.

Kommen wir aber mal zu den Beweggründen, warum ich im Online Business Fuß fassen wollte.

PROBLEME DER IMMOBILIENMAKLER & MEINER WUNSCHKUNDEN

Wir sind mittlerweile in einer Zeit angekommen, die sich sehr rasant weiterentwickelt und wer sich nicht anpasst, wird über kurz oder lang leider auf der Strecke bleiben. Es gibt aktuell drei große Probleme, mit der wir Immobilienmakler täglich konfrontiert werden und umgehen müssen. Das sind unter anderem:

1. Das vorherrschende negative Klischee bzw. Image der Makler bei potenziellen Auftraggebern.

2. Immobilieneigentümer, die Ihre Immobilie lieber selbst vermitteln möchten, jedoch in sehr vielen Fällen mehr schlecht als recht einen Versuch nach dem Motto „die Immobilie verkauft bzw. vermietet sich doch von selbst" starten.

3. Die zunehmende Konkurrenz aus der Proptech-Industrie (Digitalmakler bzw. Leadverkäufer), die zu Dumpingpreisen ihre Dienstleistungen unter nicht immer wahrheitsgemäßen Angaben anbieten.

© Hakan Citak

Aus den o.g. Gründen hatte ich mich dazu entschlossen, diese drei Probleme noch offensiver anzugehen, als ich es bisher schon mit meinem Maklerunternehmen getan hatte. Ich wollte alle drei Fliegen mit einer Klappe schlagen und das deutschlandweit, indem ich mein Know-how und meine Erfahrung für sich sprechen lasse, den Immobilieneigentümern helfe und zeitgleich den Proptech-Unternehmen die Stirn biete.

Problem Nr. 1

Makler haben es oft mit Vorurteilen zu tun, wie z.B. „Der schließt ja eh nur die Tür auf und kassiert eine fette Provision ab". Es gibt einfach viel zu viele Vorurteile gegenüber Maklern. Das liegt unter anderen daran, dass noch jeder Makler werden kann und eben somit auch schwarze Schafe angelockt werden. Wie in jeder Branche gibt es solche und solche.

Ich persönlich hatte z.B. auch schon potenzielle Auftraggeber, die meinen Service, da es eben diese Vorurteile gegenüber Maklern gibt, zunächst nicht in Anspruch nehmen wollten. Ich als Makler sei doch so teuer und würde nichts für mein Geld leisten. Sehr oft wurden diese Zweifler allerdings, als es doch schwierig wurde und kaum noch etwas zu retten war, zu meinen späteren Kunden, die ich dann als Profi wieder rausboxen und somit von meinem Mehrwert als versierter Immobilienmakler überzeugen konnte. Ich kann ruhigen Gewissens sagen, dass ich als Makler mein Metier verstehe und zudem über einen sehr guten Ruf verfüge.

Wer mich kennt, der weiß auch, dass ich seit Jahren immer versuche, mit Qualitätsarbeit die Menschen mit Vorurteilen vom Gegenteil zu überzeugen. Nur gelingt mir dies bisher lediglich auf lokaler Ebene in Köln, da ich als lokal arbeitender Makler nichttausende von Menschen erreichen kann bzw. im Kölner Raum in einem begrenzten Radius Aufträge im Sinne unserer Kunden abwickle.

Genau dieses Image der Makler wollte ich viel offensiver, als ich es bisher getan hatte, ins rechte Licht rücken. Ich wollte somit Aufklärungsarbeit betreiben, was Profimakler wirklich leisten und wie man gute von schlechten Maklern einfacher unterscheiden kann.

Problem Nr. 2

Da ich den Immobilienmarkt und die Entwicklungen sehr genau beobachte, fiel und fällt mir vermehrt auf, dass Immobilieneigentümer selbst versuchen, ihre Immobilie auf Online-Portalen zu vermarkten. Diese knipsen ein paar Bilder, schreiben einen Zweizeiler, laden alles hoch und gehen online; leider oft ohne Sinn und Verstand. Die Vermarktung selbst stellt dann doch gar kein Problem mehr dar, oder? Doch in sehr vielen Fällen bleibt es bei diesem resonanzlosen Versuch und es wird ein professioneller Makler hinzugeschaltet - manchmal erst, wenn es fast schon zu spät ist. In anderen Fällen hingegen konnte ich eine stetige Preisreduktion verfolgen und nach 15 Monaten wurde die Immobilie zum Spottpreis verkauft; welch Verlust!

Von den eigenständigen Versuchen der Privatverkäufer und -vermieter habe ich leider auch andere haarsträubende Dinge mitbekommen - á la Murphys Gesetz: „Alles geht schief, was nur schiefgehen kann".

Ich würde behaupten: Zeige mir eine Privatanzeige und ich zeige dir mindestens zehn bis 20 Fehler. Diese können einem aus Unwissenheit unterlaufen. Das betrifft nicht nur die Inserate selbst, sondern sämtliche Schritte im Procedere der Immobilienvermarktung. Deswegen wollte ich die wichtigen und richtigen Weichen für Immobilieneigentümer stellen; ich wollte hier helfen.

Auch die Einführung des Bestellerprinzips für den Mietwohnungsmarkt hatte einen großen Beitrag zur Selbstvermarktung geleistet, nahezu 90 Prozent der Vermietungen wurden nur noch über die Eigentümer selbst durchgeführt.

Da das Bestellerprinzip einer Prognose zufolge in der nächsten Legislaturperiode auch beim Verkauf eingeführt wird, bin ich der Meinung, dass nur die richtig engagierten und erfolgreichen Makler dies unternehmerisch Überleben werden. Es werden nur die Überleben, die im Stande sind, ihre Dienstleistung zu verkaufen und zugleich einen echten Mehrwert liefern bzw. in der Lage sind, diesen Mehrwert klar und deutlich zu kommunizieren.

Problem Nr. 3

Wer die digitale Revolution verpasst, den wird die digitale Dominanz sprichwörtlich überrollen. Die zunehmende Anzahl von Proptech-Unternehmen (überwiegend Leadverkäufer), die als Maklervermittler mit einem enorm hohen Werbebudget potenzielle Auftraggeber im Internet abgreifen. Diese versprechen dann angeblich die drei besten Makler mit einem Höchstgebot für die Immobilie. Und das nur, um an die Daten des Kunden zu kommen und diese dann wiederum an mehrere Immobilienmakler zum Höchstgebot zu verkaufen. Oder auch bundesweit mit Investorengeldern finanzierte Maklerhäuser bzw. Digitalmakler, die im Marktgeschehen kräftig mitmischen. Diese tun ihr Übriges dazu.

Viele Makler schimpfen zwar gegen diese digitalen Unternehmen, nehmen allerdings diese Situation (auch als Leadkäufer), wie Sie aktuell ist, hin. In den meisten Fällen tun sie nicht sonderlich viel, um diese Situation zu ändern oder haben in vielen Fällen auch nicht die entsprechenden Rezepte oder Kapazitäten.

Ich gehe sehr stark davon aus, sofern man sich als kleines Unternehmen nicht an die aktuellen Gegebenheiten anpassen sollte, dass diese kleinen Maklerunternehmen nach und nach vom Aussterben bedroht sind oder von den vorgenannten Digital-Unternehmen geschluckt werden. Die ersten Tendenzen sind klar erkennbar. Viele Makler, insbesondere Ein-Mann-Unternehmen, lassen sich mittlerweile von den größeren Playern anheuern, damit sie überhaupt noch Aufträge bekommen.

Mein Lösungsansatz: Das Informationsportal für Immobilieneigentümer

Meinem Maklerunternehmen geht es im Großen und Ganzen wirklich sehr gut. Ich werde regelmäßig empfohlen und muss keine Kaltakquise machen (muss also keinem potenziellen Kunden hinterherlaufen). Die Kunden kommen von selbst, sei es übers Internet, unsere Website, lokale Werbung oder auch Empfehlungen. Ich arbeite mit einer sehr guten Mischung aus Online- und Offline-Marketing, die funktioniert. Die Kunden kommen auf mich zu und ich kann mir den Luxus erlauben, Aufträge abzulehnen; was ich ehrlich gesagt auch mache, wenn potentielle Auftraggeber z.B. mit utopischen Vorstellungen kommen. Im Prinzip hätte ich auch nichts unternehmen müssen, es läuft gut, aber ich hatte ja bereits das Chamäleon erwähnt, dass sich optimal an sein Umfeld und Gegebenheiten anpassen kann, oder?

Wie bereits erläutert, habe ich mich aus den zuvor genannten Gründen dazu entschlossen, diese drei Probleme noch offensiver anzugehen, denn Stillstand ist der Anfang vom Ende. Obwohl ich mit meinem Maklerunternehmen, was Dienstleistung und auch Technologien in der Immobilienbranche angeht, immer up to date bin, habe ich mich entschlossen, einen neuen ergänzenden Weg einzuschlagen.

Also habe ich mich im März 2016 hingesetzt, die aktuellen Entwicklungen analysiert und einen Schlachtplan entwickelt, um alle drei Punkte unter ein Dach zu bringen. Ich bin die berühmte Extra-Meile gegangen. Neben meinem Tagesgeschäft als Immobilienmakler mit einer i. d. R. Sechs-Tage-Woche und zehn- bis 14-Stunden-Arbeitstag, habe ich mich nochmals hingesetzt und meine ganze Freizeit, mein Herzblut und Know-how in dieses neue Projekt gesteckt. So habe ich insbesondere die letzten zwölf Monate, bis zur vermeintlichen Fertigstellung dieses Projekts im März 2018, sogar teilweise sieben Tage die Woche bis zu 18 Stunden am Tag gearbeitet.

© Hakan Citak

Zuerst habe ich alle meine Ideen bis Mai 2016 zusammengefasst, zudem ausgesprochen viel über Online-Geschäftsmodelle gelesen und mich gründlich weitergebildet. Dies war darüber hinaus auch eine Recherchephase für die Bausteine, die ich benötigen würde, um so ein Projekt auf die Beine zu stellen.

Was mir von Anfang an sehr wichtig war, war es zu verstehen, wie Online-Geschäftsmodelle und Digitalisierungsprozesse mitsamt den benötigten Bausteinen tatsächlich funktionieren; nicht nur in der Theorie, sondern auch in der Praxis. Also hatte ich beschlossen, ab Juli 2016 Seminare und Workshops zu besuchen, in denen ich lerne, wie man Websites und Landingpages aufbaut und wie diese untereinander funktionieren. Nicht, weil ich selber die Seiten erstellen wollte, sondern weil ich mir das Know-how aneignen wollte, damit mir hier niemand etwas vormachen kann, beziehungsweise ich nicht von einem Externen abhängig werde. Je nach Worst-Case-Szenario und Situation wollte ich auch selbst eingreifen können. Erfahrungen zum Thema Websitebau auf Grundlage von WordPress hatte ich, denn die Website von Citak Immobilien pflege ich größtenteils selbst. Somit hatte ich nicht komplett bei null angefangen.

Nach den Seminaren und Workshops war ich in der Lage, auf Basis von OptimizePress Landingpages mit der Verknüpfung von Autoresponder-Systemen zu erstellen und in eine Wordpress-Seite zu integrieren. Zu Testzwecken hatte ich drei Landingpages für Citak Immobilien gebaut und im September 2016 in Betrieb genommen sowie kleinere Werbeanzeigen bis November 2016 geschaltet, um den ganzen Prozess in Gang zu bringen bzw. dieses System zu testen.

Zeitgleich habe ich die größeren Lead- bzw. Informationsportale genauer unter die Lupe genommen, um mein eigenes Konzept des Informationsportals weiter zu verfeinern. Auch habe ich mir selbst Online-Kurse als Konsument zugelegt, um mich weiterzubilden und zu schauen, wie es die anderen machen. Dabei habe ich den Entschluss gefasst, nicht nur ein digitales Informationsportal als Leadgenerator zu gründen, sondern die Idee der Online Akademie war geboren. Bei tiefergehenden Recherchen habe ich bemerkt, dass es dieses Konzept in dieser Form für die Zielgruppe Immobilieneigentümer noch gar nicht gibt; noch nicht mal in den USA, Kanada, England oder sonst wo. Ich war ehrlich gesagt total überrascht darüber.

Manchmal muss man einfach mit einer Idee anfangen und weiter daran arbeiten. Während dieser Prozessphase entwickelt sich dies weiter als man gedacht hatte, diesen Prozess nenne ich Mutation bzw. auch Transformation. Das kannte ich bereits aus meiner Architekturzeit als ich Projektentwürfe entwickelt hatte, ich liebe solche Entwicklungsprozesse.

Nachdem ich mir das technische Know-how angeeignet und die Idee der Online Akademie geboren wurde, hatte ich auch schon mit der Suche nach Programmierern begonnen und mit einigen gesprochen, teilweise mir auch Angebote senden lassen. Ich war allerdings erschrocken, dass viele dieser Unternehmen zwar eine Website bauen konnten, aber nicht wussten, was eine Landingpage, was ein Autoresponder ist, wie man einen Mitgliederbereich aufbaut und wie man diese mit Zahlungsabwicklern wie z. B. Digistore24 verknüpft. Ich konnte es nicht glauben, das war so im Januar 2017.

Dennoch habe ich mich davon nicht beirren lassen und habe alle meine Ideen und Erfahrungen weiter konkretisiert und langsam in Form gebracht, bis ich mit Unterbrechungen wegen des Tagesgeschäfts meines Maklerunternehmen erst etwa im Mai 2017 ein stimmig aufeinander aufbauendes Inhaltsverzeichnis mit allen wichtigen Themen und Punkten für die Akademie erstellt hatte. Inklusive eines strukturierten Ablaufplanes und der exakten Darstellung, wie ich als Profimakler 95 Prozent unserer Immobilienaufträge überaus erfolgreich und mit durchschnittlich zehn Prozent Mehrerlös vermittle.

Was ich bis hierher falsch gemacht hatte

Mit großer Wahrscheinlichkeit hast du den oberen Zeilen entnommen, dass bereits 14 Monate vergangen sind und ich mein Projekt sozusagen noch immer nicht fertig, geschweige denn überhaupt richtig angefangen habe. Ich wollte es einfach auf die harte Tour lernen, denn ich kam nur Schritt für Schritt und sehr langsam voran, weil ich alles, aber auch wirklich alles erlernen wollte.

Hier stelle ich mir mittlerweile immer die Frage: Musst du wirklich alles im Detail können? Oder reicht es aus, dass du nur wissen musst, wie das große Ganze aussehen und funktionieren soll? Natürlich habe ich daraus sehr viel gelernt, was grundsätzlich gut ist, aber man kann sich mit Details auch sehr viel Zeit stehlen.

Einen Programmierer hatte ich bisher immer noch nicht gefunden, bis zu dem Tag der Conversion und Traffic Konferenz "Contra" 2017, die im Juni stattfand und von Thomas Klußmann veranstaltet wurde. Ich hatte erst kürzlich von Gründer.de, die das Buch: „Das Online Marketing Praxishandbuch" veröffentlicht und die Contra ins Leben gerufen hatten, erfahren. Ich nahm an der Contra 2017 teil, allerdings nur im Online-Stream von meinem Büro aus. Da huschte ein Programmierer, den ich von Facebook kannte, aber nicht wusste, wie tief er in der Materie des Online Marketing drin ist, ins Bild.

In dem Moment habe ich gewusst, das ist er, ich habe ihn gefunden, denn wer auf der Contra ist, der versteht das gesamte System, was ich brauche, schon am ehesten. Ich habe ihn angerufen und wir haben direkt die gleiche Sprache gesprochen, er wusste, was ich meinte, die Suche hatte also endlich ein Ende. Ab diesem Zeitpunkt beschloss ich, auch physisch mehr an diesen Veranstaltungen teilzunehmen sowie den Kontakt zu den Machern der Contra zu suchen, um mein Netzwerk bzgl. Online Marketing Know-how auszuweiten. Das war ein großer Fehler von mir, nicht schon früher an diesen Veranstaltungen teilgenommen zu haben. **Es war ein großer Fehler, nicht von Anfang an den Kontakt zu Gleichgesinnten zu suchen, um somit fruchtvolle Netzwerke zu knüpfen und sich auszutauschen.**

STRUKTURIERTER ZEITPLAN, INHALTE UND UMSETZUNGSPHASE

Ab Ende Juni 2017 ging es nun wesentlich schneller voran. Als Erstes erstellte ich eine To-do-Liste mit Zeitplan, sowie eine genauere Auflistung der Inhalte, die die Akademie bieten sollte. Ich erstellte einen Masterplan, was bis wann erstellt werden soll, wer mir dabei helfen kann, welche externen Dienstleister ich engagieren werde und was die nächsten Schritte sind. Dies war sozusagen das Grundgerüst, sonst endet so ein Vorhaben nur in einem Chaos. Man muss hier genau agieren, denn hier bin ich der Meinung, dass wenn man strukturiert vorgeht, man nach hinten durch die effektivere Arbeitsweise sehr viel Zeit einspart.

Dann musste ich mein Know-how erstmal auf Papier bringen. Also habe ich begonnen, zu schreiben und ich habe sehr viel geschrieben.

Zuerst habe ich die Leitfäden für die Vermietungsakademie und auch die Verkaufsakademie bis Ende Oktober 2017 erstellt. Innerhalb von vier Monaten hatte ich über 100.000 Wörter im Kasten, das sind 500 DIN-A4-Seiten. Diese wurden mit Unterstützung meiner Lektorin optimiert. Darauffolgend habe ich auch sämtliche Vorlagen für die Akademieschüler vorbereitet und auch die fünf kostenlosen Ratgeber im November 2017 fertig gelayoutet. Die einzelnen Lektionen wurden somit Punkt für Punkt mit Inhalten und Leben gefüllt. In der Akademie gibt es sehr viele Vorlagen, denn ich wollte nicht nur einen Videokurs erstellen, sondern zu jedem Video auch den Inhalt als Textform in PDF und zusätzliche Arbeitsvorlagen in Word, Excel, Coral Draw und Adobe InDesign zum Download bereitstellen. Deswegen auch der Name Online Akademie und nicht Videokurs.

In der Zwischenzeit haben spezialisierte Dienstleister mich für das Logo karikiert und die animierten Videosequenzen produziert. Das Logo hatte ich selbst entworfen, weil ich ein Händchen für Layout habe. Anfang Dezember 2017 habe ich mich dann mit meinem Programmierer getroffen, um das weitere Vorgehen zu besprechen. Er meinte, dass wir ein günstiges Einstiegsprodukt benötigen würden, bis Dato dachte ich, die kostenlosen Ratgeber würden dafür ausreichen. An Bücher hatte ich nicht gedacht. Zum Glück hatte ich ja bereits so viel für die Leitfäden geschrieben, sodass wir dann daraus die zwei Bücher erstellen konnten. Meine Texte mussten lediglich in ein Buchformat gebracht werden, die Cover gelayoutet und dann natürlich gedruckt werden. Dies hört sich jetzt einfach an, aber auch dies hat mich Zeit und Nerven gekostet. Für die Veröffentlichung der Bücher habe ich einen Eigenverlag gegründet. Die Bücher kamen als Hardcover zu einem Preis von 29,90 Euro raus. Den Preis empfand ich als sehr angemessen, denn schließlich steckte da mein ganzes Herzblut drin.

Fast zeitgleich habe ich ein eigenes hochwertiges Videostudio mit Teleprompter, Fußpedal, Fernbedienung und Co. im Keller meines Büros aufgebaut, wo ich komplett unabhängig die Videoproduktion vorbereiten konnte. Ich hatte mir zwar zuvor Angebote von externen Dienstleistern eingeholt, aber bei dem Umfang und der Anzahl der Videos wäre dies zu teuer geworden.

Besonders für die Videoaufnahmen sollte man sich sehr gut vorbereiten und alle Skripte sorgfältig vorbereiten, bevor man mit der Produktion anfängt. So konnte ich dann endlich ab Januar bis Mitte Februar 2018 alle Lernvideos im Studio aufnehmen. Ich habe in einem Zeitraum von sechs Wochen über 200 Videos mit einer Gesamtlaufzeit von 20 Stunden (Finalversion) eingesprochen, obwohl ich zwischenzeitlich wegen meiner mittlerweile angegriffenen Physis richtig krank wurde. Immer wenn ich krank war, bin ich trotzdem ins Büro, um die Filme zumindest schneiden und auf Vimeo hochladen zu können. Der Schnitt der Videos hat mich insgesamt drei Wochen Zeit gekostet und auch diesen Meilenstein konnte ich gegen Ende Februar 2018 endlich abschließen.

Zu Jahresbeginn im Januar 2018 hatte mein Programmierer auch mit der Websiteerstellung, den Landingpages, dem Mitgliederbereich, der Verknüpfung mit unserem E-Mail- und Zahlungsanbieter begonnen. Noch rechtzeitig zum zehnjährigen Jubiläum von Citak Immobilien gegen Ende März 2018 sind wir dann auch endlich ins Finale gekommen und die Weltpremiere „Der ImmoCoach" ging online. Ich war so glücklich und komplett durch, auch mit den Nerven.

Weltpremiere – die Leute rennen mir die Bude ein – oder?

Nun war es endlich soweit. Sämtliche Bücher waren alle vorrätig da, ich habe einige Kollegen und Freunde eingeweiht und an ca. 50 Personen beide Bücher mit einer persönlichen Widmung gesendet, damit diese ein wenig Werbung in den sozialen Medien für mich machen können. Bis zu diesem Status lief das Projekt die letzten zwei Jahre unter allerhöchster Geheimhaltung. Nur wenige, die daran mitgearbeitet haben, waren eingeweiht, es sollte ja schließlich eine Weltpremiere bleiben.

Die Website war ready, der Mitgliederbereich, der Bestellvorgang, die Autoresponder funktionierten alle einwandfrei. Die Fanpages auf Facebook und Instagram waren online, der YouTube-Kanal mit einigen ersten öffentlichen Videos freigeschaltet. Es war einfach alles perfekt. Wir schalteten die ersten zaghaften Werbeanzeigen und ich kündigte auf Facebook ein Livevideo mit Weltpremiere an. Ab diesem Zeitpunkt gehörte mir die Welt und ich sah mich in zwei Jahren in der Karibik rumliegen; ich war so aufgeregt und konnte die Resonanz und das Feedback kaum abwarten.

Am 20. März 2018 um 19:00 Uhr bin ich live gegangen und habe einen 25-minütigen Monolog gehalten, wie ich zu der Idee kam, was die Akademie alles bietet, alles kann, für wen es gedacht ist und es für Immobilieneigentümer nie etwas Vergleichbares gegeben hat.

Das Video kam im Großen und Ganzen mit 854 Aufrufen schon ganz gut an. Ich bekam viele Schulterklopfer und gute Zurufe von Kollegen und Freunden. Die ersten Interessenten trugen sich in den Landingpages ein, um die kostenlosen Ratgeber runterzuladen. Die ersten Bücher wurden bestellt und ich war glücklich.

Nach ca. einem Monat hatte ich allerdings sage und schreibe 52 Bücher zum Preis von je 29,90 Euro verkauft und hatte zwei Akademieschüler zu je 199 Euro zu verzeichnen. Viel mehr passierte ehrlich gesagt auch nicht mehr. Ich dachte, es braucht nur seine Zeit, die Leute müssen davon erfahren, denn ohne Bekanntheit und Werbung etc. pp. läuft es nun mal nicht. Ganz unter uns - viel besser wurde es auch nicht mehr. Ich hatte ergänzend begonnen, auf Amazon meine Bücher zu verkaufen, aber auch hier waren die Resultate nicht wie erhofft. Es kam dann der Moment, in dem ich erkennen musste, dass die Welt nicht unbedingt auf meine Produkte gewartet hat, kaum jemanden hat es interessiert. Das demotiviert einen schon sehr, vor allem weil man so viel Zeit, Energie und Geld in sein Projekt, sein Baby, investiert hat.

Genau an diesem Punkt merkt man, was für ein Typ man ist. Man kann sich hier entweder für die eine oder andere Richtung entscheiden, ich könnte aufgeben.

Aber ich wäre nicht der, wenn ich es nicht zum Erfolg führen würde! Aufgeben war und ist für mich keine Option. Es kann nicht nicht funktionieren! Ich werde die Fehler, die ich gemacht habe, analysieren und weiter optimieren und ich werde mein Portal bei jeder Gelegenheit in der Öffentlichkeit bekannter machen, das hatte ich mir geschworen.

Analyse

Im Mai 2018 analysierte ich, was bisher falsch gelaufen war, da sich die Verkaufszahlen nicht wesentlich verbessert hatten. Da ich aus dem Tagesgeschäft weiß, wie aufwendig die Vermarktung einer Immobilie sein kann und ist, habe ich leider zu sehr aus der Perspektive des Maklers meine Produkte angepriesen. Nach dem Motto, wie schwer doch die Vermarktung sei und dass man mit meiner Hilfe erst den Überblick bekommt, aber eine Menge Arbeit auf den Akademie-Schüler wartet und so weiter. Hinzu kam, dass die Landingpages mit den Handlungsaufforderungen zu zaghaft waren, wir also kein richtiges Call-to-Action hatten.

Des Weiteren habe ich die Bücher direkt für 29,90 Euro angeboten. Ich nenne es mal eine Blockade im Kopf, ich wollte es nicht einsehen, dass ich meine Bücher, wo ja soviel Arbeit und Herzblut drin steckt, einfach verschenken soll. Ich kannte zwar das Free plus Shipping Modell. Für mich hatte ich allerdings gedacht, ich brauche so einen Funnel nicht, weil ich ja sowieso so viel an kostenlosen Content auch in Form der kostenlosen Ratgeber, Videos, Blogs und Co. raushaue. In der Praxis hat dies allerdings nicht so optimal funktioniert. Ich wusste nun, woran ich weiter arbeiten muss.

Öffentlichkeitsarbeit

Dennoch begann ich mit der Öffentlichkeitsarbeit, um keine weitere Zeit zu verlieren, sei es Online, auf Vortragsreihen oder auch in den Printmedien. Durch meine guten Kontakte sorgte ich dafür, dass Artikel zu mir und der Online Akademie „Der ImmoCoach" geschrieben werden. Es erschienen Artikel im Sachwert Magazin, Immobilien-Profi Magazin, AIZ – Das Immobilienmagazin etc.

Des Weiteren nutzte ich jede Gelegenheit, die sich mir bot für ein Interview, in dem ich über den ImmoCoach und die Akademie berichten konnte, auch wurde ich zu Online Kongressen wie z.B. dem Immobilien-Online-Kongress eingeladen. Ich halte unter anderem Vorträge auf der Immobilien-Tycoon-Mastery zu den Themen, wie man Immobilien richtig vermietet bzw. verkauft.

Die Resultate fallen immer sehr positiv aus und auch andere fangen langsam an, über dieses Konzept zu berichten. Jedoch auch hier nur Schritt für Schritt. Die Buchverkäufe und die Anzahl der Akademie-Schüler sind noch bei weitem nicht bei dem angekommen, was ich mir erhofft hatte.

CONVERSION UND TRAFFIC KONFERENZ "CONTRA" 2018

Ich hatte meine Fehler erkannt und wollte es nun besser machen, also musste ich mich tiefer in die Online-Szene begeben. Da ich bereits per Stream bei der Contra 2017 dabei war und beschlossen hatte, mehr an Online Marketing Veranstaltungen teilzunehmen, um Kontakte zu knüpfen und Netzwerke auszubauen, habe ich mir direkt das VIP-Ticket geholt und das Contra Experts Dinner dazu gebucht. Ich habe ganz bewusst den Tisch mit den Contra Machern Thomas Klußmann & Christoph Schreiber gebucht und meine Bücher einige Tage zuvor mit einer persönlichen Widmung versendet. Was meint ihr, was am Dinner Abend passiert ist? Richtig, Thomas konnte mich direkt einordnen und hat mich mit „Hallo Hakan" begrüßt. So konnten wir uns an dem Abend auch besser kennenlernen.

Am darauffolgenden Tag, als die Contra begann, habe ich Thomas auf ein Interview angesprochen und wir haben ein Video zusammen gedreht.

So schnell kann man richtig gute Kontakte knüpfen. Das funktioniert soweit sehr gut mit den kostenlosen Büchern, auch wenn man einen schnelleren Draht zu interessanten Menschen bzw. Unternehmern haben möchte. Bücher zu verschenken ist eine Wunderwaffe, das ist mir spätestens seitdem Kickstart Coaching nun auch klar. Tja, nun bin ich hier sogar Co-Autor im neuesten Buch von Thomas bzw. Gründer.de, welches Du gerade in deinen Händen hältst und liest, fantastisch nicht wahr?

Auf der Contra 2018, die im Juni stattfand, konnte ich für mich schon sehr viel mitnehmen und habe auch gute Kontakte knüpfen können, sowie viele interessante Gespräche geführt, die mich weitergebracht haben. Ich fand die Veranstaltung so gut, dass ich mich direkt für das Kickstart Coaching von Gründer.de angemeldet habe, um mich weiterzuentwickeln.

Update Website & Content is King

Unmittelbar nach der Contra habe ich die Werbeanzeigen auf Facebook drastisch gekürzt, damit wir nicht unnötig viel Geld verprassen. Ich habe sämtliche Texte der Landingpages und der Website überarbeiten lassen. Auch die Website selbst mitsamt den Landingpages ist überarbeitet worden. Die Texte waren nun richtige Sales-Texte mit eindeutigen Handlungsaufforderungen. Zusätzlich hatte ich einen SEO-Spezialisten mit ins Boot geholt, mit dem wir zusammen Keyword-Analysen durchgeführt haben.

Auf Grundlage der Ergebnisse habe ich Texte für 45 weitere Contentseiten erstellen lassen. Mit den regelmäßigen Blogbeiträgen haben wir mittlerweile zusammen knapp über 300 indexierte Seiten auf Google zu verzeichnen. Mit diesem Anpassungsprozess waren wir gegen Anfang Oktober 2018 fertig. Seitdem ist der organische Traffic um ein vielfaches gestiegen und einige Seiten sind sogar unter den TOP-Ten Platzierungen bei Google.

KICKSTART COACHING

Gegen Ende November 2018 habe ich dann zusammen mit meinem Programmierer am Kickstart Coaching in Köln teilgenommen. Es war ein cooles Coaching mit interessanten Teilnehmern. Thomas hat hier alles von A-Z erläutert und gezeigt, worauf es ankommt, wenn man sich ein passives Einkommen aufbauen möchte. Ich habe hier das erste Mal richtig verstanden, warum Thomas seine Bücher ausschließlich mit der Free Plus Shipping-Methode vermarktet und was für ein Funnel-Prozess dahinter steckt. Es war sehr einleuchtend erklärt und die Zahlen, die er präsentiert hat, haben mich verblüfft und vor allem aber überzeugt. Genau das musste ich nun auch für mich umsetzen.

Nach dem Kickstart Coaching hatte ich dann endgültig beschlossen, Thomas Funnel weitestgehend zu übernehmen und meine beiden Bücher als Softcover-Version für 4,99 Euro anzubieten. Des Weiteren habe ich beide Bücher von einem Profisprecher als Hörbuch einsprechen lassen, die wir dann als Add-on für 16,99 Euro verkaufen. Dann kommt der erste Upsell, der zweite und so weiter, bis ganz am Ende mein High-Price-Ticket als Makler angeboten wird. Wir geben mittlerweile auch eine Geld-zurück-Garantie (30-tägiges Rücktrittsrecht). Außerdem haben wir Zielgruppenumfragen durchgeführt, mit denen wir den Mehrwert für den Kunden besser herausstellen können und ich muss sagen, dass der Funnel seitdem besser funktioniert.

Seit März 2019 habe ich zudem einen externen Social Media Coach, der mich hinsichtlich Youtube, Instagram und Facebook unterstützt. Hier dachte ich zuvor: „Ich kann doch schon alles". Aber auch hier wurde ich eines Besseren belehrt. Seitdem ich diesen Coach an meiner Seite habe, steigt meine Reichweite stetig.

DIE FUNKTIONSWEISE DES KONZEPTS

Was hat nun das Konzept Der ImmoCoach mit Citak Immobilien zu tun bzw. warum habe ich dieses Konzept nicht direkt mit Citak Immobilien gebrandet?

Im Prinzip geht es um den Vertrauensaufbau durch eine neutrale Person bzw. Brand, die den Informationssuchenden einen richtigen Mehrwert bietet und Immobilieneigentümer mit wertvollen Tipps versorgt und das deutschlandweit. Letztendes werde ich hier als der Immobilienexperte Hakan Citak gebrandet, sodass mein Bekanntheitsgrad durch den gelieferten Mehrwert stetig zunehmen wird. Eines meiner Ziele ist z.B. der bekannteste Immobilienmakler Deutschlands zu werden.

Die meisten Immobilienmakler konzentrieren sich auf die Verkäufer und Vermieter, die direkt verkaufen bzw. vermieten wollen. Viel wichtiger ist es, in die Köpfe zukünftiger Auftraggeber zu kommen und zwar genau dann, wenn sie tatsächlich die Entscheidung für den Verkauf oder die Vermietung treffen. Wenn man genau in diesem Moment nicht präsent ist und dem Eigentümer ein anderer Makler über den Weg läuft, der ihm auch sympathisch ist, dann wird er diesen wahrscheinlich beauftragen. Dabei spielt die Leistung nicht immer die entscheidende Rolle, sondern der andere Makler ist jetzt in diesem Moment einfach da. Der ImmoCoach soll demnach bei allen Immobilieneigentümern immer präsent bleiben.

Natürlich möchte ich mit der Online Akademie auch Geld verdienen. Zumindest sollen die Betriebs-, Fix- und Marketingkosten wieder eingespielt werden, dies ist das vorläufige Mindestziel. So können wir an dem Content und Mehrwert dieser Informationsplattform weiterarbeiten und das Konzept auszubauen. Die bereits erzielten Einnahmen werden zu 100 Prozent direkt wieder reinvestiert, da ich von diesem Projekt nicht leben muss.

Was im Umkehrschluss für mich bedeutet, dass ich durch die Einnahmen dieser Plattform kostenloses Marketing für mich und mein Unternehmen generiere und deutschlandweit eine ganz andere Reichweite erziele, als bisher mit Citak Immobilien e.K.

Bisher habe ich in dieses Projekt summa summarum 100.000 Euro investiert, meine Arbeitszeit ist da nicht mit eingerechnet. Da dieses Projekt allerdings noch zu jung ist, um Gewinn abzuwerfen, sehe ich es als ein Investment in die Zukunft und Marketing für mich als Person an. Ich bin absolut überzeugt davon, dass dieses Projekt nicht nur die Fixkosten einspielen wird, denn meine Recherchen und Marktanalysen haben eindeutige Zahlen ergeben, die sehr vielsprechend sind. Ich habe einen Fünf-Jahresplan mit Meilensteinen erstellt und werde weiterhin sehr viel Geld investieren, bis Der ImmoCoach das machen kann, was er eigentlich machen soll.

Auch habe ich bereits mit neuen Buch- und Akademie-Projekten begonnen, die Ende 2019 publik gemacht werden. Der ImmoCoach wird in wenigen Jahren eines der bekanntesten Informationsportale für Immobilieneigentümer und auch Immobilien-Interessierte sein. Er wird zudem zu meinem eigenen Leadgenerator für Immobilienverkaufsaufträge, der ein Potenzial für Umsätze im acht, neun oder gar zehnstelligen Bereich als deutschlandweit agierendes Maklerunternehmen mit mehreren Niederlassungen mit sich bringt, das nenne ich Skalierbarkeit.

Business Model Canvas

Die Partner

- Autoritäten im Immobiliensektor
- Onlinegrößen, die Immobilienkurse anbieten (Thomas Knedel, Alex Fischer, Paul Misat etc.)
- Onlinegrößen mixed (Thomas Klußmann, Dirk Kreuter etc.)
- Berühmte Immobilienmakler
- Makler & Hausverwalter
- Plattformanbieter
- Immobiliensoftware-Entwickler
- Affiliates

Die Aktivitäten

- Content-Produktion (YouTube, Blogs, Artikel)
- Bücher entwickeln und herstellen
- neue Kurse entwerfen
- Wartung & Weiterentwicklung der Plattform
- als Makler erfolgreich bleiben & Referenzen nutzen
- Problemlösungen anbieten
- Marketing, Networking, Affiliates & Empfehlungen
- E-Mail-Marketing

Die Ressourcen

- Know-how Immobilien, Social Media Spezialisten
- Zeit, Kapital, Büro & Intrastruktur
- Websitepflege, Contenterstellung & Ausbau Website
- Personal, Kontakte, Reichweite
- Freelancer (Lektorate & Layout)
- Maklersoftware

Das Werteversprechen

- Praktische und funktionierende Lösungen für die Immobilienvermittlung
- Profi Know-how aus einer Hand & ohne lange suchen zu müssen
- funktionierender Fahrplan mitsamt Vorlagen, Checklisten & Co.
- Verständliches Praxis Knowhow einfach erklärt
- kompetenter Coach
- schneller Filter der besten Interessenten
- bessere und erfolgreiche Immobilienvermittlung

Die Kundenbeziehung

- Persönliche, individuelle Betreuung
- Automatisierte Mitgliederbereiche für Selbstvermarkter
- persönliche Betreuung von Kauf- und Mietinteressenten & Communitys zwecks Austausch
- Vertrauensbasis durch Mehrwert
- Kundenacquise durch Online Marketing & Empfehlungen

Die Kundensegmente

- B2C (Nischenmarkt)
- Immobilieneigentümer
- Nischenmarkt aufgeteilt in „ohne Makler" & „mit Makler"
- Immobilieninteressierte
- Immobilienmakler zwecks Gemeinschaftsgeschäft (nachrangig)

Die Ausgaben

- Wertorientierte Kosten (Maklerunternehmen)
- Kostenorientiert (Automatisierung und Outsourcing)
- Fixkosten (Miete, Löhne, Lizenzen)
- Equipment (Foto, Film, Software)
- Druck, Versand, Porto
- Marketing & Werbung
- Websitepflege & -ausbau
- externe Spezialisten

Die Einkommensströme

- Buch, Hörbuch, Videokurse, Maklergebühren
- Honoraranteil durch Empfehlungsgeschäft
- Coaching, Affiliate, Werbung

Die Kanäle

Websites, Social Media, E-Mail Marketing, Ratgeber, Bücher, Amazon & ebay Kleinanzeigen, Vorträge, Presseartikel, Empfehlungen

Meine Empfehlung für dich

Wenn du eine Idee hast, starte sofort, gehe hierbei allerdings sehr strukturiert vor. Mach nicht die Fehler, die ich bisher gemacht habe. **Suche von Anfang an den Kontakt zu Gleichgesinnten und besuche Weiterbildungsseminare, wo du die richtigen Netzwerke knüpfen kannst. Weiterbildung ist das beste Investment in dich selbst und dein Business.** Schaue dir aber bitte den oder diejenigen genauer an, die dir was beibringen möchten und analysiere, wo derjenige selbst steht und was er erreicht hat. Sehr viele wollen einem erklären, wie etwas funktioniert, z.B. wie du auf YouTube oder Instagram 10.000 Follower aufbaust, es selbst aber in Wirklichkeit nicht geschafft haben, sondern diese Zahlen entweder durch Bots oder gekaufte Follower erzielt haben. Man erkennt es sofort, wenn man sich die Profile genauer anschaut.

Du musst nicht direkt mit einem Riesenprojekt starten, so wie ich es gemacht habe. Ich würde es heute auch anders angehen. Starte ruhig klein und am besten mit nur einem Produkt. Du könntest mit fertigen Websitevorlagen beginnen, dabei sparst du dir eine Menge Kosten, Zeit und Energie. Die Website könnte klein starten und nach und nach weiter ausgebaut werden.

Wenn dein Projekt nicht von Anfang funktioniert, muss es noch lange nicht heißen, dass kein Bedarf für dein Produkt da ist. Entweder wissen noch zu wenige davon, du hast die falsche Marketingsprache gewählt oder dein Sales-Funnel funktioniert nicht. Fang am besten direkt mit einem Free-plus-Shipping-Buch-Modell an und übernehme den Funnel von Thomas. Bei Gründer.de und deren Kursen, als auch Coachings, ist man sehr gut aufgehoben. Ich spreche hier aus Erfahrung.

Ich verabschiede mich nun von dir mit meinen Lieblingszitaten, die ich gerne wie folgt kombiniere:

„Vom Anschauen wird es auch nicht fertig!"
oder
„Stillstand ist der Anfang vom Ende!"
oder auch
„Man lernt jeden Tag dazu!"

Aber eigentlich alle immer gleichzeitig.

Ich wünsche dir für deine Zukunft alles Gute und dass dein Business direkt ein Volltreffer wird!

Dein Hakan – Der ImmoCoach

Einschätzung und Zukunftsausblick von Thomas:

Wie sich im gemeinsamen Coaching in den vergangenen Monaten und Jahren herausstellte, haben Hakan Citak und ich zwei eindeutige Gemeinsamkeiten: Wir beide haben zum einen gerne Grundrisse von Häusern in unserer Kindheit gemalt und gezeichnet. Eine Frage, die ich mir häufig gestellt habe, ist, was solche unbewussten Aktivitäten über uns aussagen.

Der zweite Punkt ist, dass sowohl Hakan als auch ich sehr gerne unsere Komfortzone verlassen. Ich glaube, das ist eine sehr wichtige und wertvolle Eigenschaft, die sehr viele Gründer, Unternehmer und Selbstständige vereint. Hakans Kernaussage ist, dass jeder sein Ziel erreichen kann, wenn gewisse Voraussetzungen gegeben sind.

Grundsätzlich teile ich diese Aussage, dass jeder sein Ziel erreichen kann, wenn er nur genügend Energie, Zeit und Fokus in das entsprechende Projekt investiert und das Ziel immer vor Augen behält. Die Frage, die man sich eingangs natürlich stellen muss; ist es das richtige Ziel? Das hat Hakan immer wieder unter Beweis gestellt. Er reflektiert, hinterfragt sich und schaut, in welche Richtung er gehen und warum er diesen Weg einschlagen will.

Die Geschäfts- und Marktchancen sind für Hakan extrem groß. Vor allem aus dem Blickwinkel eines Offliners. Hakan ist im Bereich der Immobilien zuhause, offline-lastiger als Immobilien kann ein Thema nicht sein. Trotzdem wagt er den Schritt ins Online-Business und eröffnet sich dadurch unzählige Chancen, da bisher nur wenige diesen Weg gewählt haben.

Liebe Leser, ich möchte euch an dieser Stelle gerne mit auf den Weg geben, dass die Kombination aus Online- und Offline-Business sehr mächtig sein kann. Aus meiner Sicht ist das die wahre Königsdisziplin. Mit einem reinen Online-Business kann man sehr viel Geld verdienen, eine Menge Umsatz generieren und viele Menschen erreichen. Aber die Kombination aus Online und Offline, das Zusammenspiel mehrerer Kanäle, wie beispielsweise Online Marketing mit Telesales als Vertriebskanal, verspricht am Ende das höchste Umsatz- und Gewinnszenario.

Für den Anfang ist die Fokussierung auf einen Kanal die deutlich einfachere Variante. Hakans Stärke liegt in der schematischen Darstellung und Erledigung von To-Dos.

Diese Fähigkeit ist wahrscheinlich auch seine strategische Ader, die vielleicht auch schon in den Zeichnungen der Grundrisse zu erkennen war. Ich habe Hakan als jemanden wahrgenommen, der die aktuelle Entwicklung sehr gut analysiert, daraus einen Schlachtplan entwickelt und diesen umsetzt.

Analysieren, entwickeln und umsetzen eines Plans sind drei Schritte. Die allermeisten Menschen bleiben bei Schritt eins oder zwei hängen und die allerwenigsten setzen ihren Schlachtplan wirklich um. Für die Umsetzung geht Hakan die Extrameile und das teilweise mit sehr hohem zeitlichen Einsatz. Sieben Tage die Woche, 18 Stunden am Tag. Viele Gründer haben genau diese Phasen hinter sich. Erfolgshungrige Gründer nennen das aber nicht Arbeit, denn sie machen etwas, dass ihnen Spaß und Freude bereitet. Das ist der Unterschied zwischen einem Burnout-gefährdeten Angestellten, der in einem Job verharrt, der ihn nicht glücklich macht und einem Visionär, der sein eigenes Ziel verfolgt und dafür kämpft. Zusammenfassend möchte ich gerne festhalten: Wichtig ist, aktuelle Entwicklungen zu analysieren, einen Schlachtplan zu entwickeln und diesen umzusetzen und das mit einem hohen Grad an Fokus und zeitlichem Einsatz.

Ganz wichtig ist auch die Erkenntnis aus Hakans Beitrag, dass die Welt nicht auf dein Produkt wartet. Die Realität ist, dass du etwas auf den Markt bringst und es einfach niemanden interessiert. Sei dir dessen bewusst und baue deine Marketingstrategie von Anfang an strategisch dahingehend auf.

Das Thema Free-Plus-Shipping spricht Hakan ebenfalls in seinem Beitrag an. Wir empfehlen dort den Preis von 4,99 Euro. Du kennst dieses Prinzip, denn du hältst gerade ein solches Buch in den Händen. Hakan bietet das Hörbuch als Upsell für 16,99 Euro an. Wir würden dort sehr klar den Preis von 14,99 Euro empfehlen, dann ist man mit Buch für 4,99 Euro und Hörbuch für 14,99 Euro unter der kritischen Preisschwelle von 20,00 Euro.

An Hakan schätze ich seine klaren Visionen und Zielvorstellungen, sodass er sogenannte Fünf-Jahres-Pläne entwickelt.

Das müssen nicht fünf sein, Christoph und ich erarbeiten gemeinsam immer Drei-Jahres-Pläne, die wir auf Ein-Jahres-Pläne und entsprechend auf Quartalsziele runterbrechen. Den Rhythmus muss jeder für sich selbst finden und verfolgen.

Wichtig ist aber, dass man nicht nur die Pläne macht, sondern sie auch in die Umsetzung bringt. Was marketingtechnisch sehr wertvoll ist und auch aus Hakans Beitrag hervorgeht, sind die Punkte Reichweite und Sichtbarkeit. Das gilt vor allem für Märkte mit sehr hohem Wettbewerb. Der Immobilienmarkt ist grundsätzlich ein Markt mit hohen Gewinnmargen, wenn man es richtig macht aber auch ein Markt mit sehr hohem Wettbewerb. Es ist überlebensnotwendig, in diesem Bereich Reichweite und Sichtbarkeit aufzubauen.

In unseren Coachings fassen wir dieses Thema unter dem Begriff ‚Digitale Dominanz' zusammen. Ganz grundsätzlich glaube ich, dass Hakan in einem Bereich unterwegs ist, der ihm sehr gute Marktchancen öffnet, kombiniert mit einem sehr erfolgsversprechenden Geschäftsmodell. Das Geschäftsmodell bedarf mit Sicherheit noch der einen oder anderen Feinjustierung in den nächsten Monaten und Jahren. Wie Hakan selber schreibt, ist das Ziel hier vor allem, Reichweite und Sichtbarkeit aufzubauen, nicht unbedingt groß umsatz- und gewinntechnisch zu skalieren.

Ich glaube aber, dass Letzteres trotzdem möglich ist, da dieser Markt so extrem groß und vor allem sehr profitabel ist. Hier geht es nicht um Zahnbürsten oder um Yoga, sondern um Immobilien, die einen sehr hohen Wert haben. Diese Märkte richtig anzugehen, richtig zu nutzen, wird Hakans große Aufgabe sein. Ich bin davon überzeugt: Wenn wir Hakans Weg weiterverfolgen, werden wir in den nächsten Monaten und Jahren noch Großartiges von ihm sehen.

AUFBAU EINES PROFITABLEN BUSINESS FÜR SELBSTSTÄNDIGE

Ein Gastbeitrag von Jascha Osterhaus

Wenn mich Menschen auf einer Gartenparty fragen, was ich beruflich mache, dann antworte ich: „Ich helfe Selbstständigen, sich ein profitables Business aufzubauen". Mein Name ist Jascha Osterhaus, ich bin 25 Jahre alt und ich habe ein Coaching & Consulting Business. Doch das war nicht immer so. Lass mich ein paar Jahre zurück springen und dich mit auf meine Reise nehmen, damit du verstehst, wie ich dort hingekommen bin.

Jascha Osterhaus

In meiner Schulzeit hatte ich unglaubliche Probleme auch nur durchschnittliche Noten zu erreichen. In meiner Abiturprüfung musste ich zu drei Nachprüfungen antreten. Lange Zeit wusste ich überhaupt nicht, wohin es mich in der Zukunft treiben würde oder geschweige denn, was ich gerne nach der Schule mit meinem Leben anfangen würde. So hörte ich auf meine Familie und trat mein BWL Studium an. Neues Spiel, neues Glück. Doch auch dies war nur ein märchenhafter Spruch für mich, denn meine damaligen Schwierigkeiten aus der Schule, Prüfungen zu bestehen, setzten sich in der Universität fort.

Es war unmöglich für mich, Spaß, Freude, Erfüllung oder einen Sinn in meiner Tätigkeit als Student zu sehen. Es fühlte sich für mich so an, als lebte ich das Leben eines anderen Menschen, weil es die Gesellschaft oder meine Familie so für mich vorgesehen hatten. Es fühlte sich einfach nicht richtig für mich an.

Ich glaube fest daran, dass dir mindestens drei bis fünf große Chancen in deinem Leben geboten werden, bei denen du dich entscheiden musst, ob du sie annimmst oder nicht. So bot sich mir meine erste große Chance, als Persönlichkeit wirklich zu wachsen. Ich beschloss, in Kalifornien zu studieren. Es kamen unglaublich viele Zweifel in mir auf. Eine Fünf in Englisch und die dadurch entstehenden Kommunikationsschwierigkeiten werden es mir sicherlich nicht leicht machen. Ich werde niemanden dort kennen. In einer fremden Stadt auf einem anderen Kontinent leben, der tausende Kilometer von Zuhause entfernt ist.

Doch dann dachte ich an Kalifornien und stellte mir vor, wie es dort wohl aussehen würde. All die Erfahrungen, die ich dort machen würde. Überall Palmen, Sonne den ganzen Tag, Pool Partys bei denen man mit Freunden von Hausdächern springt, tägliche Barbecues, hübsche Frauen in Bikinis auf Rollerblades. So stellte ich es mir zumindest vor.

Heute kann ich sagen, dass es dort genau so ist. Ein Leben, das scheinbar nur in Hollywood-Filmen existierte, war nun meine neue Realität. Mein Horizont und die damit einhergehenden Träume erweiterten sich von Tag zu Tag. Uber Fahrer erzählten mir von ihren Geschäftsideen, welche die Welt ein Stückchen besser und schneller machen sollten. Es wirkte so, als hätten sie diesen Pitch bereits tausende Male geübt. Einfache Taxifahrer hatten einen wirklichen Traum, an dem sie täglich arbeiteten. Die Menschen, die mir in Amerika begegneten, glaubten an sich und ihre Visionen. Ihnen war egal, wo sie sich gerade befanden oder wie viel Geld sie im Moment verdienten. Sie glauben daran, dass jeder Mensch mit seiner Geschäftsidee das neue revolutionäre Milliarden Unternehmen gründen kann.

Dieses Gefühl oder besser gesagt diese Einstellung ist dir vielleicht auch bekannt unter dem Begriff „The American Dream". In dem einem Jahr, welches ich in Amerika verbrachte, habe ich eine unglaublich wertvolle Lektion lernen dürfen.

ES IST MÖGLICH, DASS DEINE IDEE DIE WELT VERÄNDERT – DU MUSST NUR STARTEN

Ich belegte einen Kurs an der Universität, der Businessplan Development hieß. In diesem Kurs ging es darum, in vier Monaten eine Idee zu einem geschäftsfähigen Business zu formen. Wir mussten ein Produkt schaffen, den Kunden-Avatar kennen, Preise bestimmen, Produktionsfaktoren bestimmen, Marketingtools einsetzen, den Vertrieb planen, die Herstellung managen und das Design kreieren.

Wir mussten uns überlegen, wie viele Angestellte wir benötigen werden und wie sich unser Cashflow in den ersten Jahren gestalten soll. Jede Woche mussten wir unsere Fortschritte präsentieren und uns Feedback von unserem Professor plus allen anderen Studenten des Kurses einholen.

Zum Schluss mussten wir unser Unternehmen und unsere Vision vor zahlreichen bereits erfolgreichen Gründern pitchen. Ich durchlebte wirklich jeden kleinsten

Prozess, den es benötigt, ein Unternehmen zu gründen. Von der Idee bis hin zum tatsächlichen geschäftsfähigen Unternehmen.

Unsere Idee: Mein Team und ich kamen auf die Idee, Kinderbetten für Neulinge aus kleinen Kartons zu bauen. Die Herstellungskosten waren sehr gering und man konnte die Betten individuell gestalten. Die Rendite wäre gigantisch.

Der Baby Markt ist einer der gefragtesten Märkte, da werdende Eltern sehr kaufbereit sind und ihrem Baby nur das Beste bieten wollen. Sie scheuen sich eher weniger vor teuren Preisen, denn es geht ja um ihr Baby. Das wollen sie verwöhnen.

Außerdem wäre das Geschäftsmodell sehr einfach, da wir nur ein Hauptpro-dukt hätten und der Kunde sich sein Bett individuell mit verschieden Farben oder Stoffen auf unserer Homepage zusammenstellen kann. Doch wir mussten unsere Idee nach zwei Wochen wieder ändern, da es schon ein schwedisches Unternehmen gab, das solche Betten herstellt und verkauft.

Wir mussten also wieder ganz von vorne beginnen. Marktanalysen, Trendana-lysen und generelle Recherchen durchführen. Nach rätselhaften Abenden und stundenlangen Meetings fragte mein Team mich: „Du kommst ja eigentlich aus Deutschland und bist nur für ein halbes Jahr hier, fiel dir hier bisher irgendetwas schwer oder vermisst du etwas, was dir bei deinem Start in San Diego geholfen hätte?" Kurze Zeit später kam mir die Idee von HUSH.

Hidden-Unique-San Diego-Hotspots

HUSH sollte ein neues frisches Unternehmen sein, die coole Trips für Austausch-studenten, Touristen oder Leute, die nach Gesellschaft suchen, organisieren. Doch nicht wie andere übliche Reiseführer.

HUSH sollte dich zu den angesagtesten Bars, Restaurants, Clubs und Sehens-würdigkeiten bringen. Beispielsweise keine Tour zur Golden Gate Bridge, bezo-gen auf San Francisco, sondern in angesagte Ecken, die nur die Locals kennen. Dich in die Stammbars der Studenten bringen, um schneller Freunde zu finden und mit anderen einfacher Kontakt knüpfen zu können. Die besten Tacos am Tacho Tuesday in San Diego finden. Die besten Surfspots erkunden. All das in einer großen Gruppe zu erleben und diese Momente teilen zu können, das war unser Versprechen.

Unser Slogan war: Experience San Diego as a local.

Jetzt das beste an unserer Idee: Wir selbst sind nicht die Reiseführer, sondern wir haben eine App, in der sich jede Person als Reiseführer registrieren kann.

Über eine Punktebewertung können unsere bisherigen Kunden dann ihren Guide bewerten und ein Feedback hinterlassen. Zukünftige Kunden buchen dann nur positiv bewertete Reiseführer, somit schließen wir direkt schlechten Service aus.

Unser Unternehmen bekommt dann bei jeder Tour, die vollständig über die App abgewickelt wurde, einen prozentualen Anteil.

Für einen Reiseführer ist der Service äußerst attraktiv, da seine Kundenzahl pro Tour nicht auf wenige Person begrenzt ist.

Für den Kunden ebenfalls, da die Buchungskosten für eine Tour bei steigender Teilnehmerzahl sinken.

Jeder Guide kann zusätzlich auf seinem Profil in der App seine Touren erklären und seine Spezialtouren wie Surftage oder Barhopping angeben. Unsere Kunden können sich dann genau aussuchen, welche der angebotenen Touren sie buchen möchten und welchen Guide sie aufgrund seiner speziellen Touren auswählen möchten.

Vielleicht denkt sich jetzt der Eine oder Andere: "Warte mal, dass ist doch die gleiche Strategie, wie Uber sie nutzt?". Exakt! Wir haben diese geniale Payment-Strategie übernommen und auf unser Business angewandt.

Nun standen wir also da. Angefangen bei Null. Jetzt mit einer Idee und einem Konzept. An diesem Punkt hört normalerweise die Arbeit in deutschen Unis oder Hochschulen auf. Bei uns fing die Arbeit jetzt erst richtig an. Wir mussten nun herausfinden, wie wir unsere App aufbauen, wie wir Kunden gewinnen, wie wir erstes Feedback zu unserer Idee bekommen. Wie gestalten wir unser Payment-System, nutzen wir Crowdfunding Plattformen oder suchen wir nach Angel Investoren. All diese Punkte mussten wir selbst herausfinden und bei unserem Business Pitch am Ende des Jahres vorweisen können und zwar mit reellen Zahlen.

In Universitäten oder in den meisten angebotenen Kursen bekommt man immer gesagt, wenn ihr eure Idee und euren Businessplan habt, dann sucht ihr euch einfach Investoren oder Partner und könnt direkt starten. Aber wo findet man denn solche Investoren und viel wichtiger, wie gewinnt man solche Investoren für sich?

Bei den entscheidenden Schritten hören die meisten auf, nach Lösungen zu suchen. In den meisten Bildungseinrichtungen lernt man lediglich die ersten zehn Prozent von dem, was in der realen Welt wirklich zählt, wenn man ein Business gründen will. Deswegen ist es auch so wichtig, von Leuten unterrichtet zu werden, die die gelehrten Sachen selbst schon erlebt haben. Wie viele Professoren an Universitäten haben selbst schon ein Unternehmen gegründet oder in einem Startup gearbeitet und unterrichten Entrepreneurship. Es macht einfach keinen Sinn, einen Businessplan nach dem anderen zu schreiben. Dadurch wirst du kein besserer Unternehmer.

Du musst die Dinge wirklich umsetzen. Probleme, sprich Chancen etwas zu lernen, ergeben sich erst, wenn du wirklich an deiner Idee arbeitest. Wenn du das erste Mal herausfinden musst, wie man etwas erstellt, installiert oder wo du deine benötigten Infos herbekommst, dann machst du Fortschritte in die richtige Richtung.

Stell dir vor, du müsstest dich für eine Klausur vorbereiten. Wird es dir jetzt weiterhelfen, wenn du vier verschieden Pläne erstellst, wie und wann du lernen könntest? Nein.

Erst wenn du beginnst zu lernen, wirst du einschätzen können, wie lange du für ein Thema brauchst, was du bereits kannst oder wofür du dir noch extra Hilfe holen solltest.

Wir hatten eine Broschüre für HUSH erstellt und haben Freunde, Familie und Passanten gefragt, ob sie diesen Service nutzen würden oder was ihnen noch fehlt, damit sie es nutzen würden. Diese Antworten sind die wertvollsten Tipps, die ihr je bekommen werdet. Nicht von eurem Professor, nicht von einem anderen Unternehmer, nein, von euren zukünftigen Kunden. Durch dieses Feedback, haben wir einiges im Laufe der Entwicklungszeit an HUSH angepasst. Dinge, die sich Kunden wünschen würden, haben wir einfach hinzugefügt.

Durch zahlreiche Präsentationen während unserer Entwicklungsphase, konnten wir auch noch das Feedback von unseren Kursmitgliedern und des Professors einholen.

Ganz nebenbei, mein Professor war vorher 15 Jahre Unternehmer und hat sich dann entschieden, sein Wissen an jüngere Menschen weiterzugeben. Je mehr Feedback, desto mehr Chancen habt ihr, euer Produkt zu verbessern.

Nach einem halben Jahr waren wir soweit, ein geschäftsfähiges Unternehmen zu gründen.

Zehn Prozent der Arbeit waren die Strategie und der Businessplan zu Beginn. Die restlichen neunzig Prozent waren unzählige Test, Anpassungen, Recherche und das Erstellen eines realen Produkts.

Warum habe ich dir diese Geschichte so ausführlich erklärt? Sie war der Start einer wirklich großen Wende in meinem Leben. Ein Jahr nach dieser Geschichte und über 40 Absagen später, saß ich in einem Vorstellungsgespräch bei einem der erfolgreichsten deutschen Startups.

Der Interviewleiter fragte mich: „Ich habe gesehen, sie haben in Amerika studiert, was haben Sie dort gemacht?"

Ich habe ihm die Geschichte von HUSH erzählt.

Er antwortete: „Wissen sie, dass ein Milliarden Unternehmen aus Amerika gerade dieses Business gegründet hat?"

Ich antwortete: „Dann kann meine Idee ja nicht so schlecht gewesen sein."

Darauf sagte er: „Sie haben den Job"

Ich war in diesem Moment so unglaublich fasziniert. Ich werde dieses Gefühl, wie elektrisiert gewesen zu sein, nie vergessen. An diesem Tag ist mir klar geworden, dass jeder, wirklich jeder eine Idee haben kann und diese sich eines Tages zu einem riesigen Unternehmen entwickeln kann. Du musst nur groß genug träumen. Es beginnt alles mit einer Idee. Sei es ein Martin Luther King, Gandhi oder Bill Gates. Alles begann mit einer bloßen Idee.

Doch nur eine Idee ist noch gar nichts wert. Ich würde mal behaupten, es hatten zahlreiche Leute vor Marc Zuckerberg die Idee von Facebook. Doch sie umzusetzen und bei Niederschlägen nicht aufzugeben, dass macht eine Idee erst zu einem solchen Unternehmen, wie es beispielsweise Facebook heutzutage ist. Ich hatte in San Diego in diesem Kurs ein anderes Team, die so von ihrer Idee und ihrem Business begeistert waren, dass sie es am Ende des Jahres nicht vorstellen wollten, weil sie Angst hatten, dass jemand ihre Idee klauen würde. Eine Idee ist ohne die entsprechende Umsetzung noch nichts Wert.

Nicht ohne Grund investieren große Investoren nicht hauptsächlich in Ideen, sondern in Unternehmer. An welchem Ort der Welt denkst du, liegen die meisten Träume, die meisten Ideen oder die meisten nicht vollständig komponierten Songs? Auf dem Friedhof. So viele Menschen wollten ihre Träume oder ihre Ideen in die Tat umsetzen, bis es zu spät war.

ERLERNE SKILLS, SAMMLE KEINE SCHEINE

So stand ich also da. Vom Fünfer-Schüler zum Millionen-Dollar-Ideengeber und Startup-Angestellten. Doch es sollte wieder anders kommen als geplant.

Die Sonne strahlt mir ins Gesicht. Sie ist unglaublich warm und angenehm. Es scheint wie ein perfekter Sommertag. Jeder um dich herum ist glücklich und fröhlich. Die Menschen neben dir schenken dir ihr schönstes Lächeln. Einfach perfekt. So hätte ich es mir zumindest vorgestellt.

Die Realität war jedoch Folgende: Mir lief der Schweiß die Stirn herunter, ich klebte an meinem Schreibtischstuhl fest und die Hitze machte es mir unmöglich, mich zu konzentrieren. Mein Hemd war klitschnass und ich starrte auf meinen Computer, als würde ich auf den nächsten Pinien-Aufguss warten. Bei einer Raumtemperatur von annähernd 40 Grad und einem verstärkten Sauerstoffmangel fühlte es sich an, als würde man auf einem Grill sitzen. Ein Lächeln, geschweige denn einen gut gelaunten Kollegen zu finden, war wie einen See in der Wüste zu suchen - aussichtslos.

Ich erinnere mich noch an diesen Moment und wie ich mich gefühlt habe, als wäre es gestern.

In diesem Moment habe ich etwas für mich entschieden. Ich werde in Zukunft wo ich will, wann ich will und mit wem ich will arbeiten. Deine jetzige Situation muss dich so unglücklich machen und der Gedanke an die zukünftige Situation so strahlen lassen, bis es für dich keine andere Option mehr gibt, als dein Leben selber in die Hand zu nehmen und es genau so zu leben, wie du es dir vorstellst.

MACH DEIN SOLLTE ZU EINEM MUSS

Ich konnte einen eigentlich wunderschönen Tag nicht genießen. Ich hatte eine Tätigkeit, in der ich keine Erfüllung fand. Ich habe verstanden, dass dies gar nicht meine Ziele waren, sondern die einer von der Gesellschaft geformten Person. Diese Person wollte ich nie wieder sein.

So schloss ich einen Vertrag mit mir selbst. Ich werde so lange nach meiner Berufung suchen, bis ich die Tätigkeit nicht mehr „Arbeit" sondern Leidenschaft nenne. Stell dir mal vor, dass die meisten Menschen, einfach gesagt, 45 Jahre in ihrem Leben arbeiten. Das entspricht dem Zeitraum von 20 Jahren bis 65 Jahren. Bei einer Lebenserwartung von 80 Jahren und die ersten fünf Jahren abgezogen, da man diese meist nicht sehr bewusst erlebt, bleiben 75 Jahre übrig. 45

Jahre davon arbeiten wir also im Durchschnitt. Sprich, das macht ungefähr 60 Prozent unseres ganzen Lebens aus.

Jetzt stell dir bitte einmal bildlich vor, 60 Prozent deines Lebens, deiner Zeit, deiner Energie mit einer Tätigkeit zu verbringen, die du nicht gerne machst. Wo du dich regelrecht jeden Tag hin zwingen musst.

Wird es dir bei dem Gedanken auch so komisch im Magen wie mir?

Noch schlimmer, 60 Prozent deines Lebens, das du so gelebt hast, weil andere es so für dich bestimmt haben.

Wenn du dieses Buch gerade in deinen Händen hältst, bin ich mir ziemlich sicher, dass du eigentlich alle Möglichkeiten hast, dein Leben selber in die Hand zu nehmen und es so zu leben, wie du es dir schon immer in deinen kühnsten Phantasien vorgestellt hast.

Es wäre ein Geschenk, wenn du es genau so wertschätzt, diese Worte gerade zu lesen, wie ich es tue, sie niederzuschreiben.

Sehr viele Menschen auf der Welt bekommen solch eine Chance nicht einmal. Was will ich dir damit sagen? Du hast alle Möglichkeiten und Chancen an deiner jetzigen Situation etwas zu ändern, doch die meisten Menschen tun dies bedauerlicherweise trotzdem nicht.

Viele Menschen würden, alleine um überhaupt solch eine Chance zu kriegen, wirklich alles tun. Denk das nächste Mal daran, wenn du dir wieder sagst: Ich mach einfach gleich wieder eine Pause auf der Arbeit. Bald ist ja wieder Wochenende und meinen Urlaub habe ich auch schon eingereicht.

Wäre es nicht mal schön, sich auf Montag zu freuen?

Sieben tolle Tage die Woche zu haben und nicht nur Samstag und Sonntag? Wenn du jeden Tag mit Freude beginnen kannst? Montag ist mein persönlicher Lieblingstag. Ich habe ihn dazu gemacht. Ein neuer Start, eine neue Woche, neue Möglichkeiten. Einfach mit frischer neuer Energie in die Woche starten.

So machte ich mich selbstständig, parallel neben einem 50 Stunden Job und meinem Studium. Ich half Unternehmen, sich mit Social Media Marketing eine Online Präsenz aufzubauen und so mehr Kunden zu gewinnen.

Wie hat nun alles für mich begonnen? Zuerst einmal möchte ich mich mit dem Folgendem nicht selber loben. Ich will dir nur zeigen, dass es möglich ist, sich selbstständig zu machen, auch wenn man einen Job hat, noch studiert oder so-

Business Model Canvas

Die Partner

- bisher alleine
- ab 12 – 15K Verkäufer einstellen

Die Aktivitäten

- Leads
- kostenlose Erstgespräche
- Qualifizieren
- Closen

Die Ressourcen

- alles inhouse
- außer Facebook Ads für Kunden
- für mein Business Ads

Das Werteversprechen

- sie erlernen die Fähigkeit, hochpreisige Kunden zu gewinnen (sogar automatisiert)
- sichtbar in ihrer Branche zu werden
- teurer zu verkaufen
- Kunden gewinnen

Die Kundenbeziehung

- genaue Anleitung
- 1:1 Betreuung
- Videokurs
- Live-Chats
- 1:1 Kontakt

Die Kundensegmente

- Fotografen
- Videografen
- Webdesigner
- Grafikdesigner
- sonstige Selbstständige
- Nischen mit immer größer werdenden Zahlen

Die Ausgaben

- Facebook Ads
- Wufoo Anmelde Formular
- Website URL

Die Einkommensströme

- 12 Wochen Caoching Programm (~ 2.500,- €)
- später längere Betreuung (teurer)

Die Kanäle

Facebook Ads, Kaltakquise, E-Mail Liste (Free Book), Facebook Gruppe gar wie ich, beides zu dem Zeitpunkt hatte. Es ist alles eine Frage der Disziplin und des Zeitmanagements. Ich habe 50 Stunden die Woche in einem Startup in Köln gearbeitet, habe währenddessen Klausuren geschrieben und mich um meine Kunden gekümmert. Es ist definitiv möglich. Ist es immer einfach? Keinesfalls, ich habe mich manchmal auf der Arbeit um meine Kunden gekümmert und in der Uni Sachen für meine Arbeit nachgeholt.

Für Klausuren und Meetings musste ich meine Urlaubstage auf der Arbeit opfern. Ich erinnere mich noch, mit meinen letzten neun Urlaubstagen, plus Brücken- und Feiertagen, zwei volle Wochen Urlaub rausgeholt zu haben. In dieser Zeit reiste ich nach Südfrankreich und machte das erste Mal in meinem Leben den Strand zu meinem Büro. Hier schnupperte ich das erste Mal das Gefühl der Freiheit. Umgeben von weißem Sand, hohen Wellen und wehenden Palmen machte mir meine Arbeit auf einmal doppelt so viel Spaß.

Ich fühlte mich lebendiger, erfüllter und energiegeladener. Mir kam in dieser Umgebung eine Idee nach der anderen, welche ich alle direkt bei meinen Kunden umsetzen wollte. Doch wie habe ich wirklich angefangen. Wie hat alles begonnen. Wie habe ich meinen ersten Kunden gewonnen?

Angefangen hat alles mit einem einfachen Gespräch, indem ich lediglich nach ein paar Tipps gefragt wurde. Aufgrund meines Studiums hatte sich die Person erhofft, vielleicht wertvolle Tipps für die Bereiche Marketing und eCommerce von mir gewinnen zu können. Ich wollte der Person wirklich helfen und sagte, dass ich mir dafür aber Zeit nehmen möchte und in einer Stunde wieder kommen würde. Ich guckte mir den kompletten Online-Auftritt des Unternehmens an, um mir erst einmal einen Überblick zu verschaffen, was das Unternehmen für Produkte anbietet.

Ich startete bei der Website und arbeitete mich über Facebook, Instagram und alle weitere Plattformen vor, auf denen das Unternehmen vertreten war.

Ich machte eine Liste mit allen Punkten, die mir aufgefallen waren, die man meiner Meinung nach hätte besser machen können oder wo ich großes Potenzial drin sah, was das Unternehmen in Zukunft machen könnte, um ihren Online Auftritt zu verbessern. Diese Liste enthielt ganz einfache Punkte wie Plattformen verknüpfen, regelmäßiger Content, eine Struktur reinbringen, Hashtags nutzen oder Kooperationen starten. Ich ging also mit diesem Zettel zurück und erklärte, bei welchen Produkten ich glaubte, dass sie zu mehr Umsatz helfen. Ich erzeugte einen wirklichen Mehrwert für diese Person, ohne etwas dafür zu verlangen.

Das ist die beste Strategie, um einen Kunden für sich zu gewinnen. Allerdings tat ich es in diesem Fall unbewusst. Ich nahm mir weitere zwei Stunden Zeit, um die beschrieben Punkte zu erläutern und wie eine mögliche Umsetzung aussehen könnte.

Am Höhepunkt einer möglichen Strategie fragte mich die Person, ob ich mir vorstellen könnte, dem Unternehmen auch in Zukunft weiterhelfen zu können. In diesem Moment habe ich verstanden, dass ich Unternehmen wirklich helfen kann und ihnen einen wirklichen Mehrwert bieten kann. Ich schlug folgenden Deal vor: Ich würde eine richtige Strategie entwickeln, in die ich mehr Zeit investiere und diese würde ich dann vor allen Mitarbeitern des Unternehmens präsentieren. Direkt nach meiner einstündigen Präsentation einigten wir uns auf eine Zusammenarbeit. Ich hatte meinen ersten Kunden gewonnen.

Doch zwischen dem ersten Gespräch und der Präsentation lagen ungefähr vier Wochen. Genau so lange habe ich mich auch auf diese Präsentation vorbereitet. Selbst am letzten Tag habe ich noch Zahlen auf den Charts angepasst. All dies lief parallel zu meinem Job und meinem Studium. Ich erstellte also die Charts in jeder nur denkbaren freien Minute auf der Arbeit. An einem dieser Tage war ich bis 20 Uhr im Büro, obwohl ich eigentlich schon um 16 Uhr frei gehabt hätte. Ich arbeitete natürlich nur an der Präsentation und wollte eigentlich nur schnell etwas anpassen, aber irgendwann vergaß ich die Zeit und versank förmlich in Ideen. In diesem Moment fühlte es sich für mich das erste Mal nicht wie arbeiten an.

EINE PASSION ENTWICKELT SICH ERST MIT DER ZEIT

Ich tat also alles dafür, um diesen Kunden zu gewinnen. Obwohl ich zu diesem Zeitpunkt noch gar kein Geld bekommen hatte, investierte ich Stunden, Tage und Wochen in die Präsentation. Ich wusste, dass ich diese Chance nutzen musste, dass mich ein fremdes Unternehmen, welches mich nicht kannte, als ihren persönlichen Marketing-Berater haben wollte, obwohl ich eigentlich noch nichts vorzuweisen hatte. Wie schafft man das nun am besten, ein Unternehmen von sich zu überzeugen?

Schaffe zuerst einen wirklichen Mehrwert für das Unternehmen (am besten kostenlos) und dann kannst du von dem Unternehmen etwas erwarten. In deinem Fall ein Gehalt. Mein Mehrwert war eine komplette Strategie, plus Analyse der wichtigsten KPIs (Key Performance Indikator) und all das kostenlos. Das Unternehmen hätte also diese wertvollen Tipps nehmen und sie alleine umsetzen können. Das ist ein wirklicher Mehrwert. Dem Unternehmen zu sagen, man könnte alle Verkaufszahlen steigern, reicht nicht. Mal abgesehen davon, wird es dir keiner glauben, wenn du nicht mindestens einen Kunden vorweisen kannst, bei dem du das schon erfolgreich getan hast. Dies hatte ich zu dem Zeitpunkt ja noch nicht.

Nachdem ich meinen ersten Kunden gewonnen hatte, habe ich mir um zahlreiche Dinge Gedanken gemacht. Ich habe mir gesagt, ich brauche eine super professionelle Website, besondere Visitenkarten und ein tolles Logo. Ohne diese Sachen kann ich ja gar keine neuen Kunden gewinnen.

Heute weiß ich, dass all diese Sachen zu Beginn überhaupt nicht wichtig sind. Um mit einer Website Kunden zu generieren, brauchst du zuerst einmal zahlreiche Besucher auf deiner Seite.

Eine Visitenkarte bringt dir nichts, wenn du keinen Kontakt hast, dem du diese geben kannst. Ein Logo steht für eine Marke oder ein Unternehmen, zu Beginn bist du das Unternehmen. Die Personen müssen dich kennen und nicht deine Firma.

Das ist doch das unglaubliche an der Zeit, in der wir zurzeit leben. Du brauchst deinen Job nicht mehr kündigen oder alles aufgeben, um dir ein solches Business aufzubauen. Du kannst alles parallel machen. Jeder von uns kann das. Du bekommst heute im Internet Zugang zu allen Ressourcen, die du benötigst. Die meisten sogar umsonst. Du bekommst Know-how, du hast Zugang zu Absatzmärkten, personelle Unterstützung, sogar Kapital und die Möglichkeit, deine Kunden online zu gewinnen. Es war noch nie so leicht wie heute, ein eigenes Business zu gründen. Mit den richtigen Werkzeugen kann das heute wirklich jeder.

Wenn du also gerade studierst, eine Ausbildung machst, oder einen festen Job hast, kannst du all das trotzdem genauso machen, wie jemand, der komplett selbstständig ist. Ich habe es ja zu Beginn nicht anders gemacht und es hat funktioniert.

Zum ersten Mal fühlte ich mich frei. Ich hatte mein Ziel erreicht, bestimmen zu können, wann ich arbeite, wo ich arbeite und mit wem ich arbeite.

Steigender Erfolg motivierte mich noch besser in meiner Tätigkeit zu werden und so suchte ich den Weg zu Thomas Klußmann und dem Team von Gründer.de und meldete mich für das Kickstart Coaching an.

Ich saß also an einem kalten Samstag im November, mitten im Zentrum von Köln, in einem Seminar mit dem Schwerpunkt Online Marketing. Der Blick aus dem fünfzehnten Stock auf den Kölner Dom ist beeindruckend. Der Tag war schon etwas fortgeschritten.

Thomas sagte: „Jetzt kommt mein Lieblingsthema, da freue ich mich schon den ganzen Tag drauf."

Er fragte: „Wer von euch liest Bücher?" Bis auf wenige hoben alle ihre Hand.

Er fragte: „Wer von euch schätzt den unglaublichen Wert von Büchern?" Wieder hoben fast alle ihre Hände.

Er fragte: „Wer würde selber gerne mal ein Buch schreiben?" Wieder hoben fast alle ihre Hand.

Dann fragte er: „Wann fangt ihr also mit eurem Buch an?" Die Hände gingen alle runter.

Er erklärte uns mehrere Stunden lang aus Marketingsicht, welche psychologischen Vorteile Bücher haben und welche positive Affirmationen sie in uns auslösen. Die meisten Teilnehmer stimmten ihm mit ihrer Gestik und Mimik von Minute zu Minute mehr zu.

Sie alle hatten die Wichtigkeit von Büchern verstanden. Vor allem aber haben sehr viele Teilnehmer verstanden, dass sie selbst ein Buch schreiben können. Das sie selbst eine Geschichte haben, welche sie erzählen können. Dass es heutzutage viel einfacher ist, ein Buch zu veröffentlichen, als die meisten denken.

Also fragte er erneut: „Wann schreibt ihr euer Buch?" Von all den zahlreichen Menschen, hoben nur zwei ihre Hand. Ein Schweizer und ich. Thomas sagte: „Das gefällt mir, lasst uns doch daraus eine Wette machen.".

Die Wette: Wer von euch veröffentlicht sein Buch früher als der andere. Den Einsatz bestimmt ihr selbst. Wir beide stimmten der Wette sofort zu.

Thomas fragte den Schweizer: „Wann kommt dein Buch?

Der Schweizer antwortete: „Ehm, am 1. April."

Dann fragte Thomas mich: Und wann kommt dein Buch Jascha?

Ich antwortete: „Dann am 30. März!"

Der Einsatz: Der Verlierer muss den Gewinner besuchen und ihn in seiner Stadt zum Essen einladen. Das ist der Grund, warum mein Buch genau am 30. März erschienen ist.

Von all diesen Menschen haben sich zwei getraut JA zu sagen. JA, ich schreibe mein eigenes Buch. JA, ich bin mutig und sage dies hier vor all diesen Menschen. JA, ich gehe sogar eine Wette ein, um noch größeren inneren Druck zu erzeugen. Diejenigen, die einfach mal JA sagen, sind die Menschen, an die man sich erinnern wird. Das sind die Namen, die du heute kennst, obwohl diese Personen vielleicht schon lange nicht mehr leben. Menschen wie Picasso, Tesla oder Achilleus. Sie haben alle JA gesagt, zu dem Unbekannten. JA zu der Herausforderung. JA zu dem Risiko. Doch alle fingen mit einem kleinen JA an.

Sag das nächste Mal JA, wenn du herausgefordert wirst. Ich verspreche dir, du wirst erstaunt sein, was alles in dir steckt. Du wirst erstaunt sein, was du wirklich in der Lage bist zu leisten.

ES STECKT SCHON ALLES IN DIR - DU MUSST ES NUR AUFWECKEN

Mein Buch wurde ein Jahr später zum Business Buch des Jahres und für den Tiger Award nominiert.

Doch auch dieser Erfolg sollte nicht das Ende für mich sein.

Im Februar 2018 befand ich mich auf Bali und ich betreute online meine Kunden. Dann klingelte mein Telefon und ich sah den Namen meines Bruders auf dem Bildschirm. Das war ungewöhnlich, da er wusste, dass ich auf Bali war und er mit normalem deutschen Netz anrief, statt Facetime oder ähnliche Dienste zu nutzen. Ich nahm den Anruf entgegen und merkte sofort, dass etwas nicht stimmte, da ein sehr starkes Zittern in seiner Stimme lag. Er bat mich das Ladenlokal zu verlassen, indem ich mich zu der Zeit befand.

Er nahm tief Luft und sagte: „Der Papa ist gestern gestorben".

In diesem Moment habe ich die Welt nicht mehr verstanden und ich brach sofort auf der Straße nieder. Zum Glück hatte ich tolle Freunde bei mir.

So saß ich mitten auf der Straße und mir liefen die Tränen im Gesicht herunter. Doch von einer auf die andere Sekunde hatte ich eine absolute Klarheit in meinen Gedanken und meinem Blick. Ich sagte: „Jetzt erst recht". In diesem Moment entschloss ich mich, Menschen in ihrem Business und mit ihrer Leidenschaft spürbar zu helfen und nach vorne zu bringen.

Ich ließ mich von den besten Coaches der Welt ausbilden: Unter anderem von Leuten wie Tony Robbins, Denys Scharnweber und Joseph McClendon.

Mein Ziel war es, mir Skills und Fähigkeiten anzueignen, die es mir ermöglichen, anderen Selbstständigen spürbare Ergebnisse zu liefern. Besonders im Hinblick auf Finanzen, Persönlichkeit und Karriere. Seitdem habe ich hunderte Menschen persönlich gecoacht und ihnen dabei geholfen, mehr Kunden zu gewinnen und ein freieres Leben zu leben. Heute bekomme ich Aufträge, vor hunderten von Menschen zu sprechen und das sogar von deutschen Milliarden Unternehmen.

Ich habe entschieden, nur noch mit Kunden zusammenzuarbeiten, die wirklich motiviert sind und etwas in ihrem Leben verändern wollen.

Mein Angebot: Ich zeige Fotografen, Videografen, Grafikdesignern & Webdesignern, wie sie ihren ersten hochpreisigen Kunden innerhalb von zwölf Wochen gewinnen - ohne eine große Reichweite besitzen zu müssen.

Dabei betreuen ich und mein Team dich persönlich, was unsere Zusammenarbeit mit unseren Kunden so erfolgreich macht. Wenn du dich jetzt fragst, warum ich nur dieser Zielgruppe helfe? Die Antwort ist ganz einfach. Weil ich aus Erfahrung sagen kann, dass dies meine Kunden sind, denen ich am besten helfen konnte und bei denen wir unglaubliche Ergebnisse erzielt haben.

Erfolgsgeschichten, die so unglaublich sind, dass ich sie kaum erzählen kann, weil du es mir nicht glauben würdest. Einer meiner Kunden beispielsweise bereiste in unter einem Jahr fast die gesamte Welt und ist zur Zeit im Gespräch, um Superstars zu shooten.

Warum ich diesen Job gewählt habe und ihn jeden Tag liebe? Zum einen wegen meines Vaters, der mir immer gesagt hat, du kannst alles schaffen, was du willst und zum anderen genau wegen dieser Geschichten. Spürbare Veränderungen bei Menschen zu erzeugen ist meine Leidenschaft.

Mein größtes Ziel für die nächsten fünf Jahre ist: 1.000 Selbstständigen dabei zu helfen, in finanzieller Freiheit zu leben. Ein Fundament aufzubauen, bis ich 35 Jahre alt bin, um dann richtig starten zu können.

Die meisten Menschen überschätzen, was sie in einem Jahr schaffen können und unterschätzen, was sie in zehn Jahren schaffen können.

Das viel wichtigere Ziel jedoch, dass ich mir jeden Tag setze, ist etwas Neues zu lernen! Heute besser zu sein, als ich es gestern noch war.

Ich wünsche mir für dich, dass du die Disziplin hast, deine Träume in Ziele umzu-
wandeln und diese dann umsetzt. Das Leben passiert immer für dich.

Mach dein Leben zu deiner Herzensangelegenheit.

Dein Jascha

Einschätzung und Zukunftsausblick von Thomas:

Als mein Team und ich die Bewerbung von Jascha Osterhaus auf dem Schreibtisch liegen hatten, war uns sofort klar, dass wir es hier mit einem sehr jungen
und umso motivierteren Menschen zu tun haben. Jaschas Intention war eindeutig: Er will seine Leidenschaft zum Erfolg führen und das mit sehr viel Herzblut
und hoher Geschwindigkeit.

Deswegen habe ich mich schon im Vorfeld auf das Coaching mit Jascha gefreut
und umso mehr freue ich mich natürlich, jetzt zu sehen, was daraus gewachsen
ist und auf alles, was noch kommt.

Jascha und ich haben diverse Gemeinsamkeiten. Beispielsweise lieben wir beide den Montag. Ich liebe den Montag, weil er für mich bedeutet, neue Projekte
auf die Straße zu bringen, mehr Kunden glücklich zu machen und schlichtweg
etwas Neues zu kreieren. Eine weitere Gemeinsamkeit ist die Leidenschaft für
Herausforderungen. Wir setzen uns gerne neue Ziele und arbeiten darauf hin.
Meines Erachtens sind das zwei wesentliche Voraussetzungen, um als Gründer
und Selbstständiger erfolgreich zu sein.

Jascha schreibt sehr anschaulich, wie ihn die USA damals beflügelt und beein-
flusst haben. Ich kann aus meiner eigenen Erfahrung ergänzen, dass es absolut
Sinn macht, diesen Schritt aus der eigenen Komfortzone heraus zu wagen, um
zu schauen, was man aus fremden Kulturen, fremden Eindrücken und anderen
Gesprächen mitnehmen kann. Mich persönlich haben die USA, ebenso wie Aus-
tralien, sehr inspiriert.

Die Gespräche mit einer völlig fremden Person, in einer anderen Sprache können
einen für sein eigenes Business inspirieren. Man kommt auf völlig andere Gedanken, man taucht in eine andere Welt ein und kann einfach mal Altes loslassen
und sich auf Neues einlassen.

Viele von euch kennen sicherlich die sogenannte Betriebsblindheit, die man
entwickelt, wenn man tagein, tagaus das Gleiche macht und an dem gleichen

Projekt mit den gleichen Leuten in den gleichen Räumlichkeiten sitzt. Deswegen bin ich auch ein großer Freund davon, gemeinsam mit meinem Geschäftspartner Christoph mindestens einmal pro Jahr an einen fremden Ort zu reisen, um dort neue Strategien für unser Unternehmen zu entwickeln.

Das kann man bei Jascha auch sehr schön herauslesen. Er hat seinen USA Aufenthalt als Anstoß und Ideenbasis genommen, um daraus zu wachsen und das zu machen, woran er wirklich Spaß und Freude hat. Wodurch er arbeiten nicht als Arbeit sieht. Das ist etwas, wovon wir alle sehr viel lernen können.

Die Frage des ‚Warum?': Warum mache ich dieses und jenes? Warum will ich das erreichen? Warum will ich jetzt ein neues Projekt, ein neues Business, ein neues Produkt aufbauen, ausbauen – oder was auch immer man vorhat. Das ist eine ganz wertvolle zentrale Frage. Und dieses ‚Warum?' in Kombination mit Leidenschaft ist unglaublich mächtig.

Natürlich gibt es immer wieder Tätigkeiten, die langweilig und monoton sind und einen stark herausfordern. Aber auch das sind Tätigkeiten, die erledigt werden müssen, auch wenn sie nicht deiner Leidenschaft entsprechen.

Das unterscheidet die erfolgreichen von den sehr erfolgreichen Menschen. Sehr erfolgreiche Menschen sind bereit, Dinge zu tun, auf die sie vielleicht gerade keine Lust haben, bei denen sie nicht unbedingt sagen: Das ist meine große Leidenschaft.

Aber es ist ein Teil des großen ‚Warums' und Teil der großen Herausforderung, seinen Weg zu gehen. Deswegen macht man es, deswegen zieht man es durch und bringt Dinge zum Abschluss.

Jascha spricht einen sehr wichtigen Punkt an, den ich hier nochmal kurz hervorheben möchte - die große Hürde, den ersten Kunden zu gewinnen.

Ich denke, jeder von den Lesern kann es nachvollziehen, wenn ich sage, dass es viel schwieriger ist, den ersten Kunden zu gewinnen, als beispielsweise den 100.001 Kunden. Es ist ja auch viel schwieriger, die erste Million zu verdienen als die zweite Million. Warum? Ganz klar, wenn man schon 100.000 Kunden hat, ist es ein Kinderspiel, den 100.001., den 100.002. etc. zu gewinnen.

Aber den allerersten Kunden, das ist eine große Hürde und diese überwinden viele Gründer leider nicht. Deswegen freue ich mich immer, wenn ich Gründer und Selbstständige genau auf diesem Weg unterstützen kann. Bei den allermeisten, mit denen ich diesen Weg gemeinsam gegangen bin, stelle ich fest, dass die Motivation anfangs hoch ist, diese dann aber schnell in Frustration umschlägt.

Jascha Osterhaus

In dem Moment, wenn man den ersten Kunden gewinnt und merkt, dass Kunden bereit sind, Geld für das Produkt zu zahlen, ab dem Punkt katapultiert sich die Motivation auf eine neue Ebene. Ab dem Punkt macht man weiter.

Deswegen halte ich es auch für sehr wichtig, in diesen Dimensionen zu denken - bis zum ersten Kunden und ab dem ersten Kunden weiter.

Als wir mit unserer Marke Gründer.de 2011 den ersten Kunden gewonnen haben, haben wir richtig gefeiert. Ich weiß heute noch, wie dieser Kunde heißt, wie viel Geld er ausgegeben hat und welches Produkt er gekauft hat. Ich bin diesem Kunden bis in alle Ewigkeit dankbar.

In dem Fall war es sogar eine Kundin: Andrea. Ich möchte gerne zwei wesentliche Punkte aus Jaschas Beitrag noch einmal erwähnen: Ziele und Visionen. Zwei Punkte, mit denen man sich als Gründer und als Selbstständiger von Anfang an auseinander setzen muss. Die man immer wieder reflektieren muss, wenn man etwas Neues aufbaut und sich weiterentwickelt.

Es schadet nie, an der Vision zu feilen, es schadet nie, Ziele und Herausforderung anzunehmen. Es ist aber auch wichtig zu beachten, dass man vorwärts kommt, Projekte abschließt und nicht ständig an seinen Zielen und an seinem ‚Warum?' arbeitet. Man sollte nicht ständig alles über den Haufen werfen und von vorne anfangen.

Das hat Jascha mit seinem Thema, mit seinem Business-Modell und mit seinem Lebensweg geschafft. Ich bin sehr happy, dass es für Jascha genau so gelaufen ist und ich freue mich auf alles Weitere, was wir gemeinsam noch auf die Beine stellen können.

Ganz großes Kompliment auch nochmal an Jascha, der diese Anfangsmotivation, die wir in ihm gesehen haben, dadurch unterstrichen hat, dass er diese Buch-Wette eingegangen ist. Ich habe mich gefreut, als ich sein Buch auf meinem Schreibtisch liegen hatte und ich wusste: Ja, Jascha hat es durchgezogen.

GELD VERDIENEN, UM ZU LEBEN

Ein Gastbeitrag von Karen Jahn

„Wenn du nicht weißt, wohin du gehst, wie willst du jemals dort ankommen?" Basil S. Walsh

Hast du dich auch schon einmal gefragt, wie du online Geld verdienen kannst? So ganz automatisiert und so?

Dieser Frage begann ich im Jahr 2016 das erste Mal nachzugehen. Plötzlich tauchten überall in meiner Facebook-Timeline die Begriffe „Freebie", „E-Mail-Liste aufbauen" und „Geld verdienen im Internet" auf.

Karen Jahn

Es waren noch die Zeiten, bevor 2018 die DSGVO-Welle durch Deutschland ging und die Bots die Kommunikation übernahmen. Aber das ist ein anderes Thema.

Freebie? Liste? Geld verdienen im Internet? Ehrlich gesagt, konnte ich damit überhaupt nichts anfangen. Ich hatte eine Internetseite und natürlich eine E-Mail-Adresse. Doch was war ein „Freebie" und wofür sollte ich eine „Liste" aufbauen? Und um zur Eingangsfrage zurückzukommen: Im Internet Geld verdienen hörte sich schon toll an. Das wollte ich auch! Aber wie?

Hallo, mein Name ist Karen Jahn, ich bin Diplom Psychologin, ausgebildeter und zertifizierter Coach, zertifizierte Heilpraktikerin für Psychotherapie, Hypnosetherapeutin und Mentaltrainerin und seit 2006 selbstständig. Als waschechte Berliner Göre lebe ich nun mit meiner kleinen Familie im schönen Speckgürtel Berlins. Dort, wo es die jungen Familien hinzieht, man noch auf der Straße spielen kann und wir ausreichend Platz im Garten für ein kleines Fußballmatch mit unseren Jungs haben. Ja, ich spiele gerne Fußball und ich kann sogar ganz gut schießen. Meine zwei Brüder waren da gute Lehrmeister.

Warum ich den Schritt ins Online-Business gemacht habe, wie ich dazu gekommen bin, womit ich im Internet passives Einkommen generiere, wie mir das

Kickstart Coaching dabei geholfen hat (ein Produkt daraus hältst du gerade in den Händen!) und was ich noch alles vorhabe, das erzähle ich dir hier mit meinen Ups and Downs. Natürlich habe ich auch viel daraus gelernt und kann dir den einen oder anderen Tipp geben, wenn auch du ein Online-Business starten möchtest. Es sei vorweggenommen, dass nicht alles geradlinig lief und auch nicht so schnell, wie ich mir das erhofft hatte...

MEIN OFFLINE-BUSINESS

Die Schwerpunkte meiner Arbeit sind alle möglichen Ängste, extremes Lampenfieber, Angst, im Mittelpunkt zu stehen, Versagensängste, Selbstzweifel, mangelndes Selbstbewusstsein und Selbstwertgefühl und die Bewältigung von Ereignissen und Traumata aus der Vergangenheit. All das kann einen ganz schön belasten, immer wieder einholen und sogar von vielen Dingen abhalten. Im Internet habe ich mich auf Prüfungsangst und Lampenfieber ausgerichtet.

Weißt du, warum ich das mache? Weil ich das selbst kenne. Ja, auch ich war betroffen. Die Schule war für mich der absolute Horror und zu Hause hatte ich auch so meine Probleme. Ich hatte fürchterliche Prüfungsangst. Ich quälte mich durch die Schule, wollte abbrechen, durfte aber nicht, da ich keine Alternative hatte. Schließlich machte ich mit Ach und Krach das Abi.

Diese Panik vor Prüfungssituationen war ein Grund, warum ich mich mit 15 „auf die Suche" machte. Ich begann psychologische Laien-Literatur zu lesen. Das Unterbewusste, das Mentaltraining und psychosomatische Zusammenhänge hatten es mir besonders angetan. Es war faszinierend!

Nach dem Abi entschied ich mich für etwas Solides, eine kaufmännische Ausbildung zur Industriekauffrau. Die Uni kam für mich nicht in Frage. Freiwillig die Schulbank drücken? Niemals! Zweimal in der Woche Berufsschule und all die Prüfungen hatte ich allerdings nicht einkalkuliert.

Irgendwann drohten die Abschlussprüfungen und ich machte mich auf die Suche, etwas gegen diese grauenhafte Prüfungsangst zu unternehmen. Das Internet gab es damals noch nicht, aber dafür wunderbare kleine alternative Läden, in denen ich gerne stöberte und fündig wurde. Zwei Kassetten mit dem Aufdruck „Prüfungsangst" retteten mir in einer Prüfung den A***.

Es folgten einige Ausbildungen und später sogar ein Studium. Wer hätte das gedacht? Ich, freiwillig zur Uni?

Wer mich heute kennenlernt, der ahnt nichts davon, dass ich an Minderwertig-keitskomplexen litt, mein Selbstwertgefühl im Eimer war und der Satz „ich bin nicht gut genug" tief in mir verwurzelt war.

Ja, es war ein langer Weg. Viel Arbeit, Zeit und Geld, die ich in mich investierte. Doch es hat sich gelohnt.

Heute kann ich anderen dabei helfen, ihre Probleme und Themen zu bearbeiten und zu lösen. Aufgrund meiner unterschiedlichen und sich ergänzenden Aus-bildungen, meines umfangreichen Wissens und meiner vielfältigen Fähigkeiten beherrsche ich die Kunst, die zugrunde liegenden Ursache und „Altlasten" zu erkennen, zu bearbeiten, herauszulösen, um endlich (wieder) selbstbewusster, freier und selbstbestimmter das Leben zu genießen und das mit wissenschaft-lich fundierten Methoden.

Kein Hokuspokus oder „daran muss man glauben". Ich arbeite lösungsorientiert und praxisnah. Dafür kombiniere ich kurzzeittherapeutische Techniken, klas-sische Coachingmethoden, das Mentaltraining, EMDR und die therapeutische Hypnose.

Vielleicht hast du auch schon mal gehört, dass jemand aufgrund eines akuten Problems zu einem Therapeuten ging und der daraufhin die ganze Kindheit durchforsten wollte. Aber kein Wort und null Aufmerksamkeit dem eigentlichen Problem widmete, weswegen man gekommen war. Stunde für Stunde. Das gibt es nicht? Leider doch!

Ja, vieles kommt aus der Kindheit. Dort finden unsere stärksten Prägungen statt, dort saugen wir alles auf, was uns umgibt, dort sammeln wir Informationen über uns und die Welt.

Doch die Gehirnforschung und die Gehirnplastizität zeigt, wie wir unsere Prob-leme und Blockaden schneller lösen können. Wenn du weißt, wie dein Gehirn tickt, ein paar Abläufe in deinem Körper kennst und die richtigen Übungen zur Hand hast, dann kannst du einiges verändern. Hört sich kompliziert an? Ist es nicht, versprochen!

Natürlich höre ich auch viele traurige und schreckliche Geschichten. Es ist aber keine klassische Therapie, bei der wir über mehrere Sitzungen nur die Leidens-geschichte betrachten. Nein! Wir schauen uns das Problem an, bearbeiten und lösen die Emotionen, finden Lösungen und machen den Weg frei für eine „bes-sere" Zukunft. All das lösungsorientiert mit kurzzeittherapeutischen Ansätzen. Pro Thema braucht es durchschnittlich drei Sitzungen.

Ein wichtiger Punkt bei meiner Arbeit ist, meinen Klienten zu zeigen, welchen Sinn die Emotionen und die körperlichen Reaktionen haben, die Zusammenhänge zu erklären und Handlungsmöglichkeiten mitzugeben. Oft hilft ein Perspektivenwechsel, denn Angst oder andere negativ empfundene Gefühle sind nicht per se schlecht. Sie wollen uns etwas sagen. Es ist anfangs etwas ungewohnt, doch jedes Mal sehr aufschlussreich.

Außerdem stärken wir das Selbstwertgefühl, die Selbstliebe und das Selbstbewusstsein. Denn all das ist in uns. Aufgrund von Erlebnissen ist es mal mehr, mal weniger ausgeprägt.

Bis 2011 hatte ich mein Büro in der Nähe vom Alexanderplatz. Als ich mit meinem ersten Kind schwanger wurde, habe ich dieses Büro aufgegeben. Seitdem nutze ich einen Raum in Berlin-Reinickendorf und mein Arbeitszimmer im Haus. Meine tägliche Arbeit bestand bis 2016 ausschließlich aus Eins-zu-eins Terminen mit meinen Klienten. Damit verdiente ich meinen Lebensunterhalt.

Wenn du mehr über mich und meinen Werdegang erfahren möchtest, dann schaue gerne auf meiner Internetseite vorbei. Du findest dort auch passende Blog-Artikel.

Vielleicht geht dir jetzt auch durch den Kopf: Und wie soll das online gehen?

Genau das fragte ich mich auch. Und genau das werde ich auch jetzt immer wieder gefragt, wenn ich erzähle, dass ich nun auch im Internet Geld verdiene.

Bevor ich diese Frage beantworte, möchte ich dir einen Einblick in mein Warum geben. Warum wollte ich überhaupt ein Online-Business starten?

MEIN WARUM

Unsere Söhne waren gerade einmal zwei und vier Jahre alt. Neben Terminen mit meinen Klienten hatte ich noch das eine oder andere um die Ohren – selbstständig eben. Rückrufe, Erstgespräche, Termine vereinbaren und verlegen, Buchhaltung, Internetseite, Blogbeiträge schreiben etc.

Es bedurfte alles seiner Planung, um Berufliches und Privates zu vereinbaren. Wer holt wann die Jungs aus dem Kindergarten ab? Welche Termine stehen für wen an?

Genau da lag meine Motivation: Ich wollte Zeit mit meinen Kindern und meinem Mann verbringen und für sie da sein, wenn etwas ist. Ich wollte mir nicht Gedanken machen, wer zu Hause bleibt, wenn die Kinder krank sind, wer sie wann abholt und wo hinbringt. Gestresst durch die Gegend hetzen, nicht wissen, wo mir der Kopf steht – das war auf Dauer kein Leben für mich.

Ich wollte mehr qualitative Zeit mit meiner Familie verbringen. Ich wollte Geld verdienen, um zu leben, und nicht leben, um Geld zu verdienen. Verstehst du, was ich meine?

Natürlich wollte ich auch arbeiten. Ich liebe meinen Job! Ich bin mit Leib und Seele Coach und Therapeutin! Ich liebe es, Menschen zu helfen, sie von Ängsten, Unsicherheiten und Selbstzweifeln zu befreien und eine positive Veränderung zu bewirken.

2017 kam dann mein persönliches Schlüsselerlebnis. Es war der 27. März. Mein Terminkalender war randvoll. Drei bis fünf anderthalbstündige Termine pro Tag. Mein Mann und ich gaben uns schon eine Weile die Türklinke in die Hand. Familienleben ist irgendwie anders.

Plötzlich schlug eine verschleppte Erkältung zu. Wir unterhielten uns gerade. Doch etwas irritierte mich. Irgendetwas stimmte mit seinem Gesicht nicht. Er blinzelte nur noch mit einem Auge und ein Mundwinkel war leicht abgesackt. „Merkst du das?", fragte ich ihn leicht verwirrt. „Was?" und er ging zum Spiegel.

Im Krankenhaus versuchten sie dann seine Mittelohrentzündung in den Griff zu bekommen und sein Gehör zu retten. Die Entzündung hatte sich so sehr ausgebreitet, dass sie den Gesichtsnerv erwischt und zu einer einseitigen Gesichtslähmung geführt hatte. Das war richtig beängstigend.

Während mein Mann behandelt wurde, wuselte ich wie ein aufgescheuchtes Huhn auf dem Krankenhausflur herum. Meinen Terminkalender in der einen, das Handy in der anderen Hand. Ja, ich weiß, Handys im Krankenhaus. Sorry, ich gelobe Besserung!

Ich musste irgendwie meine Termine verschieben. Doch mit einer Vorlaufzeit von vier bis sechs Wochen war das eine Höchstleistung. Außerdem konnte ich kaum planen, da wir zu diesem Zeitpunkt noch nicht wussten, wie lange der Krankenhausaufenthalt dauern würde.

„Wer holt die Kinder ab? Wie bekomme ich meine Termine geregelt?" Das stand in dem Moment für mich im Vordergrund. Ich war entsetzt! Ich wollte doch eigentlich einfach nur für meinen Mann und meine Kinder da sein.

Ich wollte meinen Terminkalender nicht mehr bis zum Rand vollstopfen. Ich wollte freier sein, flexibler. Einfach da sein für meine Familie, wenn sie mich braucht, mehr Zeit miteinander verbringen und das Familienleben genießen.

„Trotzdem" wollte ich auch weiterhin mit Klienten in Eins-zu-eins Sitzungen arbeiten. Wie gesagt, ich liebe meinen Job.

Es musste doch irgendwie machbar sein, eine zusätzliche, passive Einnahmequelle aufzubauen. Damit auch Geld reinkommt, wenn ich keine Klienten-Termine wahrnehmen kann. Egal ob im Urlaub, bei Krankheit oder wenn ich an einem anderen Projekt arbeite.

VON OFFLINE ZU ONLINE

Aber online therapieren? Mein Business lebt von dem persönlichen Kontakt und Vertrauen, von den richtigen Fragen an der richtigen Stelle, zur richtigen Zeit. Online geht das ja schlecht.

Auf der anderen Seite lag auch eine ganze Reihe von Vorteilen eines Online-Business auf der Hand: Die Meisten suchen heutzutage als erstes im Internet nach Hilfe und Lösungen für ihr Problem. Viele glauben, sie sind mit ihrem Problem alleine, doch das ist nicht so.

Wer nach einer Lösung sucht, will nicht erst sechs bis zwölf Monate auf einen Termin beim Therapeuten warten und dann seine ganze Kindheit über weitere Monate durchkauen. Nein, die Lösung soll zeitnah verfügbar sein. Produkte wie E-Books, Online-Kurse und Online-Hypnose können schnell eine Lösung bringen.

Das bedeutet, dass ich über das Internet noch mehr Menschen helfen kann. Dabei geht es nicht nur um zeitliche Kapazitäten, sondern auch um die räumliche Distanz. Das Internet ist überall.

Es gibt bestimmte Fragen, die immer wieder auftauchen und es gibt Übungen, Techniken und Infos, die ich in gewisser Abwandlung meinen Klienten immer mit auf den Weg gebe, und die sich daher auch für Online-Produkte eignen.

Durch automatisierte Prozesse kann ich Interessenten sofort eine Lösung bieten, gleichzeitig viel Zeit einsparen und so meiner ersten Motivation gerecht werden: freier und unabhängiger sein und mehr Zeit für meine Familie haben.

Blieb nur die Frage: Wie genau kann ich mein Offline-Business online machen?

Als ich damit begann, mich mit diesem Thema auseinanderzusetzen, brauchte ich laut der ganzen Anbieter à la „Wie du sofort 384,12 Euro in nur zwei Stunden am Tag im Internet verdienst" ein digitales Produkt. Entweder, um es zu verkaufen oder um damit Leads zu sammeln.

Bitte was? Wie soll das gehen?

Ich hatte den Eindruck, dass Hinz und Kunz das können. Und wenn die das können, dann kann ich das auch. Nur wie?

Hier kommen wir wieder zurück zum „Freebie", zu der „Liste" und den „digitalen Produkten".

Nachdem also meine Facebook-Timeline 2016 mit diesen Schlagwörtern erfolgreich mein Interesse geweckt hatte, nahm ich an einer kleinen Online-Challenge teil, die zu dieser Zeit Hochkonjunktur hatten. Diese Online-Challenge war ein Teil eines sogenannten „Funnels". Das wusste ich damals aber noch nicht.

Ziel der Challenge war es, Interessenten in Kunden zu verwandeln, indem am Ende ein Online-Kurs angeboten wurde (ein sogenanntes „Upsell"). Der Kurs sollte den Inhalt der Challenge vertiefen und das Problem des Interessenten lösen. Bei mir klappte das mit dem Verwandeln. Ich kaufte den Kurs. Dort lernte ich Schritt für Schritt, wie ich ein Freebie erstelle, die Einbindung in meine Internetseite und die ganzen technischen Abläufe. Vom Optin-Prozess über die Dankeseiten bis hin zu der Auslieferung des Freebies. Ein Gehirnknoten folgte dem nächsten und eine Erleuchtung der anderen. Ich verstand mehr und mehr.

Natürlich musste ich vorher noch entscheiden, was ich überhaupt als Freebie nehmen konnte. Es musste etwas sein, was zusätzlichen Content und Nutzen bietet.

Eine Übung, Tipps? Aber welche? Wo platziere ich sie? An welcher Stelle präsentiere ich sie, damit sie überhaupt interessant sind?

Einfach machen! Einfach ausprobieren. Ich kann es ja wieder ändern.

Ich entschied mich für ein Arbeitsblatt passend zu meinem meistgelesenen Blogartikel „Ziele formulieren und erreichen". Dort platzierte ich ein entsprechendes Bild mit einem integrierten Link. „Arbeitsblatt. Schritt für Schritt zu deinem Ziel". Der Link führte zu einer weiteren Seite mit der Headline:

„Wusstest du, dass Menschen, die ihre Ziele aufschreiben, erfolgreicher sind als die, die es nicht tun? Gib deinem Ziel eine Chance!" und einer Möglichkeit, eine E-Mail-Adresse einzutragen. Hier und da plätscherten die ersten E-Mails in meine „Liste". Wow! Es klappte!

Kurze Zeit später kreierte ich noch ein weiteres Freebie. Dieses Mal für mein Hauptthema Prüfungsangst, Lampenfieber & Co. Ich packte meine sechs besten Übungen in ein PDF „Lampenfieber, Redeangst & Co. – sechs Anti-Stress-Übungen zur Soforthilfe". Auch das lief an.

Nun hatte ich eine leise Ahnung davon, wie das gehen könnte. Doch dahinter steckte keine wirkliche Strategie. Eigentlich sammelte ich nur ein paar Adressen und nutzte sie nicht weiter.

Meine ersten Online-Einnahmen

Schließlich kaufte ich mir einen Kurs zum Thema „Geld verdienen im Internet" von einem bekannten Online-Marketer. Der musste mir doch jetzt die Lösung bringen, oder? Er brachte mir tatsächlich die ersten Euros für mein erstes eigenes digitales Produkt.

Digitales Produkt? Ja, richtig gehört. Ich hatte kurzerhand eine Anti-Stress-Entspannungshypnose aufgenommen, einen passenden Blogartikel geschrieben, für den ich Facebook-Werbung schaltete und als Remarketing die Hypnose bewarb. Eben noch zwei Freebies und plötzlich ein digitales Produkt und Remarketing... Wat'ne Entwicklung, wa?!

Außerdem besuchte ich Events, die sich ums Online Marketing drehten. Dort knüpfte ich aktiv Kontakte mit anderen Teilnehmern und den Rednern. Ich informierte mich vorher über die Speaker und suchte nach Möglichkeiten, mit ihnen ins Gespräch zu kommen. Und das nicht nur an deren Ständen, wo viele andere Interessenten auf ein Gespräch warteten. Sei kreativ und finde Möglichkeiten!

Doch mit meinen tausend Ideen verdaddelte ich mich regelmäßig.

Ich brauchte einen Plan

Durch „Zufall" wurde mir 2017 das Kickstart Coaching von Thomas Klußmann angeboten. Glaube mir, auch im Internet gibt es keinen „Zufall" - man nennt es Marketing.

Ich brauchte einen Plan für meine vielen Ideen und da schien mir ein Vor-Ort-Coaching mit anschließender Ein-Jahr-Frage-Option sehr reizvoll, um auf meinem Weg voranzukommen.

Ein paar Telefonate später, buchte ich das Kickstart Coaching in Absprache mit meinem Mann. Schließlich musste meine mehrtägige Abwesenheit, sein Schichtdienst und unsere Kinder gemanagt werden. Das Familienleben musste ja weitergehen.

Veranstaltung vor Ort.

Vorteil: Ich kam einfach mal raus (alle Mamas werden jetzt ganz genau verstehen, was ich meine) und konnte mich voll und ganz auf mich und mein Business konzentrieren. Außerdem konnte ich persönliche Online-Business-Kontakte knüpfen.

Während der Coaching-Zeit konnte ich mich an Experten wenden und meine Fragen direkt klären. Es war möglich, meine spezifischen Fragen zu meinem Business zu stellen, zu meiner Umsetzung, zu den Punkten, an denen ich nicht weiterkam, dort, wo ich eine Lösung suchte. Ich bekam Strategien, Tipps und Ratschläge von denen, die wissen, wie es geht.

Wir waren um die 15 Teilnehmer. Es war eine sehr bunte Mischung.

Ein Jahr lang Fragen stellen.

Das war der zweite ausschlaggebende Punkt. Ich konnte im Anschluss an das Coaching ein Jahr lang Fragen stellen, wenn welche auftauchten. Ganz ehrlich: Bei dem Thema tauchen immer Fragen auf, da war ich mir sicher. Und sie kamen.

Meine Highlights des Kickstart Coachings

Soll ich dir schon mal meine persönlichen Highlights verraten?

Ein spontaner Auftritt vor der Kamera – so ganz ohne vorherige Video-Erfahrung, war das eine aufregende, aber tolle Chance zum Üben, die mir später noch sehr geholfen hat.

Außerdem erfuhr ich von einem weiteren, sehr wichtigen Grund für ein eigenes Buch.

Natürlich lernten wir dort noch sehr viel mehr. Zudem hatten wir vorher und nachher Zugriff auf einen Mitgliederbereich mit Videos zu verschiedenen Themen. Mein persönliches Augenmerk lag auf Funnels, Upsells, Downsells, die Vermarktung von Produkten und wie ich das für mein Business umsetzen konnte.

Wie gesagt, wir kamen nicht daran vorbei, uns Gedanken über ein eigenes Buch zu machen. Das ist Thomas absolutes Lieblingsthema.

Da wir gerade beim Thema sind: Hast du eigentlich schon ein Buch geschrieben? Oder hast du es vor? Wenn nicht, dann lass dir von Thomas und seinem Team die Vorteile zeigen. Sie sind Experten in der Vermarktung eines Buches und den weiteren Prozessen.

NICHT LANGE REDEN UND GRÜBELN – MACHEN!

Mit dem Bedürfnis nach einem handfesten Plan, machte ich mich auf den Weg zum Kickstart Coaching und mit jeder Menge vielversprechender Pläne war ich nun wieder auf dem Rückweg.

Während des Flugs nach Berlin notierte und kritzelte ich, was das Zeug hielt. So entstand sogar schon das Inhaltsverzeichnis meines eigenen Buches. Auch vorher hatte ich schon eine Idee für ein Buch und hatte hier und da ein paar Aufzeichnungen gemacht. Doch bisher hatte ich es „nur" mit den Augen gesehen, dass ich anderen damit weiterhelfen kann. Jetzt hatte ich noch einen Grund und wusste, wie ich es noch einsetzen konnte. Als Buchautorin konnte ich mir zusätzlich einen Expertenstatus aufbauen und nicht nur auf mich, sondern auch auf meine Dienstleistung und Produkte aufmerksam machen.

Ich listete außerdem alle möglichen Produkte auf, die ich erstellen könnte. Ich entwarf verschiedene Funnels und überlegte, welche Produkte ich wie am besten und am häufigsten einsetzen konnte. Hochmotiviert von dem Kickstart Coaching wollte ich gleich mit der Umsetzung anfangen und suchte für mich einen Weg, um schnell erste Erfolge zu erzielen.

Zuhause angekommen ging es also weiter. Neben meinem Tagesgeschäft und meinem „Zweitjob" als Mama, entstand mein neuer Drittjob, das Online-Business. Ich wandelte mein bereits fertiges Freebie mit den sechs Anti-Stress-Übungen in ein E-Book um: „Hilfe, Prüfungsangst! Was kann ich machen?". Aus drei Seiten zauberte ich ein hochwertigeres Produkt.

Dieses modellierte ich ein wenig und erstellte daraus ein zweites E-Book: „Stress – Was kann ich machen?". Warum? Ganz einfach: Ich hatte bereits eine

Anti-Stress-Entspannungshypnose. Nun konnte ich einen Funnel erstellen. Vom Blog-Artikel aufs E-Book und als Upsell die Entspannungshypnose. Gut, oder?

Außerdem nutzte ich sofort meine gemachte Kameraerfahrung, nahm ein kleines Video auf und platzierte es auf meiner Landingpage des Prüfungsangst-E-Books. Ein weiteres Video landete auf der Dankeseite, die nach der erfolgreichen Eintragung der E-Mail-Adresse erscheint. Dort hatten nun die Interessenten die Möglichkeit, sich die Entspannungshypnose zu einem Sonderpreis als Dankeschön zu sichern. Mein Upsell war eingebunden.

Mein Gedanke war nun: Wie könnte ich weitere Leads sammeln, die gut zu meinem Business passen? Das Angebot sollte ja möglichst viele Interessenten ansprechen, gleichzeitig natürlich auch zu meinen weiteren (zukünftig entstehenden) Produkten passen. Ich suchte sozusagen den kleinsten gemeinsamen Nenner.

Einige zigtausend Gedanken später hatte ich es: Da es bei meiner Arbeit eigentlich immer darum geht, die hinter dem Thema steckenden limitierenden Glaubenssätze ausfindig zu machen und damit verbundene emotionale Blockaden zu lösen, den Blick auf die positiven Dinge zu richten und das Selbstwertgefühl zu stärken, entschied ich mich für die Blockadenlösung mit Hypnose. Damit konnte ich den Leuten eine Kostprobe von meiner Arbeit geben und sie gleichzeitig an die Hypnose heranführen, indem sie ihre Wirkung selbst erlebten. Sie bekommen die Erfahrung und ich ihre E-Mail-Adresse.

Warum eine Hypnose? Die Hypnose ist eine tolle Methode und ich kann sie zudem sehr gut online anbieten. Um das hier gleich vorweg zu nehmen: Man muss nicht daran glauben, es ist kein Hokuspokus und es kann einem nichts eingeredet werden, was man nicht möchte. Wusstest du, dass die Hypnose sogar eine wissenschaftlich anerkannte Behandlungsmethode in Deutschland ist?

Leider gibt es gegenüber der Hypnose zahlreiche Vorurteile, die sich sehr hartnäckig in unserer Gesellschaft halten. Oft genährt durch die Hypnoseshows im Fernsehen. Das ist meist reine Showhypnose. Es ist nicht wirklich ersichtlich, ob es überhaupt Hypnose ist oder nur Show.

„Hypnose online? Wie soll das denn gehen? Machst du die dann am Computer?" Das ist eine typische Frage, die mir meist eher skeptisch entgegengebracht wird. Verständlich, wenn man es nicht kennt. Es ist eigentlich ganz einfach: Die fertige Hypnose wird als Audio-Datei zum Herunterladen angeboten. Das ist alles.

Karen Jahn

Mein Online Business

Nun ging es weiter: Was konnte ich zu meinem ersten „richtigen", also geplanten, digitalen Produkt machen?

Ich wusste, dass mein Produkt ein Problem lösen und einen Nutzen für meinen Kunden haben muss und dass es bestimmte Nischen gibt, die gut gehen und lukrativ sind.

Ich wusste auch, wie ich eine Landingpage erstelle, welche Arten von Funnels es gibt, was sich als digitales Produkt eignet, wie ich eine Hypnose erstelle und online ausliefern kann.

Ich zählte eins und eins zusammen und entschied mich für „Abnehmen mit Hypnose".

Wusstest du, dass 62 Prozent der Männer und 43 Prozent der Frauen übergewichtig sind? Tendenz steigend. Das ist zwar nicht mein Hauptthema, aber eine sehr lukrative Nische. Natürlich hatte ich aus meiner täglichen Arbeit mit meinen Klienten sehr viel Erfahrung mit der Wirkung der Hypnose bei diesem Thema.

Zu der Zeit hielt ich es für den richtigen Weg. Ich dachte, dass es mit der Vermarktung leichter wäre und „schnell" ein paar Einnahmen generiert. Voll automatisiert, versteht sich.

Ein Online-Kurs war für mich zu dieser Zeit noch zu aufwendig mit zu vielen neuen Dingen. Für die Erstellung eines Online-Kurses brauchte ich eine gute Struktur, Inhalte, Videos und einen Mitgliederbereich. Das dauert viel länger als die eine Hypnose, die schon mal ein paar Einnahmen einspielen konnte. Hypnosen aufnehmen und schneiden konnte ich mittlerweile.

Ich machte mich also an meinen neuen „Selbstläufer". Der Bedarf ist da, der Markt groß und ich kann eine Lösung anbieten. Hypnose wird nachweislich sehr erfolgreich beim Thema Abnehmen eingesetzt.

Los ging`s: Ich schrieb einen Hypnosetext, nahm ihn auf, schnitt, bearbeitete und hinterlegte ihn mit Musik. Fertig. Hört sich leicht an, oder? Nun, es steckt etwas mehr Arbeit dahinter, als ich es mir vorgestellt hatte. Alleine der Hypnosetext zog sich hin, da ich ihn immer wieder änderte. Obwohl ich sonst in Eins-zu-eins Terminen die Hypnosen frei spreche und natürlich individuell anpasse, war es hier die Kunst, es allgemein zu halten und gleichzeitig alles abzudecken.

Dann kam noch das Leben dazwischen. Genauer gesagt ein Todesfall, der mich ziemlich aus der Bahn warf, meinen Plan durcheinander brachte und mich für einige Zeit meinen Fokus verlieren ließ.

Dadurch dauerte alles viel länger. Doch peu à peu entstand eine Landingpage, der Optin-Prozess, die Einbindung eines Zahlungsanbieters und ich testete den Prozess. Hier ein wichtiger Tipp: Teste die Prozesse! Auch zwischendurch mal wieder. Ich sehe immer wieder Anmeldeprozesse, die nicht richtig funktionieren, auch bei etablierten Online-Marketern. Wenn du etwas bei mir entdeckst, schreibe mir gerne eine E-Mail.

Nach ein paar Monaten war ich endlich fertig und hatte nicht nur die Hypnose im Kasten. Auch ein Workbook und ein E-Mail-Kurs waren geschafft.

Den E-Mail-Kurs gab es als zusätzlichen Mehrwert in Form eines Bonus oben drauf. Mit diesem begleite ich meine Kunden nach dem erfolgreichen Kauf über zwölf Wochen mit Übungen, Tipps, Motivation, Selbsthypnose-Techniken und einiges mehr. Also noch mehr Nutzen und ein weiterer Anreiz für den Käufer.

Soll ich dir etwas verraten? Der E-Mail-Kurs war zu dieser Zeit noch gar nicht fertig. Das grobe Gerüst stand, doch die E-Mails waren noch nicht geschrieben. Diese entstanden nach der Veröffentlichung Woche für Woche. Das war einer der Tipps der Experten: erst raus damit, dann nacharbeiten.

Fertig? Also raus damit.

Die berühmte Schublade

Kurz vor unserem Sommerurlaub schickte ich die frohe Botschaft über die fertige Hypnose zum Thema Abnehmen an meine Bestandskunden und meine Newsletter-Liste. In der ersten Stunde trudelten die ersten Käufe ein. Ich war stolz wie Bolle. Es klappte! Yeah!

Ein paar hundert Euro verdiente ich daran. Doch dann - nix. Warum?

Meine Abnehm-Hypnose lag in der berühmten Schublade. Ich wusste davon. Meine Klienten, die mich kannten, wussten davon. Aber sonst schien niemand Interesse an dem tollen Produkt in meiner Schublade zu haben. Naja, es kannte ja sonst keiner.

Bei Posts in Abnehm-Gruppen wetterten die Leute gegen diesen Hypnose-Hokuspokus und den Beschiss, der dahinter stecken musste. Okay, falsches Publikum. Die setzten also lieber weiterhin auf die zum Scheitern verurteilten Diäten.

Business Model Canvas

Die Partner

- Webdesigner, Web-Experten (optimierte Seiten, Ladegeschwindigkeit, SEO, Splitttests)
- Marketing-Experten

Die Aktivitäten

- Buch schreiben, Hörbuch, Podcast
- digitale Produkte (Online-Kurse, E-Mail-Kurse, Webinare, Hypnosen, Videos, Texte)
- Mitgliederbereich
- Marketing
- Akquise
- Prozess automatisieren

Die Ressourcen

- Wissen, Erfahrung aus fachspezifischen Ausbildungen (Titel, Berufsbezeichnung = Vertrauen)
- Technik (Laptop, Kamera, Tools, Video)
- Website (Landingpages, Kaufoptionen, Kontaktdaten)
- Marketing-/Vertriebserfahrung

Das Werteversprechen

- Nutzen (Umgang mit Angst, Lampfenfieber, Stress; Lösen von Ängsten => Leben selbstbestimmter, freier genießen; „selbst" stärken; selbstsicher, souverän Auftreten)
- Problem/Ursachen lösen (limitierende Glaubenssätze, emotionale Blockaden, Ängste, Vergangenheit/Trauma, Hoffnungslosigkeit, Stress)
- Produkte (1:1 Termine: Coaching, Therapie; digital: mp3 Hypnosen, Online- & E-Mail-Kurse; Workshops, Seminare, Vorträge)

Die Kundenbeziehung

- Vertrauensaufbau (Content, Newsletter)
- Website (Kontaktaufnahme, Terminvereinbarung, Terminerinnerung & Co.)

Die Kundensegmente

- Privatpersonen
- Unternehmen
- Unternehmer/Innen

Die Ausgaben

- Miete
- Weiterbildungen
- Netzwerke (Online-Börsen)
- Steuerberater
- E-Mail-Marketing
- Webserveranbieter
- Marketing/Werbung
- Webdesigner/-Experte
- Zahlungsanbieter

Die Einkommensströme

- eigene Produkte/Dienstleistungen
- Hypnosen, Kurse, Hörbuch, Buch
- 1:1-Termine, Caoching, Therapie, Vorträge, Workshops, Seminare
- Affiliate (passende Produkte anderer)

Die Kanäle

Suchmaschinen, Website, Blog, Social Media, Empfehlungen, Newsletter, Downloadsektion, Mitgliederbereich

Kein Problem. Wahrscheinlich kannten sie die Studien dazu nicht. Über 90 Prozent der Diäten scheitern nämlich. Wusstest du das? Könnte ich eigentlich noch mal posten.

Wie konnte ich also mögliche Interessenten ansprechen, ihr Vertrauen gewinnen und auf meine Hypnose aufmerksam machen? Damit sie verstehen, was dahintersteckt, und es ihnen wirklich hilft.

Ich gestehe: Es war nicht meine kreativste und einfallsreichste Phase. Die Euphorie über meine fertige Hypnose war etwas abgeklungen und der Frust, dass es nicht von alleine läuft, war da. So viel zu meinem „Selbstläufer".

Vielleicht denkst du jetzt an Werbung. Das war ursprünglich mein Plan. Wäre nicht ein paar Wochen vorher mein Facebook-Werbekonto gesperrt worden – warum auch immer. Schöner Mist! #RückschlägeGehörenDazu. Mit Google Ads kannte ich mich noch nicht aus und ich hatte auch nicht vor, mich jetzt dort einzuarbeiten. Sonst hätte ich mich wahrscheinlich noch weiter verzettelt und meinen Fokus noch mehr verloren. Ja, richtig, ich hatte mich verzettelt. #keinFokus

Ich hatte etwas Wichtiges vergessen: Ich brauchte einen Funnel! Nur welchen?

Mein ursprünglicher Plan war ein Live-Webinar. Dieses wollte ich live halten, dabei aufnehmen und nachher vermarkten, also automatisieren. Ich hatte es auf meiner ursprünglichen Landingpage angegeben und war hoch motiviert, es umzusetzen. Ein Termin war gewählt und der Test zwecks Eintragungen lief. Es kamen auch gleich die ersten E-Mail-Adressen eingetrudelt. Ohne bezahlte Werbung! Doch dann stellte ich mit Entsetzen fest, dass der Webinar-Anbieter, bei dem ich bereits ein Jahrespaket gezahlt hatte, keine Live-Webinare anbot. Und nun?

Neuer Plan: Ein neuer Funnel musste her. Denn jetzt einen Webinar-Text erstellen und aufnehmen, das war gerade ein bisschen viel Neues. Das hätte ewig gedauert.

Jetzt wollte ich einen „einfachen" Weg nehmen. Mit wenig Aufwand und Zeit.

Ich entschied mich für einen Abnehm-Report, ein E-Book als Freebie. Wer sich dort einträgt, erhält per E-Mail diesen kostenlosen Report und anschließend meine Hypnose, inklusive Workbook und E-Mail-Kurs zum Sonderpreis angeboten. Das war mein Abnehm-Hypnose-Funnel.

Doch dieses Mal wollte ich das machen, was mir von Experten geraten wurde: Teste erst deine Idee. Und wie testet man eine Idee? Mit Werbung! Aber das ging ja nicht so einfach, weil mein Facebook-Konto gesperrt war. Was nun?

Ich erstellte trotzdem eine Landingpage mit Eintragoption. Ein Post hier, ein Post da - Ein paar Eintragungen folgten.

Auf einem Event erfuhr ich dann von einem sehr bekannten und erfolgreichen Online-Marketer, dass es schwierig sei, bei Facebook Werbung zum Thema Abnehmen zu machen. Ihm seien deshalb auch schon seine Facebook-Konten gesperrt worden und das macht dann einfach keinen Spaß. Aus diesem Grund hätte er davon Abstand genommen. Aber ich solle mich davon nicht davon abhalten lassen. Super! Es war zum Haare raufen. Gefühlt wurden mir tausend Steine in den Weg gelegt. Doch ich kraxelte drüber.

Ja, ich bin hartnäckig und ich habe Durchhaltevermögen! Denn ich habe eine Motivation, die mich antreibt. Doch ganz ehrlich: Es war echt anstrengend!

Lange Rede, kurzer Sinn: Ich hätte mich einfach an den Inhalt des Webinars setzen sollen. Eine Abkürzung wäre klasse. Doch wie es andere im Online-Business auch schon herausgefunden haben, sind sie nicht immer sinnvoll. Kommt natürlich auf die Art der Abkürzung an.

Wenn du weißt, dass Webinare funktionieren, warum dann einen Report? #ErfahrungMachtKlug

Und Webinare verkaufen nun mal gut. Ich machte mich also an die Erstellung des Webinars. Am aufwendigsten waren der Text, der Inhalt und die Struktur. Es sollte schließlich Hand und Fuß haben, seinen Zweck erfüllen und verkaufen.

Eines meiner „größeren" Ziele ist ein Online-Kurs zum Thema Angst lösen und Selbstbewusstsein stärken - neben meinem Buch versteht sich. Doch das bedarf schon einer genaueren und umfangreicheren Planung.

Was muss ich berücksichtigen und im Auge behalten?

Der Nutzen.

Mein Produkt muss einen Nutzen für meinen Kunden haben. Welcher wäre das? Warum sollte er es kaufen? Was hat er davon? Welches Problem kann er damit lösen? Wo liegen die größten Schmerzpunkte? Was ist sein Ziel?

Das Produkt sollte den Kunden optimalerweise vom Problem zum erlösenden Ziel bringen.

Meine Kunden beschäftigt das Thema Lampenfieber, Prüfungsangst und prüfungsähnliche Situationen, also Angst vor Präsentationen, Reden, Vorträgen etc. Da, wo wir im Mittelpunkt stehen und eine Leistung erwartet wird. Versagensängste, Angst nicht gut genug zu sein, Angst etwas falsch zu machen und sich zu blamieren, Selbstzweifel, mangelndes Selbstbewusstsein und Selbstwertgefühl, verbunden mit Erlebnissen und Prägungen aus der Vergangenheit. Teilweise sogar traumatischer Natur.

Sie sind auf der Suche nach Hilfe, Tipps, Übungen und natürlich auch nach Wundermitteln und Zauberpillen. Wenn das Herz bis zum Hals schlägt, der Puls hochschnellt, die Hände kalt, nass und zitterig sind, die Stimme wegbricht, der Magen flau und der Kopf wirr ist und die Fluchtgedanken und Worst-Case-Szenarien sie voll im Griff haben – dann brauchen sie Hilfe. Der Nutzen ist, dass ich weiß, was man gegen diese Ängste machen kann.

Die Auslieferung.

Wie bekommt der Kunde das Produkt? Bei einem Online-Kurs hat er Zugriff auf einen Mitgliederbereich. Das individuelle Freischalten von Produkten in einem Mitgliederbereich ist möglich. Bei einer Hypnose erhält er einen Link zur Downloadseite und/oder Zugriff auf einen Mitgliederbereich.

Der Vertrauensaufbau.

Niemand kauft beim ersten Kontakt. Auch wenn das Produkt super ist. Das weiß der zukünftige Kunde schließlich noch nicht.

Wie kann ich also das Vertrauen zum Kunden aufbauen? Wie kann er mich und vor allem meine Arbeit kennenlernen?

Hier bietet sich eine Kostprobe an. Wenn's schmeckt, will man mehr. Content ist hier das Zauberwort. Ein Blog, ein Video, ein Freebie oder ein kostenloses Kennenlerngespräch können ein guter Vorgeschmack auf das Produkt sein.

Das Marketing.

Wie erfährt der Kunde von meinem Produkt? Es bringt nichts, wenn ich ein fertiges Produkt habe, es auch noch gut ist, es das Problem lösen würde, ABER es niemand kennt, weil es in der berühmten Schublade liegt. Der Kunde kommt ja nicht zu mir, klopft an die Tür und sagt „Guten Tag, haben Sie zufällig in Ihrer Schublade die Lösung für mein Problem?"

Die große Frage: Wie erfährt er von meinem lösungsbringenden Produkt? Darauf gibt es nicht die eine Antwort. Vielmehr ist es ein Zusammenspiel mehrerer Aspekte: Werbung, organische Suche über Google, Posts auf Social Media, Empfehlungen, Bücher und dem richtigen Funnel.

Vielleicht denkst du jetzt: Schön und gut, aber ich habe gar kein digitales Produkt, das ich in einem Funnel anbieten kann. Kein Problem. Es müssen ja nicht immer digitale Produkte sein, die als Upsell fungieren. Es können auch Online-, Telefon- oder Eins-zu-eins-Termine sein.

Was ich noch vorhabe?

Die ganzen Versprechen „schnell viel Geld im Internet verdienen – ohne viel dafür machen zu müssen" suggerieren, dass man nur ein gutes Produkt auf den Markt werfen muss und den Rest des Lebens in der Hängematte liegen kann. Das wäre ein Traum, oder? Doch die Realität sieht anders aus. Nach dem fertigen Produkt ist vor dem nächsten Produkt.

Deswegen geht es auch bei mir immer weiter.

Zukünftig plane ich einen Mitgliederbereich, in dem meine Kunden exklusive Texte und Videos finden werden. Außerdem will ich einige Prozesse noch stärker automatisieren und dadurch noch mehr Zeit sparen. Zum Beispiel plane ich, eine Online-Terminvereinbarung für Erstgespräche in meine Webseite einzubinden.

Wie bereits erwähnt, werde ich einen Online-Kurs zum Thema „Ängste, Lampenfieber & Co." entwickeln und thematisch passend mein erstes eigenes Buch schreiben. Dabei werde ich mich vor allem auf praxisorientierte Übungen konzentrieren, Lösungen aufzeigen, zum Perspektivenwechsel anregen und den Blick der Leser für Neues und Positives öffnen.

Wenn das Buch fertig ist, habe ich eine tolle Grundlage für weitere Produkte: Es werden ein Hörbuch und eine Podcast-Reihe folgen. In der Pipeline sind auch schon Webinare als Freebie für die digitalen Produkte und weitere E-Mail-Kurse.

Auch offline geht es weiter: Workshops, Seminare, Vorträge und Reden sind geplant. Ich will die Botschaft in die Welt tragen, dass es Wege aus der Angst gibt, die nicht der „klassischen Therapie" entspringen und sogar Spaß machen dürfen!

Karen Jahn

WAS ICH DIR MIT AUF DEN WEG GEBEN KANN

Wie du siehst, war mein Weg ins Online-Business alles andere als geradlinig und ich habe viel aus diesen Ups und Downs gelernt:

- Finde dein Warum. Das erleichtert dir ungemein, dran zu bleiben und die Motivation zu halten, auch wenn es mal etwas steiniger werden sollte.
- Setze dir Ziele und behalte sie im Auge, damit du immer weißt, wo es hin geht.
- Mache dir einen Plan, und vermeide es, einfach nur „herumzuprobieren".
- Halte den Fokus. Ich habe vieles angefangen und die einzelnen Funnels nicht weiter ausgebaut und somit nicht richtig genutzt. Bleibe bei einem Produkt und einem Funnel. Wenn das eine fertig ist, beginnst du das nächste.
- Wenn du merkst, dass es nicht der richtige Weg ist, mache dir einen neuen Plan! Du brauchst ein Ziel und einen Plan. Ziele sind veränderbar und nicht in Stein gemeißelt. Doch bevor du einen Weg verwirfst, schaue, warum oder was daran nicht passt.
- Gib Aufgaben aus der Hand. Ich habe anfangs alles selbst gemacht, weil ich nicht wusste, was ich genau machen möchte. Ich dachte, ich kann alles alleine schaffen und was ich nicht kann, kann ich lernen. Das habe ich auch. „Der Weg ist das Ziel" trifft es ganz gut. Wenn ich in Zukunft Aufgaben outsource, dann weiß ich wovon ich rede und worauf ich achten muss.

Diesen Weg, der mich hierher gebracht hat, will ich nicht missen, auch wenn er anstrengend und steinig war.

Nun wünsche ich dir von ganzem Herzen viel Spaß, Erfolg, gutes Durchhaltevermögen und die „richtige" Motivation beim Aufbau deines passiven Einkommens. Und wenn es mal schwierig wird, dann stelle dich aufrecht hin, Schultern zurück, Brust raus, Kopf hoch und lächeln! Toi, toi, toi! Du schaffst das!

„Auch eine Reise von tausend Meilen beginnt mit dem ersten Schritt." - Laotse

Wo geht deine Reise hin?

Ich freue mich auf deine Story!

Deine Karen

Einschätzung und Zukunftsausblick von Thomas:

Die Geschichte und der Werdegang von Karen Jahn sind sehr typisch für viele Bewerbungen, die wir für unser Coaching bekommen. Deswegen freue ich mich auch umso mehr, dass ich Karen über einen längeren Zeitraum bei ihrer sehr spannenden und herausfordernden Reise begleiten durfte.

In ihrem Beitrag stellt Karen sehr klar heraus, was viele Coaching-Teilnehmern merken und wo wir viel Grundlagenarbeit leisten müssen. Beispielsweise die unrealistische Annahme, dass immer alles nach Plan läuft und welche Zeitaufwand hinter einem Business steckt. Es gibt dazu einen schlauen Spruch: Viele überschätzen, was sie in einem Monat schaffen können und unterschätzen, was in einem, zwei oder drei Jahren möglich ist. Das ist hier genauso.

Es gibt in unserer Branche sehr viele schwarze Schafe, die behaupten, dass man in wenigen Stunden mit wenigen Klicks sehr viel Geld verdienen kann. Das ist insgesamt sehr anrüchig und schürt eine falsche Erwartungshaltung bei vielen Leuten. Man kann nicht die Erwartungshaltung haben, mit wenigen Klicks mehr zu verdienen als andere, die Jahre in eine Ausbildung oder in ein Studium investiert haben.

Was man aber kann, ist, von den Besten zu lernen. Man kann ein System an die Hand bekommen, mit dem man passives Einkommen generieren kann.

Aber dafür muss man das entsprechende System zunächst aufbauen und sich dafür Grundlagen erarbeiten, wie zum Beispiel:

- das Finden einer Nische,
- das Definieren eines Geschäftsmodells,
- das Ausarbeiten einer Positionierung,
- das Erstellen von Produkten und
- das Erstellen von Marketing-Systemen, die ineinander greifen und die man dann automatisieren kann.

Damit sie automatisierbar sind, muss man sie zunächst einmal erschaffen, testen und aufeinander einstellen. Dafür ist ein Coaching, wie das Kickstart Coaching, an dem Karen teilgenommen hat, genau das Richtige. Was ich an Karen sehr schätze, ist ihre Art sich durchzubeißen. Trotz der Rückschläge, die sehr persönlich und heftig für sie waren. Sie wusste damit umzugehen, hat sich Rat gesucht und entsprechende Fortschritte erzielt.

Wie auch Karen es in ihrer Geschichte beschreibt, dauert vieles einfach länger, als man es sich erhofft oder gewünscht hat. Wichtig ist aber, dass man weiter vorwärts geht und weitermacht. Hartnäckigkeit und Durchhaltevermögen sind sehr wichtige Eigenschaften, die einen erfolgreichen Gründer von einem weniger erfolgreichen unterscheiden. Bis auf wenige schwarze Schafe hat keiner gesagt, dass es einfach ist. Aber machbar ist es trotzdem.

Karen hat eine Sache sehr schön herausgestellt. Viele kommen mit ihrem Offline-Business zu uns und wollen dieses ins Internet transportieren. Sie möchten mithilfe der Online-Möglichkeiten skalieren und ihr Business weiter auf- und ausbauen.

Karens Ansatz war, dass sie zwar sehr gerne Eins-zu-eins mit ihren Klienten arbeitet, aber dass sie online mehr Menschen weiterhelfen kann und das wahrscheinlich zu günstigeren Kosten.

Das ist ein Ansatz, den wir im Internet sehr gut verfolgen können. Das heißt aber nicht, dass man den Eins-Zu-Eins-Coaching-Ansatz vollständig aufgeben muss.

Auch wir achten bei unseren Produkten, Brands und Unternehmen sehr auf eine Online-Skalierung und auf digitale Produktinhalte. Trotzdem bieten wir unter anderem das Kickstart Coaching an, weil wir gerne persönlich mit Teilnehmern zusammenarbeiten. Nicht mit hunderten pro Jahr, aber gerne mit einigen Auserwählten und dafür etwas intensiver.

Eine wichtige Eigenschaft, die Karen mitbringt, sich im Grunde selber beigebracht hat und ihr so zum Erfolg verholfen hat, ist eine gewisse Trial-and-Error-Eigenschaft. Sachen einfach ausprobieren und es akzeptieren, wenn sie nicht funktionieren. Dann die Idee ändern, neu ansetzen und neu umsetzen.

Dadurch hat man nicht direkt vor jeder neuen Herausforderung Angst. Man packt einfach an, auf die Gefahr hin, dass man Fehler macht. Eine Eigenschaft, die eigentlich jeder erfolgreiche Gründer, Unternehmer oder Selbstständige mit sich bringt.

Das sollte man unbedingt in seinen Lebensstil und die Art, ein neues Projekt anzugehen, implementieren.

Das Wichtigste bei Coaching-Teilnehmern ist der Fokus. Gerade wenn man wie in Karens Fall mehrere Standbeine hat, parallel eine Familie versorgt und mit Rückschlägen konfrontiert wird, ist es umso wichtiger, einen klaren Fokus zu haben.

Dazu gehört auch die zeitliche Einteilung des Alltages. Home-Office ermöglicht einem beispielsweise sehr viele Freiräume, birgt aber auch die Gefahr, ständig abgelenkt zu werden kann. Wer dieselbe Herausforderung wie Karen hat, den kann ich nur dazu ermuntern, sie anzugehen. Sich an Erfolgsbeispielen wie Karen zu orientieren und vor allem hartnäckig, mit großem Durchhaltevermögen und vollem Fokus vorwärts zu marschieren.

Zu dem Geschäftsumfeld und dem Marktpotential von Karen ist ergänzend zu sagen, dass sie sich zweifelsfrei in einem sehr schwierigen Markt befindet. Einem Markt, der noch aufgebaut werden muss und in dem erst langsam das Bewusstsein der Kunden für entsprechende Problemlösungen entsteht. Heilpraktiker, insbesondere Hypnosetherapeuten und Mentaltrainer, haben absolut ihre Daseinsberechtigung. Sie haben aber immer noch mit vielen Vorurteilen zu kämpfen, gerade im Internet.

Ich bin dennoch der Überzeugung, dass die aktuelle Trendentwicklung in der Gesellschaft in eine Richtung geht, in der auch solche Themen mehr in den Fokus treten.

Karen ist noch etwas früh dran, aber es ist ein Markt, den es zu besetzen gilt. Es gilt sich zu positionieren und die Erfolgsgeschichten der Kunden aufzubauen. Um dann in zwei bis drei Jahren, wenn der Markt reif sein wird, mit seinen Produkten zu skalieren und viele Leute zu erreichen. Damit gehen dann auch der wirtschaftliche Erfolg und hoffentlich auch die Freiheiten auf privater Seite einher, die hier von Karen angepeilt wurden.

STRUKTUREN FÜHREN DICH ZUR FREIHEIT

*Ein Interview mit Alexander Marci
geführt durch Sina Schmitz*

Wie hat bei dir alles angefangen, Alexander? Wie ist deine Geschäftsidee entstanden? Was machst du aktuell?

Das Thema Online Business hat mich schon zu meiner Unizeit interessiert. Ich würde sagen, ich war damals nicht besonders gut in der Uni. Ich habe durchschnittliche bis schlechte Noten geschrieben. Ich habe Wirtschaftsinformatik studiert, was mir nicht besonders viel Spaß gemacht hat.

Alexander Marci

Ich hatte immer das Szenario vor Augen, nach dem Studium tagein tagaus in einem Büro zu sitzen mit Aufgaben, die mir keinen Spaß machen und das für die nächsten 50 Jahre. Diese Zukunftsaussicht hat mir wirklich Angst gemacht und ich kam zu dem Entschluss, dass ich mir eine Alternative überlegen muss.

Ich fragte mich, was ich in meinem Leben gerne machen will und wo meine Interessen liegen.

Was mich schon immer faszinierte, war das Thema Reisen. Ich wollte schon immer die Welt sehen und was erleben. Ich bin der Meinung, man lebt nur einmal. Deswegen sollte man viel gesehen haben und in seinem Leben viel mitnehmen. Eben nicht nur in seinen eigenen vier Wänden verharren, sondern seinen eigenen Komfortzonen-Bereich verlassen. Das war für mich der Antrieb, ein Online-Business zu starten. Für mich war klar, dass ich etwas mit Menschen machen möchte, da es mir sehr viel Freude bereitet. Am liebsten von überall auf der Welt. Das war für mich der Antrieb, einfach zu starten.

Ich habe meine ersten Projekte mit einem Geschäftspartner an der Uni gestartet. Diese waren eher semi-erfolgreich. Wir haben beispielsweise Passbilder über das Internet verkauft und Webseiten für Kunden gebaut.

Mit einem Freund zusammen habe ich eine Zeit lang Flirt-Coachings angeboten, was wir bis heute noch anbieten.

Ich habe damals die Freedom Academy gegründet, weil es mich gereizt hat, ein Unternehmer zu sein, der um die Welt reist und trotzdem sein Business auf die Reihe bekommt. So habe ich angefangen, Menschen zu helfen, ihr Online-Business aufzubauen.

Mittlerweile helfe ich in erster Linie Coaches dabei, ihr Wissen an den Mann oder an die Frau zu bringen und ihr Business über Instagram aufzubauen. Instagram eignet sich in diesem Fall besonders gut, da es eine gute Möglichkeit bietet, sich als Coach seine Personal-Brand auszubauen.

Du hast gerade das Thema Coach bzw. Coaching angesprochen. Wie hast du Thomas kennen gelernt? Wie bist du auf Gründer.de gestoßen? Inwiefern hat Thomas dich persönlich oder auch das Coaching dich unterstützt, an deinen Geschäftsideen weiter zu arbeiten?

Wie Thomas und ich uns kennengelernt haben ist eine lustige Geschichte. Ich habe damals im Improvisationstheater in Köln gespielt. Mia, eine Freundin von Thomas, war mit mir in der Theatergruppe. Ich habe mit ihr darüber geredet, was ich beruflich mache. Ich hatte damals schon ein paar Online-Projekte geleitet, die aber leider noch nicht so erfolgreich waren. **Mia gab mir den Tipp: „Hey, du musst dich unbedingt mal mit Thomas Klußmann connecten. Das ist ein Freund von mir. Der macht das was du machst, ist da aber schon deutlich weiter."**

Sie hat dann den Kontakt hergestellt und so kam es, dass ich am Coaching von Thomas teilnehmen konnte. Ich habe direkt gemerkt, dass Thomas sehr strukturiert ist und genau das war ein Punkt, der mir bisher ein bisschen gefehlt hat.

Wenn man sich meine Person als eine Musik-Band vorstellt, dann war ich eine, die mal einen guten Auftritt hingelegt hat, aber es danach nicht auf die Reihe bekam, eine Tournee zu veranstalten oder ein Plattenlabel weiter voran zu bringen.

Bevor ich Thomas kannte, habe ich immer wieder mal ein Video veröffentlicht und darin viele coole Sachen gezeigt. Aber es fehlte mir einfach die Struktur dahinter. Wie man ein Business wirklich aufbaut, habe ich dann von Thomas gelernt.

Ein Learning möchte ich besonders hervorheben: Ich war ja immer schon auf der Suche nach Freiheit, ich habe Freiheit aber nie mit Struktur in Verbindung gebracht. Doch Strukturen übernehmen viele Dinge für einen, beispielsweise können das automatisierte Geschäftsprozesse sein. Strukturen beinhalten auch, wie man mit Mitarbeitern arbeitet und wie sie eingearbeitet werden.

Je mehr Strukturen man in seinem Unternehmen hat, desto mehr Freiheit hat man auch.

Als ich das gelernt habe, war es einfach, mich damit zu beschäftigen.

Ich habe mein Unternehmen mit verschiedenen Kanälen aufgebaut. Angefangen habe ich mit Youtube-Videos und habe dann meine E-Mail-Liste aufgebaut, die mittlerweile über 13.000 E-Mail-Kontakte umfasst.

Anschließend baute ich zwei Instagram-Channels auf, die mittlerweile über 65.000 Kontakte beinhalten. Dem folgte mithilfe von Mitarbeitern ein automatisierter Prozess zur Kundengewinnung. Heute berate ich meine Kunden intensiv, wie sie mit Instagram ihr Coaching-Business aufbauen. Wir machen Gruppen-Calls und Coachings, wir haben einen Member-Bereich und Facebook-Gruppen.

Wir unterstützen unsere Kunden sehr intensiv. Ich habe gemerkt, dass es mir sehr viel Spaß macht, den Fokus auf weniger Leute zu legen, um die Möglichkeit zu haben, deren Erfolge hautnah mitzuverfolgen. Was ich also von Thomas gelernt habe, ist, wie man Struktur in sein Business bringt.

Anhand deiner Erfahrungen mit Thomas und dem Coaching - was würdest Leuten, die noch ganz am Anfang ihres Online-Business stehen, mit auf den Weg geben? Wie ermutigst und motivierst du deine eigenen Coaching-Teilnehmer durchzustarten, insbesondere wenn sie noch Zweifel haben?

Menschen sind immer unterschiedlich. Das Allerwichtigste ist, dass du die Entscheidung für dich getroffen hast, durchzustarten und dein Online-Business auf das nächste Level zu bringen. Du musst den Glauben und die innere Überzeugung haben, dass du das schaffen wirst.

Ich sehe ganz oft, dass Leute beispielsweise nicht bereit sind, eine größere Investition zu tätigen, weil sie nicht an den Erfolg glauben.

Für mich gab es diese Einstellung damals nicht, da ich mir nicht vorstellen konnte, in meinen alten Job zurückzugehen. Ich habe mir von Anfang an gesagt, dass ich so lange an meinem Business arbeite werden, bis es klappt. Ich werde das alles durcharbeiten, ich werde, wenn ich einen Mentor habe, alles so machen, wie er es mir sagt und nicht immer links und rechts schauen.

Ich werde mich auf diesen Mentor fokussieren, die Sachen umsetzen und mir Hilfe holen, wenn ich Fragen habe. Nach zwei Wochen werde ich nicht die Flinte ins Korn werfen, nur weil eine Sache nicht klappt, sondern ich werde dranbleiben und weiterarbeiten.

Wenn du immer dran bleibst, dann wirst du es eines Tages schaffen, das solltest du dir bewusst machen. Selbstverständlich wird es Probleme geben, die mit der Zeit auch größer werden. Ich stehe heute vor größeren Problemen als früher. Beispielsweise war es früher eine riesen Sache, ein Video aufzunehmen und es online zu stellen. Heute stehe ich vor ganz anderen Problemen, wie beispielsweise dem Thema Mitarbeiter.

Mit Mitarbeitern hat man eine größere Verantwortung, die immer weiter wächst, je größer das Unternehmen wird. Probleme wird es immer geben, nur deine Fähigkeit, damit umzugehen, die wird sich ebenfalls verbessern.

Ich gebe meinen Coaching Teilnehmern immer mit auf den Weg, dass das eigene Gefühl eine sehr wichtige Rolle spielt. Ein armer Mensch kann reich werden, wenn er sich reich fühlt und ein Mensch, der noch nicht erfolgreich ist, kann erfolgreich werden, wenn er sich erfolgreich fühlt. Wenn man mit dem Gefühl an eine Sache herangeht, dass man das Ziel quasi schon erreicht hat, dann wird das Unterbewusstsein automatisch darauf hinarbeiten. Mit dieser Herangehensweise habe ich sehr viele Blockaden gelöst.

Ich möchte dies gerne an einem Beispiel verdeutlichen: Wenn du dich nicht traust, Videos aufzunehmen, du es aber gerne machen möchtest, dann fühle dich in die Sache rein. Stelle dir vor, dass es dir Spaß macht, dass du sympathisch auf andere wirkst und du tolle Nachrichten als Antwort auf dein Video bekommst. Gehe mit diesen Gedanken an deine Aufgabe ran. Was du als nächstes tun wirst, ist ein Schritt in die Richtung deines Ziels. Vielleicht kaufst du dir eine Kamera oder du richtest dir zuhause einen Ort ein, an dem du Videos aufnehmen kannst. Dein Unterbewusstsein bewegt dich in die Richtung.

Ich habe dazu schon ganz verrückte Sachen gemacht, auch zusammen mit meinen Mindset-Coaches und in meinem Inner Circle. Damit auch sie lernen, dass das Gefühl eine wichtige Rolle spielt. Wenn du natürlich von Anfang an denkst: "Oh mein Gott, das schaffe ich nicht", dann wirst du es auch nicht schaffen. Wenn du dir aber sagst: „Hey, ich kann alles schaffen." und du wirklich dieses Gefühl spürst und dir denkst: **„Hey, ich werde der King der Technik. Und ich werde das Kickstart Coaching sowas von rocken. Ich werde jedes bisschen davon verstehen und mega happy am Ende sein.",** dann wirst du es auch viel eher schaffen.

Business Model Canvas

Die Partner

- Facebook als Werbepartner für Instagram Werbung
- Online Kongresse
- Kunden zu Partnern machen, die Empfehlungen aussprechen
- Weitere Affiliate Partner

Die Aktivitäten

- Informieren über Webinare
- Individuelle Beratung am Telefon
- Was nicht funktioniert hat. Auf allen Plattformen gleichzeitig vertreten zu sein

Die Ressourcen

- Support Team
- Wöchentliche Calls
- Vertriebsteam
- Software für uns und unsere Kunden
- E-Mail Liste aufbauen und pflegen

Das Werteversprechen

- Möchtest du als Coach, Trainer oder Experte mit deinem Herzensbusiness und Instagram deine Traumkunden gewinnen? Wir zeigen dir wie!
- Inner Circle: 8-wöchtiges Mentoring Programm mit sehr guter Betreuung

Die Kunden-beziehung

- Persönliche Kundenbeziehung
- Jederzeit Ansprechpartner zu sein
- Wenige Menschen gut betreuen, anstatt viele nur ein bisschen!

Die Kundensegmente

- Gefühlsmenschen, Rechtshirnmenschen, die unzufrieden mit ihrem aktuellen Job sind. Da sie sich gern selbst verwirklichen und aus ihrem Job raus möchten, interessieren sie sich für das Theme Coaching, Beratung oder Expertenbusiness.

Die Ausgaben

- Kosten für Werbung auf Instagram
- Kosten für Mitarbeiter in der Telefonberatung und im Support
- Kosten für Software

Die Einkommensströme

- Durch den Verkauf von Mentoring Programmen mit einer sehr guten Betreuung! Durch die Empfehlung von dazu passenden Produkten, die jeder angehende Unternehmer benötigt, z.B. Software mit Lifetime Provision

Die Kanäle

Auf Instagram, organisch und durch bezahlte Werbung.
Über automatisierte Webinare.

Wie lange hat es bei dir gedauert bis du an dem Punkt angekommen bist, an dem du für dich sagen konntest: Jetzt habe ich die ersten Erfolge zu verzeichnen? Wann hast du das erste Mal das Gefühl von Freiheit oder Unabhängigkeit gespürt? Wann konntest du sagen, dass du im Online-Business angekommen bist und du nun anfängst, Sachen zu optimieren?

Das ist eine super Frage. Auch hier spielt das Gefühl eine entscheidende Rolle. Ich habe mich ab dem Moment frei gefühlt, indem ich beschlossen habe, einfach loszulegen. Ich habe damals meine Wohnung auf AirBnB vermietet, meine ersten Reisen unternommen und nebenbei noch ein wenig Geld verdient. Nach und nach ist dann immer mehr Freiheit in mein Leben dazu gekommen. **Ich würde wirklich sagen, dass ich ein Jahr, nachdem ich Thomas kennengelernt habe, auf jeden Fall genug Geld verdient habe, dass ich davon leben konnte.**

Das Gefühl von Freiheit war sehr schnell da. Freiheit findet im Kopf statt, deswegen kann ich jedem empfehlen, sie vorher in seinen Gedanken zu spüren.

Ich lebe sehr minimalistisch. Hier in Prag habe ich kein Auto und für Prager Verhältnisse habe ich schon eine größere Wohnung. Wenn man die Größe allerdings zu dem ins Verhältnis setzt, was ich verdiene, ist die Wohnung recht klein.

Ich möchte gerne jedem mit auf den Weg geben: Freiheit ist ein Gefühl. Und wenn du das Gefühl von Freiheit, Spaß und Freude hast, dann wirst du auch genau das in deinem Leben anziehen.

Der Kontakt zum Thomas als dein Mentor besteht ja weiter fort. Du hast vieles aus dem Coaching umgesetzt und so dein Business aufgebaut. Mittlerweile bist du zudem Speaker bei unseren Online-Kongressen und Events. Du bist ein fester Bestandteil der externen Expertenrunde beim Kickstart Coaching und zeigst unseren Teilnehmer durch Praxisbeispiele, wie man Schritt für Schritt sein Online-Business aufbauen kann. Wie kam es zu den weiteren Kooperationen?

Wie ich es bei euch zum Speaker geschafft habe, ist eine gute Frage. Ich würde sagen, dass habe ich mit einem Video, welches ich auf Youtube hochgeladen hatte, geschafft.

In dem Video habe ich in 30 Minuten gezeigt, wie man einen Online-Shop erstellt. Das war damals eine ziemliche Revolution.

Durch einen Kontakt bekam ich damals die Chance einen Vortrag bei Vorständen von großen E-Commerce Firmen zu halten. Ich habe diesen Vortrag aufgenommen und ihn dann auf YouTube gestellt. Dieser Vortrag hatte relativ schnell 10-20.000 Views. Mit dem Video hatte ich etwas Vorzeigbares, das ich Leuten mit an die Hand geben konnte. Das hat mich etwas von den Leuten unterschieden, die nur sehr viel erzählen. Ich habe mit den Leuten praktisch zusammengearbeitet und eben nicht nur theoretisch.

So habe ich dann auch meine weiteren Videos gestaltet und mir schnell den Ruf erarbeitet, dass ich jemand bin, der Praxis macht.

Da ich mit Thomas im Austausch stand, hat er mir die Chance gegeben, sowas mal im Rahmen eines Kongresses zu machen. Dadurch sind weitere Leute auf mich aufmerksam geworden.

Du machst dich damit aber auch verletzlich. Im Endeffekt kann ja auch mal was schief gehen und da haben halt viele Angst vor. Da viele es aus diesem Grund nicht gemacht haben, habe ich sehr viel Aufmerksamkeit bekommen.

Das haben wir uns auch für das Kickstart Coaching überlegt: Wir arbeiten mit den Leuten zusammen. Du bist Hands-on mit dabei und wir nehmen vielleicht sogar ein Video dafür auf. Wir machen die Webseite zusammen. Wir erklären das allen zusammen. Das war der Grund.

Und dann ging es noch einen Schritt weiter und du wurdest ein Teil der One Idea Mastermind, wo der Inner Circle der Online-Marketer zusammensitzt, um über die aktuellsten Tools, Geschäftsideen und Umsetzungsphasen zu sprechen.

Die One Idea Mastermind war für mich die absolute Krönung. Ich wurde Teil eines ganz exklusiven Netzwerkes, in dem wirklich nur erfolgreiche Unternehmer drin sind. Auf Augenhöhe konnte ich mich dort mit Leuten austauschen, von denen ich früher auf Kassetten oder auf MP3s die ersten Vorträge angehört hatte, beispielsweise Bodo Schäfer.

Gerne möchte ich eine Geschichte aus der Mastermind erzählen. Wir haben uns über das Thema Gewohnheiten unterhalten. Jeder der Teilnehmer hatte sein Leben auf Erfolg ausgelegt und seine Erfolgsgewohnheiten aufgezeigt, beispielsweise bestimmte Sportgewohnheiten oder Meditation. Diese Tipps und Lebensarten mitzubekommen, war natürlich Gold wert. Dadurch habe ich viel Zeit eingespart. Das ist auch der Grund, warum ich auf Events gehe, wie beispielsweise die Contra. Ich nehme die besten Sachen von den Besten mit. Danach gebe ich Gas mit meinem eigenen Business. Das war einmal das Netzwerk und die inneren Überzeugungen, die sich dadurch verändert haben.

Inwiefern haben sich deine inneren Überzeugungen verändert? Was hast du darüber hinaus noch Positives mitnehmen können?

Ich muss ehrlich zugeben, dass das Streben nach Freiheit natürlich eine sehr egoistische Herangehensweise sein kann. Ich habe anfangs sehr stark an mich gedacht. Ich wollte von überall auf der Welt arbeiten und leben können. Ich wollte reisen. Ich, ich, ich.

Ich habe dann aber gemerkt, dass es im Unternehmertum noch eine ganze Menge mehr gibt. Man baut ein Team auf, erreicht mehr Menschen und hilft mehr Menschen bei ihrem Business. Man sollte also seinen Mikrokosmos verlassen und viel größer denken. Ich habe mich damals auch umgeschaut und gesehen, dass es Menschen gibt, die das Zehn- oder Zwanzigfache von mir machen. Das hat mich motiviert, mein Business auf das nächste Level zu bringen und es so aufzubauen, dass ich noch mehr Menschen helfen kann. Das war der Zeitpunkt, an dem ich nach vier Jahren, die ich auf Reisen war, das Ganze wieder ein bisschen zurückgefahren habe und mich dafür entschied, dass ich jetzt mal an einem Ort lebe. Nun schaue ich, wie vielen Menschen ich noch in meinem Leben helfen kann.

Würdest du sagen, dass du jetzt auf einem konstanten Level bei deinem Online-Business angekommen bist? Bist du zufrieden damit, wie es gerade läuft? Was steht in Zukunft bei dir noch an?

Durch die aufgebauten Strukturen läuft das Business sehr konstant. Es ist allerdings wirklich ein Prozess. Es ist kein einmaliger Auftritt mehr, sondern es ist eine immer wieder laufende Tournee, um noch einmal das Band-Beispiel vom Anfang aufzugreifen. Momentan vergrößere ich mein Team. Ich habe die Vision, dass ich Coaches dabei helfen möchte, ihr Wissen zu automatisieren und zu digitalisieren. Und dafür auch Sachen wie künstliche Intelligenz et cetera zu nutzen. Weil ich glaube, dass das der Game-Changer in der Zukunft sein wird. Ich glaube, dass ganz viel von dem, was Coaches aktuell machen, auch mit künstlicher Intelligenz gelöst werden kann. Für die Umsetzung brauche ich natürlich ein Team und daran arbeiten wir gerade. Wir möchten damit den Coaches Freiheit geben, damit sie Menschen helfen können.

Und damit würdest du dann auch deinen persönlichen Erfolg beschreiben? Oder gehst du da noch einmal in eine ganz andere Richtung?

Es ist ein Teil davon. Persönlicher Erfolg ist bei mir der finanzielle Aspekt und der Aspekt Menschen zu helfen. Ich will natürlich ein Leben im Wohlstand haben, aber eben auch Menschen helfen und viele Menschen erreichen. Da bekommt man auch sehr viel von den Leuten zurück.

Was für mich aber auch Erfolg ist, sind natürlich glückliche Beziehungen in seinem Leben zu haben. Dass müssen nicht nur Kunden sein, sondern natürlich auch private Beziehungen.

Und ganz wichtig ist bei mir auch der Aspekt Gesundheit. Ich esse keinen Zucker, ich trinke keinen Alkohol. Ich esse noch nicht mal Brot. Weil ich das für nicht so gesund halte. Wenn ich mein Essverhalten von heute mit damals vergleiche, ist das eine 180 Grad Wendung. Meiner Meinung nach sind ein gesunder Körper und ein gesunder Geist die wichtigsten Voraussetzungen, um erfolgreich zu sein. Hinzu kommt noch das Thema innere Zufriedenheit. Du kannst reich sein, du kannst glückliche Beziehungen haben, du kannst gesund sein und du kannst trotzdem unglücklich sein. Deshalb gehört es für mich auch dazu, dass man an seinem Glück arbeitet. Ich meditiere sehr viel und lebe das Leben im Jetzt und eben nicht so viel in meinen Gedanken. Wenn man es wirklich schafft, auf allen diesen Ebenen eine Balance zu finden - das macht für mich Erfolg aus. Es gibt Zeiten, wo man nicht immer die Balance findet, aber wenn es um einen längeren Zeitraum geht, dann sollte dies der Fall sein.

Halten wir einmal die bisher genannten Erfolgstipps von dir fest: Such dir einen Mentor, konzentriere dich bei den wichtigen Themen auf diese Person, die dich an die Hand nimmt. Wenn du jetzt am Ende eines Coaching-Wochenendes den Kickstartern bei uns im Headquarter in Köln ins Gesicht schaust, was gibst du denen gezielt mit auf den Weg? Womit motivierst du sie, wirklich durchzustarten?

Alle, die sich dieses Buch bereits gekauft haben oder beim Kickstart Ccoaching von Gründer.de mitmachen, haben bereits den ersten Schritt geschafft. Ihr seid genau am richtigen Ort. Ihr seid wahrscheinlich bei dem besten Team in Deutschland, wenn es darum geht, ein Business und damit zusätzliches Einkommen aufzubauen. Und ihr seid im Endeffekt auch noch in der richtigen Branche unterwegs.

Ich habe vor kurzem ein Interview mit einem bekannten Investor gelesen. Er sagte, wenn du dir ein Business aussuchen kannst, dann suche dir eins, wo du Rückenwind hast. Suche dir also einen Bereich, der noch wächst. Gerade im Bereich Digitalisierung stehen wir noch ganz am Anfang. Da wird sich noch so viel verändern. Viele meiner Coaching Teilnehmer berichten mir, dass sie Jobangebote als Social Media Manager oder ähnliches bekommen, während sie parallel ihr Business aufbauen. Die Leute merken, dass sie auf einmal Fähigkeiten haben, die auf der Welt sehr viel wert sind. Da solltest du dran bleiben. Du hast die richtige Entscheidung getroffen, da du im richtigen Team und auf dem richtigen Weg bist. Jetzt liegt es an dir, für dich die Entscheidung zu treffen, in die Umsetzung zu kommen. Auch wenn da mal ein kleiner oder ein größerer Stein als Hindernis kommt - mach weiter und bleib dran. Dann wirst du dein Ziel zu 100 Prozent erreichen.

Dein Alexander

Einschätzung und Zukunftsausblick von Thomas:

Ich weiß noch genau, wie ich da saß und die Person und das Geschäftsmodell von Alexander Marci analysiert habe. Alexander brachte eine ganze Menge mit. Er hatte bereits erste Erfahrungen gesammelt und war sehr authentisch. Er hatte verstanden, wie man Marketing aufbaut und wie man Kunden motiviert, etwas zu kaufen. Was Alexander aber vor allem mitbrachte, war sehr viel Motivation, eine unglaubliche Begeisterung und einen starken Willen, seine Ziele zu erreichen. Man erkannte aber auch schnell seine Schwächen, wie zum Beispiel die fehlende Struktur, die er auch offen im Interview beschrieben hat.

2014 lud ich Alexander ein, eine Woche mit mir im Homeoffice zu arbeiten. Damals noch in Paderborn. Eine Woche bei mir bedeutete für ihn, täglich 14 Stunden, sieben Tage lang an seinem Business arbeiten zu müssen. Das widerstrebte ihm und seinem Freiheitsgedanken.

Ich weiß nicht, ob Alexander später noch einmal derart intensiv an seinem Business gearbeitet hat, aber diese Zeit war nötig, um die bisher fehlende Struktur in sein Business zu bringen. Sie war nötig, um die entsprechenden automatisierten Prozesse aufzubauen, um Marketing-Funnel zu kreieren.

Am Ende dieser schwierigen Woche stand ein fertiges Business, welches Alexander dann entsprechend auf- und ausbauen konnte. Alexander hatte eine Entwicklung gezeigt, wie sie keiner meiner Kunden zuvor gemacht hatte. Das ging so weit, dass wir ein Jahr später eine gemeinsame Firma gegründet haben. Heute ist Alexander ein fester Bestandteil als Referent und Coach auf vielen unserer Events.

Er hat einen sehr großen Drang zur Freiheit und möchte etwas machen, das er mit voller Leidenschaft und mit viel Spaß ausüben kann. Das ist Teil seiner Motivation. Es ist wichtig, liebe Leser, dass ihr euch bewusst macht, was euch antreibt. Fragt euch einmal selber: Wie möchtet ihr leben? Alexander hat seine Antwort auf diese Frage bereits gefunden. Für ihn bedeutet Freiheit an jedem Ort, an dem er einen Internetanschluss hat, arbeiten zu können und genau nach diesem Prinzip arbeitet und lebt Alexander.

Ein Grund, warum er Köln verlassen hat und in die weite Welt gezogen ist, während er gleichzeitig sein Business aufgebaut hat. Dies bringt einige Herausforderungen mit sich, mit denen Alexander aber umzugehen weiß und dafür schätze ich ihn sehr. Er kann zum Beispiel sehr gut in einem Starbucks sitzen und von dort aus arbeiten, ich könnte das nicht.

Alexander hat erkannt, dass man aus der Komfortzone herauskommen muss, um erfolgreich zu sein. Liebe Leser, schreibt euch das gerne auf einen Zettel, hängt ihn gut lesbar auf und reflektiert regelmäßig, ob ihr auf dem richtigen Weg seid.

Um seine Komfortzone zu verlassen, hat Alexander Challenges entwickelt, wie die 30-Tage-YouTube-Challenge, bei der er 30 Tage lang täglich ein Video aufgenommen und bei YouTube hochgeladen hat. Egal wie groß deine Ablehnung zum Aufnehmen von Videos ist. Egal wie viele Ausreden du findest, warum du gerade keine Videos aufnehmen kannst - wenn du die Challenge 30 Tage lang durchgezogen hast, dann wirst du ein Profi darin sein. Es wird zu einer Gewohnheit und es wird dir nach Ablauf der Zeit nichts mehr ausmachen.

Und genauso hat Alexander sein Leben verändert und es auf das nächste Level gehoben, indem er immer wieder Komfortzonen-Challenges in verschiedenen Bereichen gemacht hat.

Alexander fehlte die Struktur. Diese Schwäche hat er identifiziert, angenommen, daran gearbeitet und für sich ein System entwickelt, damit umzugehen. Ich lade dich, lieber Leser, ein, dass du deine größten Schwächen identifizierst, die dich am meisten von deinem Erfolg abhalten. Wenn du deine Schwächen kennst, kannst du an einer Lösung arbeiten.

Ich wünsche dir viel Erfolg und viel Glück dabei, dass du einen ebenso erfolgreichen Weg einschlägst, wie Alexander es tat. Was das Geschäftsmodell und die Aussicht bezüglich Alexanders Marktpotenzial angeht, kann ich nur grünes Licht geben. Er arbeitet in einem Bereich, in dem viele versuchen Fuß zu fassen, weil sie frei sein wollen.

Es gibt den Begriff der digitalen Nomaden, die umherziehen und von jedem Ort auf der Welt, wo immer sie einen Internetanschluss haben, arbeiten können. Diese große Bewegung fördert Alexander mit seinem Input, mit seinen Produkten und seinen Angeboten. Deswegen glaube ich, dass er ein sehr großes Potenzial auf einem Markt hat, der sich gerade erst richtig aufbaut. Gleichzeitig hat er das passende digitale Geschäftsmodell, um frei leben und arbeiten zu können.

ANGEWANDTES WISSEN IST MACHT

Ein Gastbeitrag von Alexander Krunic

1989, als das World Wide Web, wie wir es heute kennen, gerade erst am Kernforschungszentrum CERN in Genf erfunden worden war, gründete ich in Innsbruck das größte deutschsprachige Wirtschaftsbuchmagazin. Wir waren von Anfang an das größte, weil wir auch das einzige deutschsprachige Wirtschaftsbuchmagazin waren. Heute – 30 Jahre später – sind wir immer noch das Erste und Einzige. Dass das aus wirtschaftlicher Sicht nicht unbedingt ein Vorteil ist, wenn man der Erste und noch weniger, das Einzige ist, habe ich erst viel später anhand einiger schmerzvoller Erfahrungen herausgefunden. Das ist auch schon die erste von

Alexander Krunic

zehn Lektionen aus über 30 Jahren Unternehmer-Dasein, die ich mit dir teilen möchte, um dir Lehrgeld zu ersparen, das ich bezahlt habe oder – falls du selber schon länger selbstständig bist – zu zeigen, dass es anderen auch so ergangen ist, wie vielleicht dir.

LEKTION 1:
ES IST WIRTSCHAFTLICH KEIN VORTEIL, WENN DU DER EINZIGE BIST

Natürlich ist es schmeichelhaft, wenn dir Freunde, Geschäftspartner oder namhafte Verleger auf der Frankfurter Buchmesse (bildlich gesprochen und real) auf die Schulter klopfen, wenn du das erste deutschsprachige Wirtschaftsbuchmagazin gründest und dann auch noch erfolgreich über Jahre am Laufen hältst. Vielleicht gibt es irgendwann einmal einen Eintrag als Gründer mit deinem Namen und einem Kreuz dahinter auf der Firmenwebseite. So wie früher ein Ölgemälde in der Ahnengalerie des Firmenstammsitzes.

Unternehmerisch und wirtschaftlich ist es hingegen nicht unbedingt ein Vorteil, wenn du der Einzige bist! Das hat viele Gründe und alle aufzuführen, würde an dieser Stelle zu weit gehen. Die zwei größten Nachteile sind:

Du musst ständig erklären, wer oder was du bist und dich regelmäßig selber zwingen, dich neu zu erfinden, weil dich kein Konkurrent dazu anspornt. Da du keinen direkten Konkurrenten hast, kannst du dich auch nicht von diesen abgrenzen, positionieren oder differenzieren und das macht Marketing schwierig und teuer.

Um das für dich ein bisschen anschaulicher zu machen, werfen wir zum Vergleich einen Blick auf unser zweites Verlagsprodukt, die "business bestseller summaries", die wir seit dem Jahr 2000 herausgeben. Die summaries sind achtseitige Zusammenfassungen der besten Business Bücher, die wir sowohl einzeln als auch im Abo und, nach wie vor, sowohl in gedruckter Form mit der Post als auch digital als PDF anbieten.

Bei den summaries haben wir im deutschen Sprachraum zwei fast übermächtige, Konkurrenten: getabstract aus der Schweiz und Blinkist aus Berlin. Und ich bin jeden Tag in der Früh froh, dass es die beiden gibt. Erstens, bereiten sie mit ihrem großzügig ausgestatteten Venture Capital den deutschsprachigen Markt für diese Art von Medium auf und zweitens – und das ist das Entscheidende – geben sie mir und sich selbst die Chance, uns marketingmäßig zu positionieren und zu differenzieren. Das führt direkt zu:

LEKTION 2:
SEI FROH, WENN ES DEINEN MITBEWERBERN GUT GEHT

Nicht nur, dass du froh sein kannst, wenn du (im Sinne von Lektion 1) überhaupt welche hast. Nein, du solltest auch froh sein, wenn es ihnen gut geht! Denn das bedeutet, dass es – ohne, dass du sinnlos Geld für eine Marktforschung ausgeben musst – für das, was du machst, tatsächlich einen lebensfähigen Markt gibt. Und damit eine positive Antwort auf eine grundlegende Frage, die ich mit meinen Coaching-Klienten sehr früh (in der Regel, bevor wir überhaupt an eine Zusammenarbeit denken) kläre:

Gibt es irgendwo auf der Welt jemanden, der bereit ist, für das, was du kannst, weißt oder hast, Geld zu bezahlen?

Wenn die Antwort darauf eindeutig "Ja" lautet, dann kannst du daraus im Zeitalter des Internets nicht nur ein lebensfähiges wirtschaftliches Standbein bauen, sondern auch finanzielle und sonstige Freiheiten genießen, die für die meisten in der Generation meiner Eltern undenkbar gewesen wären.

In meiner deutschen Expert Success Akademie, in der ich Menschen dabei helfe, sich ein Expertenbusiness aufzubauen, gibt es hunderte Beispiele, die das belegen. Am liebsten denke ich immer an Helene, die als "Aura-Leserin" in einem kleinen Dorf in meinem Heimatland Tirol vor 20 Jahren vermutlich verhungert (und vor 500 Jahren vermutlich als Hexe verbrannt worden) wäre und die sich heute über Anfragen aus der halben Welt freuen kann. Ihre Klienten haben kein Problem, sie aus Zürich, aus dem Schwarzwald, aus Hamburg oder aus den USA im Internet zu finden, sie in ihrem Dorf aufzusuchen und die auch gerne ihr Honorar bezahlen, wenn Helene ihnen mit ihren Fähigkeiten helfen konnte, wo die Schulmedizin oder andere Methoden versagten.

Wenn du also mit dem, was du machst, kannst, weißt oder anbietest, noch nicht den finanziellen Erfolg oder die persönliche Freiheit genießt, die du dir vorstellst und die andere in deiner Branche offensichtlich genießen, dann gibt es dafür ganz klare Gründe. Das hat nichts oder nur sehr wenig mit Glück zu tun!

Wie einer meiner Mentoren, der leider schon verstorbene Zig Ziglar, immer gesagt hat:

"Du kannst alles im Leben erreichen, was du willst, indem du genügend Menschen dabei hilfst, das zu erreichen, was sie wollen".

Es lohnt sich, diesen Satz mehrmals zu lesen und zu durchdenken! Eines der entscheidenden Wörter in diesem Satz ist das Wort "genügend". Da steht nicht "vielen" oder "möglichst vielen", sondern "genügend". Und das führt uns zu:

LEKTION 3:
DU BRAUCHST KEINE GROSSE "LISTE" ODER TAUSENDE VON KUNDEN

Bestimmt hast du schon einmal den Satz gehört: "Das Geld liegt in der Liste". Gemeint ist damit deine Kunden- oder Interessentenliste. Um auch hier ein Missverständnis anzusprechen, dass viele in diesen Satz hineininterpretieren; da steht weder "große Liste", noch steht da "E-Mail-Liste".

Du brauchst Interessenten und Kunden, um wirtschaftlich erfolgreich zu sein. Auch da bin ich selber erst im Laufe der Jahre drauf gekommen. Als Herausgeber eines Magazins brauchst du nämlich recht viele Käufer oder Abonnenten, um ein Printmedium über Wasser zu halten.

Ein Augen öffnendes Gespräch in diesem Zusammenhang hatte ich im Jahr 1994 im Café Luitpold in der Brienner Straße in München. Dorthin, in sein Lieblingscafé, hatte mich ein Hamburger Unternehmensberater eingeladen, der extra eingeflogen kam (ich kam mit dem Zug aus Innsbruck), um sein Buchprojekt mit mir zu besprechen. Als Herausgeber des größten deutschsprachigen Wirtschaftsbuchmagazins fragen fast jede Woche Menschen bei mir an, ob ich ihnen helfen kann, einen Business Bestseller zu schreiben. Oder aber einen, den sie geschrieben haben, zu vermarkten. Die meisten überrascht oder enttäuscht meine Antwort, aber das ist eine ganz andere Geschichte. Damit du aber nicht extra deshalb bei mir anrufen musst, hier die Kurzform meiner Antwort: Im Business-Bereich sollte dein Ziel nicht sein, ein Buch zu verkaufen, sondern dass das Buch dich verkauft!

Zurück ins Café Luitpold und zur Lektion daraus. Ich staunte nicht schlecht, als mir mein Gesprächspartner eröffnete, dass er maximal zwei bis drei Kunden im Jahr (!) haben möchte, um seine Vorstellungen von Einkommen, Lebensstil und unternehmerischer Freiheit zu befriedigen. Honorarwert pro Kunde: 200.000 bis 300.000 D-Mark, umgerechnet heute ca. 100.000-150.000 Euro pro Kunden, 1994 war das aber noch ein ganzes Stück mehr Wert.

Viele Selbstständige und Freiberufler, mit denen ich zu tun habe, träumen von 10.000 Euro im Monat oder 100.000 Euro im Jahr. Ich habe zwar keine Ahnung, wieso gerade von diesen Beträgen und warum nicht von einer Million Euro im Jahr oder 10.000 Euro am Tag, aber nehmen wir das einfach mal als kleines Rechenbeispiel:

Um 10.000 Euro im Monat mit einem digitalen Produkt zu verdienen, müsstest du nach Abzug der Mehrwertsteuer (19 Prozent), der Transaktionsgebühr (z.B. für Digistore24), der Ausgaben für Werbung (z.B. für Facebook-Ads) etc. – vorsichtig kalkuliert – etwa 600 Verkäufe im Monat erzielen oder fast 20 jeden Tag, inklusive Samstag und Sonntag.

Wenn du statt diesem digitalen Produkt einen zweitägigen Workshop für 370 Euro netto anbietest, müsstest du alle 14 Tage vielleicht 40 Teilnehmer dafür begeistern, um 10.000 Euro im Monat zu verdienen.

Wenn du wirklich gut bist, in dem was du tust (und die meisten, die ich treffe, sind sehr gut, jedenfalls viel besser, als sie sich verkaufen) und du kannst jemandem (im Sinne von Zig Ziglar oben) so weiterhelfen, dass demjenigen das auch

3.700 Euro Wert ist, dann brauchst du gerade einmal drei solcher Kunden im Monat, um die 10.000 Euro Einkommen zu schaffen. Zudem hast du jede Menge freie Zeit, sodass du dir auch die Digistore-Gebühr sparen und die drei Rechnungen händisch schreiben kannst. Das führt uns direkt zur:

LEKTION 4:
DER PREIS IST NIE KAUFENTSCHEIDEND

Viele scheuen sich, einen angemessenen Preis für ihre Leistung aufzurufen und das aus den falschen Beweggründen. Der Preis ist aber nie das Problem und auch nur kaufentscheidend, wenn ansonsten alles andere an dir oder deiner Leistung im Vergleich zu deinen Mitbewerbern als "gleichwertig" oder austauschbar wahrgenommen wird. Darüber könnte ich ein eigenes Buch schreiben (und vielleicht mache ich das auch nochmal) und jede Menge eigener und fremder Beispiele anführen.

Ein für fast alle überraschendes und scheinbar den betriebswirtschaftlichen Lehrbüchern widersprechendes Beispiel lieferte business bestseller im Jahr 2003, als wir – aus Gründen, deren Erläuterung hier zu weit führen würde – den Verkaufspreis unseres Magazins, von einer Ausgabe auf die nächste, von fünf auf zwölf Euro anhoben. Das zwölf Euro Magazin verkaufte sich im Handel fast doppelt so oft, wie das verkaufsstärkste fünf Euro Heft, was bei mehr als einer Verdoppelung des Heftpreises, eine Vervierfachung des Umsatzes bedeutete!

Manchmal ist gerade ein zu niedriger Preis ein Problem und wenn ein Preis als zu hoch empfunden wird, liegt das häufig daran, dass der Wert deiner Leistung oder deines Produktes nicht entsprechend vom Markt wahrgenommen wird! Das führt uns direkt zu:

LEKTION 5:
DER UNTERSCHIED ZWISCHEN KOSTEN UND INVESTITION

Die größte Falle, in die man tappen kann, wenn man auf den Preis einer Sache schaut, ist Kosten und Investition zu verwechseln. 2018 hatte mir jemand nach einem meiner Live-Webinare, in denen ich zeige, wie sich jeder nebenbei in acht bis zwölf Wochen ein eigenes Business auf Amazon aufbauen und damit 10.000 Euro und mehr im Monat verdienen kann, geschrieben, er sei wieder begeistert, aber leider könne er auch diesmal nicht bei uns mitmachen, weil er das Geld dafür jetzt erst einmal in ein neues Auto investiere. Sein altes sei schon zwölf Jahre alt und außerdem habe er sich das verdient, weil er so viel arbeite.

Ich habe ihm zurückgeschrieben, dass er natürlich mit seinem Geld machen könne, was er wolle und wenn er ein neues Auto als Belohnung sieht, die er sich verdient habe, sei das auch völlig okay. Nur habe ich ihm auch geschrieben, dass er es nicht als "Investition" bezeichnen soll! Geld für ein neues Auto auszugeben, ist nur dann eine Investition, wenn du selbstständiger "Brummi-Fahrer" bist, der mit seinem LKW Geld verdient oder Taxifahrer oder du einen Food-Truck-Service gründest. Als Privatperson Geld für ein neues Auto auszugeben, ist keine Investition. Zwölf Monate nach dem Kauf hat dein neues Auto im günstigen Fall ein Viertel seines Werts verloren. Eine Investition sieht anders aus!

Der Autofan in unserer Familie ist meine Frau, die in dritter Generation einer Au-towerkstatt-, Fahrzeughandel-Familie entstammt. Mein erstes neues Auto habe ich im Alter von 50 Jahren gekauft und da habe ich es als Luxus empfunden. Dafür habe ich aber die letzten 20 Jahre fast jedes Jahr den Wert eines geho-benen Mittelklassewagens in mich selber investiert, in Mastermind-Gruppen, Seminare, Coachings, Videokurse etc.

So bin ich auch im Kickstart Coaching von Thomas Klußmann gelandet. **Wenn es eine Chance gibt, von jemandem, den ich schätze und der etwas weiß oder kann, was ich auch wissen oder können möchte, direkt zu lernen, dann nutze ich diese Chance.** Ich kann behaupten, dass ich bei dieser Art von Investition noch nie enttäuscht wurde. Selbst in den ganz seltenen Fällen, in denen ich mich in 30 Jahren in einer Person getäuscht hatte oder inhaltlich ein Angebot nicht hielt, was versprochen wurde.

Selbst in den schlimmsten Fällen, an die ich mich erinnern kann, habe ich bei solchen Veranstaltungen oder in solchen Gruppen Menschen getroffen, deren Bekanntschaft allein locker die Investition Wert war. Ich stimme persönlich nicht der verbreiteten Annahme zu, dass jeder der Durchschnitt der fünf Menschen ist, mit denen er die meiste Zeit verbringt. Ich verbringe auch sehr gerne Zeit mit Menschen, die nach landläufigen Maßstäben alles andere als "erfolgreich" sind, ohne mich deshalb als weniger "erfolgreich" zu sehen. Ganz im Gegenteil.

Wo ich allerdings voll zustimme, ist, dass es sehr darauf ankommt, von wem du Wissen annimmst, auf wen du "hörst", wessen Gedanken und Meinungen du in deine Gedankenwelt lässt und dass der persönliche Austausch und dein persön-liches Wachstum das Fundament für jedweden Erfolg darstellen. Das gibt es nie zum Nulltarif!

Du musst Zeit und Geld investieren und zwar nicht erst dann, wenn du "genügend" Zeit und/oder Geld hast! Wer darauf wartet, wird irgendwann erschreckt feststellen, dass das Leben an einem vorbeigezogen ist. Praktisch alle, die ich kenne, mich eingeschlossen, haben Zeit und Geld in Mastermind-Gruppen, Coachings etc. investiert, als wir es uns eigentlich weder zeitlich noch finanziell leisten konnten. Und alle, die ich kenne, hören damit auch nicht auf, wenn sie "erfolgreich(er)" geworden sind.

Wie schon Benjamin Franklin vor über 200 Jahren erkannt hat: "Eine Investition in Wissen bringt immer noch die besten Zinsen". Das führt uns unmittelbar zu:

LEKTION 6:
WISSEN IST NICHT MACHT

Bestimmt kennst du den Spruch "Wissen ist Macht" (und die Schülerweisheit "Nichts wissen macht auch nichts"). Lange Zeit habe ich den ersten Spruch auch geglaubt und im Mittelalter, als Wissen nur einer kleinen Elite zugänglich war, mag das vielleicht noch gestimmt haben. Heute sollte jedem klar sein, dass beide Sprüche falsch sind.

Schon im Vor-Google-Zeitalter stand zumindest in unseren Breitengraden jedem Wissen fast zum Nulltarif zur Verfügung. Zu praktisch jedem Thema konnte sich auch vor 20 oder 30 Jahren jeder – und ich meine wirklich jeder – für ganz kleines Geld ein Taschenbuch kaufen oder in einer öffentlichen Bibliothek ausleihen. Heute sind Informationen ohne Mehrkosten zur Internet-Flatrate rund um die Uhr, sogar auf dem Smartphone zugänglich. Trotzdem sind wir alle nicht mega-erfolgreich, wohlhabend, topfit, ernähren uns gesund und führen alle motivierte Mitarbeiter und nur glückliche Beziehungen.

Denn nicht Wissen ist Macht, sondern nur angewandtes Wissen ist Macht!

Immer wieder höre ich von Webinar-Teilnehmern, warum sie teures Geld für Wissen bezahlen sollen, das sie auch kostenlos im Internet finden könnten. Die meisten sind überrascht, wenn sie meine Antwort darauf hören und ich kann gar nicht genug betonen, wie viel Zeit und Geld tagtäglich von Menschen verschwendet werden, die diesem Irrglauben unterliegen.

Denn: Du findest im Internet kein Wissen, sondern lediglich Informationen. Erst durch dich werden Informationen zu Wissen. Bei Dingen, von denen du wenig oder nichts weißt, beginnt die Sache hier schon höchst problematisch zu werden. Denn wie willst du das, was dir im Internet an Wissen vorgesetzt wird, beurteilen? Wie willst du kompetentes Wissen von Falschwissen oder – was ich persönlich viel tragischer finde – gefährlichem Halbwissen unterscheiden? Die Antwort ist: gar nicht. Die Lösung ist entweder das Risiko einzugehen, Lehrgeld zu bezahlen und/oder später doch oder noch mehr Geld für kompetentes Wissen auszugeben.

Oftmals verwechseln viele Preis mit Wert (siehe Lektion 5): Wenn ich in einer 15.000 Euro teuren Mastermind-Gruppe Dinge erfahre, die mich vor 50.000 oder 500.000 Euro großen Fehlern bewahren, hat sich die Investition gegenüber einem 500 Euro Videokurs x-fach bezahlt gemacht.

Manche glauben tatsächlich, sie hätten etwas Sinnvolles "gearbeitet", wenn sie stundenlang Zeit in Facebook-Gruppen, auf YouTube-Channels oder mit dem Hören von Podcasts verbracht haben. Da habe ich noch eine ganz schlechte Nachricht für uns alle: Während früher viel von kostenlos verfügbaren Informationen im Internet Schrott war, gibt es heute jede Menge wertvollen Content kostenlos im Netz. Aber wir alle werden nicht lange genug leben, um selbst den wertvollen Content im Netz finden und konsumieren zu können!

Der letzte Punkt ist so wichtig, dass ich den Konsequenzen daraus eine eigene Lektion widme, ich nenne es:

LEKTION 7:
DAS GOOGLE PARADOXON

Google ist super, keine Frage! Aber wie jedes Ding, hat auch die Google-Suche nicht nur Vor- sondern auch Nachteile. Der größte Nachteil ist: Du findest nur, was du suchst. – "No na", denkst du jetzt vielleicht. Genau deshalb google ich ja! Lass uns das kurz an einem konkreten Beispiel veranschaulichen, bevor du diesen Absatz überspringst.

Wenn du beispielsweise nach einem konkreten Buch im Netz suchst, wie etwa Stephen Coveys Millionen-Bestseller "Die 7 Wege zum Erfolg", dann wirst du schnell fündig werden. Vermutlich findest du auch unsere kostenlose achtseitige business bestseller summary zu diesem Buch oder das abstract von getabstract. Dann kannst du schnell entscheiden, ob du das Buch, das Hörbuch, unsere Summary (gedruckt oder digital) oder lieber das abstract nimmst.

Aber wie sieht es aus, wenn du nicht genau weißt, was du konkret suchst, wie zum Beispiel Bücher zum Thema Erfolg oder Zeitmanagement oder über Unternehmensgründung, Aufbau eines Amazon-Business etc.? Dann wirst du dich mit

Google schon viel schwerer tun, angesichts von Millionen Suchergebnissen, die du zwar in Sekundenbruchteilen bekommst, aber vermutlich weder zeitlich noch inhaltlich einordnen kannst.

Lass uns das noch einen Schritt weiter denken: Wie sieht es mit Dingen, Themen, Informationen aus, von denen du noch nicht einmal weißt, dass sie für dich relevant sein könnten, sodass du nicht einmal auf die Idee kämst, danach zu suchen?

Genau in diesem dritten Bereich liegen die größten Schätze verborgen und du weißt es nicht einmal! In diesem dritten Bereich liegt die Stärke von business bestseller. Auf den ersten Blick meinen viele, wir publizieren achtseitige Business Buchzusammenfassungen und der Vorteil liege darin, dass du dir damit die Lektüre des Buches ersparst. Das ist manchmal der Fall, aber weder der Hauptnutzen noch unser unternehmerischer Fokus. Was business bestseller wirklich liefert, sind monatlich drei "Leseangebote" für Unternehmer/innen, Führungskräfte, Entscheidungsträger, für Menschen, die über den Tellerrand hinaus schauen und denken. Die größten Aha-Effekte gibt es bei Büchern, die unsere Leser/innen weder auf dem Radar hatten, geschweige denn danach gesucht hätten, sondern die sie erst durch unsere redaktionelle Auswahl in den Fokus bekommen haben.

Es hat ein paar Jahre gedauert, bis ich aus vielen persönlichen Gesprächen mit unseren Lesern diesen Nutzen "herausdestilliert" hatte. Der Hauptgrund, ein Abo unserer summaries zu kündigen, war Zeitmangel. Abonnenten, die unsere summaries toll, aber nicht einmal die Zeit fanden, die Zusammenfassung zu lesen. Leser/innen, die seit vielen Jahren ununterbrochen unsere summaries abonniert haben, kommen auch nicht dazu, alle Zusammenfassungen zu lesen. Aber sie denken ganz anders! Während die einen dachten, das Abo rentiert sich nicht, wenn sie nur einen Bruchteil der Ausgaben lesen, denken die anderen: "Okay, ich lese zwar nur einen Bruchteil der Ausgaben, aber wenn ich aus den summaries eines Jahres nur eine Idee für mich und/oder die Firma heraushole, hat sich das Abo x-fach bezahlt gemacht".

Mit Coachings wie dem Kickstart Coaching von Thomas Klußmann, Konferenzen wie der Contra und Mastermind Gruppen, für die ich jedes Jahr einen Neuwagen investiere, ist es genau so.

Wer schon einmal an meinem Amazon-Webinar teilgenommen hat, kennt das – mittlerweile historische – Foto des Mastermind-Meetings der Expert Success Academy vom 27. Januar 2014 in Vilamoura, Portugal, wo ich zum ersten Mal auf diese spezielle Strategie des Handels auf Amazon aus den USA gestoßen bin. Die ich 2015 als Erster im deutschen Sprachraum bekannt gemacht und mit einer Gruppe von damals 18 Unternehmerinnen und Unternehmern umzusetzen begonnen habe. Heute, nur vier Jahre später, hat meine Amazon-Gruppe über 1.300 Mitglieder auf allen Kontinenten, mit Ausnahme der Antarktis.

Als Herausgeber des größten deutschsprachigen Wirtschaftsbuchmagazins hatte ich Amazon von Tag eins an auf dem Schirm (für alle Jüngeren: Amazon war mal ein reiner Online-Buchladen). Doch diese spezielle Strategie hatte ich nicht auf dem Radar, die habe ich am 27.01.2014 zum ersten Mal mitbekommen. Ich war "geflasht". Trotzdem war meine erste Reaktion: "Wahnsinn, was hier auf Amazon möglich ist! Aber ist nichts für mich."

Es hat zwei Tage gedauert, bis ich erkannt hatte, welche Chancen in diesem Amazon-Business stecken und das führt direkt zu:

LEKTION 8:
ERGREIFE DIE CHANCEN, DIE VOR DIR LIEGEN

Unternehmerisches Handeln bedeutet immer, Entscheidungen auf Basis unvollständiger Informationen fällen zu müssen und wer auf Nummer Sicher gehen will, kommt mit Sicherheit zu spät.

Wenn ich 1989 einen Businessplan hätte schreiben müssen, gäbe es heute keinen business bestseller Verlag und ich wäre vermutlich Rechtsanwalt. Tatsächlich stand 1989 hinter der Gründung meines Wirtschaftsbuchmagazins nicht einmal ein wirtschaftliches Motiv. Auslöser war vielmehr eine Bemerkung meines damaligen Buchhändlers, der beiläufig erwähnte, dass Verlage gratis Bücher an Journalisten schicken, damit diese eine Buchbesprechung schreiben. Wenn ich also ein Büchermagazin gründe, dachte ich, bekomme ich alle Bücher, die ich möchte, gratis und vielleicht sogar einen Presseplatz in Seminaren, die ich mir damals nicht leisten konnte.

Die Magazin-Gründung erfolgte im Rahmen eines Vereins, dem Studienfreunde und ich angehörten und ich werde auch nie die Besprechung mit dem Vereinskassier vergessen, einem ehemaligen Bankdirektor aus Innsbruck, der uns als einzige Vorgabe mit auf den Weg gab: "Tolle Idee, ihr könnt mit dem Magazin machen, was ihr wollt, nur kein Defizit!" Wer mit einer solchen Vorgabe sein Unternehmen startet, ist vor einigen Fallen sicher, in die Gründer in den ersten Jahren der Selbstständigkeit finanziell hineintappen können.

In den vergangenen 30 Jahren hat sich das Geschäftsmodell von business bestseller – vor allem durch das Internet – mehrmals drastisch geändert, doch der Kern ist nach wie vor erhalten geblieben. Im Grunde geht es bei allen meinen unternehmerischen Aktivitäten um die Umsetzung von "Weltklasse-Wissen zur persönlichen, beruflichen und unternehmerischen Weiterentwicklung".

Unternehmer-Sein ist für mich kein Selbstzweck und schon gar nicht Mittel zum Zweck, um Geld zu verdienen. Die wichtigsten Dinge im Leben kann man sich für Geld ohnehin nicht kaufen und wer nur des Geldes wegen Unternehmer wird, wird die Sch…, die einem tagtäglich als Unternehmer/in passiert, nicht lange aushalten. Unternehmer-Sein ist für mich Selbstverwirklichung in Reinkultur und das zum Wohle aller (Kunden, Mitarbeiter, Geschäftspartner, Familie und Gesellschaft).

Das Amazon-Business, über das ich 2014 in Portugal sprichwörtlich gestolpert bin, ist in dieser Hinsicht ein fast perfektes Geschäftsmodell, das natürlich auch Schattenseiten hat, so wie jedes Ding auf der Welt zwei Seiten hat!

Wie erkennt man ein perfektes Geschäftsmodell, wenn man über eines stolpert oder eines als Geschäftsidee an einen herangetragen wird? In den letzten 20 Jahren haben mir meine "4-S" geholfen, in kurzer Zeit zu beurteilen, ob es sich lohnt, Zeit und/oder Geld in eine Geschäftsidee zu investieren. Wofür stehen die "4-S":

Das erste "S" steht für Simpel: Eine Geschäftsidee, die ich spannend finde, ist simpel. Im Idealfall so simpel, dass man sie vollständig auf dem Rücken einer Briefmarke beschreiben kann. Das Amazon-Business ist so eine simple Geschäftsidee. In einem Satz formuliert lautet sie: "Der Verkauf von physischen Produkten unter eigener Marke auf Amazon". Damit ist vollständig das Geschäftsmodell beschrieben. Bitte großes Achtung! Dass ein Geschäftsmodell simpel ist, bedeutet bitte nicht, dass die Umsetzung dieses Geschäftsmodells einfach ist! Aber wenn du das Geschäftsmodell schon nicht verstanden hast, wenn du dir einen halben Tag frei nehmen oder einen 20-seitigen Businessplan studieren musst, um überhaupt zu verstehen, womit du in einem Geschäftsmodell Geld verdienen sollst, dann wirst du mir zustimmen, dass die Umsetzung so eines Geschäftsmodells für dich nahezu unmöglich sein wird. Das ist mit "simpel" gemeint.

Das zweite "S" steht für Schnell: Auch als ich noch viel jünger war, hat mich eher eine Geschäftsidee begeistert, die sich schnell umsetzen lässt und für die ich nicht erst noch zu meinem Jura-Studium ein Zweitstudium vorweisen, nach dem Studium fünf Jahre Praxis absolvieren oder zehn Jahre einen Investitionskredit bedienen muss, bis ich unter'm Strich effektiv ins Verdienen komme. Das Amazon-Business ist so ein schnelles Geschäftsmodell, das sich in wenigen Wochen auch nebenbei starten lässt. Noch spannender ist, dass es sich nicht nur sehr schnell starten, sondern auch schnell groß machen lässt.

Dieses "Großmachen" steckt im dritten "S" und das steht für Skalierbar: Dieses dritte "S" ist typischerweise der Engpass fast aller Geschäftsmodelle, weil die allermeisten, wenn man sie konsequent durchdenkt, auf dem universellen Geschäftsmodell "Zeit gegen Geld" beruhen. Eine Physiotherapeutin kann in einer bestimmten Zeiteinheit einen Patienten mobilisieren, aber sich in derselben Zeiteinheit nicht mit einem anderen Patienten beschäftigen. Gleiches gilt für einen Steuerberater, der einen Steuerakt bearbeitet oder für einen Programmierer, der eine Webseite erstellt und genauso für den hochbezahlten Chirurg, der einen Eingriff am offenen Herzen vornimmt.

In einem Zeit-gegen-Geld-Geschäftsmodell gibt es im Grunde nur zwei Möglichkeiten der Skalierung, was einer der zentralen Inhalte meiner Expert-Success-Strategie ist. Ganz anders bei Amazon, das geradezu das Paradebeispiel eines Unternehmens ist, welches schon mit der Gründung auf schnelle, weltweite Skalierung ausgerichtet war. Wenn ein Geschäftsmodell das zweite und dritte "S" gut ausgeprägt hat, also schnell skalierbar ist, dann immer deshalb, weil ein viertes "S" ebenfalls gut ausgeprägt ist und dieses vierte "S" steht für Systematisierbar: Nur ein System, und zwar ein starres System, erlaubt schnelle Skalierbarkeit und Amazon ist so ein starres System. Wie bei jedem Ding gibt es auch hier zwei Seiten. Den Nachteilen eines starren Systems stehen gewaltige Vorteile gegenüber, wie beispielsweise die fast hundertprozentige Möglichkeit von Outsourcing, sodass man ein Geschäftsmodell fast wie ein passives Einkommensstandbein aufbauen kann.

Je besser bei einem Geschäftsmodell diese "4-S" ausgeprägt sind, umso besser ist auch ein fünftes "S" ausgeprägt, das als "S" allerdings nur im englischen funktioniert und das steht für "sellable" also "verkaufbar". Darin liegt vielleicht der größte Wert eines 4-S-Geschäftsmodells, weil man sich hier nicht nur Einkommen schafft, sondern einen Vermögenswert aufbaut, den man irgendwann auch einmal versilbern (= verkaufen) kann. Und das ist häufig selbst in sehr erfolgreichen Experten-ungewiss, in denen der Erfolg eben nicht vom System, sondern von einer Person, deren Expertenwissen, Erfahrung oder Status abhängt.

Als mein Schulfreund Daniel und ich erkannten, dass dieses spezielle Amazon-Business ein fast perfektes 4-S-Geschäftsmodell ist, war uns klar, dass wir uns diese Chance nicht entgehen lassen wollten. Das führt uns zur vorletzten:

Business Model Canvas

Die Partner

- Affiliates
- Medienunternehmen
- Kongress-, Seminarveranstalter
- Fachhochschulen, Universitäten
- Großunternehmen
- Händler
- Produzenten, Handwerk, Industrie
- Softwareanbieter
- Wirtschaftsnahe Dienstleister

Die Aktivitäten

- Kontinuierliche Weiterbildung
- Lead-Gewinnung
- Wertschöpfung f. Mitglieder
- Globale Themenführerschaft
- Globales Netzwerkpflegen

Die Ressourcen

- Ich
- IP, Markenrechte
- Proprietäre Softwaretools
- Spezielles Experten-Netzwerk
- CRM/E-Mail-Marketing System
- Retail-Marktplätze (Amazon)

Das Werteversprechen

- Ein skalierbares, zeit- und ortsunabhängiges Business, auch nebenbei oder als 2. Standbein
- Skalierbarkeit für ein Zeit-gegen Geld-Business
- Orientierung in der Info-Flut und Konzentration auf das Wesentliche

Die Kundenbeziehung

- Online-Coachings
- Live-Meetings/Workshops
- Newsletter, Magazin
- E-Mail-Marketing
- Mitglieder-Community
- Persönlich: Coaching

Die Kundensegmente

- Unternehmer/innen (Einzel- u. KMU)
- Freiberufler
- Selbstständige
- Angestellte, die sich (nebenbei) ein unternehmerisches Standbein aufbauen wollen
- Menschen, die sich ein zeit- und ortsunabhängiges Business aufbauen wollen

Die Ausgaben

- Leadgenerierung
- Cloud-Services
- Lizenzgebühren
- Personalkosten
- Persönliche Weiterbildung (Mastermind-Gruppen)
- Wareneinkauf

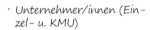

Die Einkommensströme

- Mitgliedsbeiträge
- Abos
- Seminargebühren
- Affiliate-Provisionen
- Inserate
- Sponsoring
- Coaching-Fees
- Unternehmensbeteiligungen

Die Kanäle

Direct-Mail, E-Mail-Marketing, Facebook-Ads, Vorträge, Seminare, Webinare, Webseiten, Printmedien, Presse

LEKTION 9:
VERSION ONE IS BETTER THAN VERSION NONE

Frei übersetzt könnte dieser Leitsatz eines meiner amerikanischen Mentoren heißen: "Version Eins ist besser als die Version Keins". Am Anfang meiner unternehmerischen Gehversuche war ich, allein aufgrund der oben erwähnten budgetären Vorgaben, gezwungen, mich jeweils mit "Version Eins" zu begnügen und dann hochzuarbeiten. Dass ich vieles nicht besser wusste, machte es leichter, sich damit abzufinden. Mit zunehmendem Erfolg und wachsenden finanziellen Möglichkeiten muss sich jemand wie ich allerdings immer wieder dazu zwingen, "Gutes" gut genug sein zu lassen und nicht noch weiter verbessern zu wollen, was letztlich häufig mit Verschieben, Vergeuden (Zeit, Geld, Willenskraft, Mitarbeitermotivation) und Verpassen einhergeht.

Die extremsten und vielleicht gerade deshalb so lehrreichen Beispiele in dieser Hinsicht waren durch externe Umstände aufgezwungen. Einmal im Zuge unserer Übernahme des Hamburger business bestseller Verlags im Jahr 2000, die eine komplette Neuausrichtung und einen Relaunch unserer beiden Medien in wenigen Wochen erforderte.

Das andere Mal, als sich im Frühjahr 2015 für gerade einmal zehn Tage ein Zeitfenster öffnete, um die Amazon-Strategie, die ich im Januar 2014 in Portugal kennengelernt und eineinhalb Jahre in der britischen Gruppe meines Schulfreunds Daniel in den USA erprobt hatte, im deutschsprachigen Raum umzusetzen.

Zwei Tage in diesem Zeitfenster gingen für die Nachdenkpause drauf, ein Tag für die Vorbereitung und sieben Tage für die Promotion dieser Idee, die bis dato, ebenso wie ich, im deutschsprachigen Raum praktisch unbekannt war. Am Ende der sieben Tage hatte ich aus gerade einmal 113 Interessenten 18 wagemutige Unternehmerinnen und Unternehmer gewonnen, die bereit waren, 5.000 Dollar für einen englischen Videokurs in die USA zu überweisen und mit mir eine deutschsprachige Gruppe zu gründen, die sich gegenseitig bei der Umsetzung dieser Strategie in Deutschland und Europa unterstützt.

Gelungen ist mir das, indem ich alles, was ich in meinen Unternehmer-Coachings anderen in 20 Jahren empfohlen habe, Eins-zu-eins auf mich selbst angewendet (sowie die Lektionen in diesem Beitrag beherzigt) habe. So wie jeder durch die Anwendung der Expert-Success-Formel – quasi über Nacht – zur gefragten Autorität in einer Branche werden kann, werde auch ich seither als Amazon-Experte regelmäßig eingeladen, Vorträge auf renommierten Kongressen im deutschen Sprachraum zu halten. So durfte ich zum Beispiel auch auf der Conversion und

Traffic Konferenz "Contra", in den Jahren 2017, 2018 und 2019, vor mehreren Tausend Teilnehmern sprechen.

Falls die Nachfrage nach meinen Vorträgen einmal wieder sinkt, werde ich an diesen Kongressen sehr gerne wieder als "einfacher" Teilnehmer dabei sein und von den Kolleginnen und Kollegen auf der Bühne lernen und in deren Programme und Coachings investieren, um selber schneller und sicherer meine Ziele zu erreichen.

LEKTION 10:
OHNE GELD KA MUSI'

Altösterreichische Weisheit: "ohne Geld keine Musik", "ohne Bezahlung keine Leistung" oder noch freier: "Geld regiert die Welt".

Warum zum Abschluss noch eine weitere Lektion über das liebe Geld? Auch wenn man sich die wichtigsten Dinge im Leben mit Geld nicht kaufen kann und Geld allein (oder mehr davon) kaum jemanden glücklich macht, geht es auch nicht ohne! Und weil solche Ratschläge, die uns damals der Bankdirektor in seiner Funktion als Vereinskassier gegeben hatte, heute vermutlich vielen nicht mehr opportun erscheinen oder häufig auf taube Ohren stoßen. Vor allem aber aus noch zwei wichtigen Gründen:

Unternehmen gehen nicht pleite, weil sie keine Ideen mehr hätten, nicht weil die Auftragsbücher nicht voll oder die Produkte schlecht wären, sondern schlicht und ergreifend, weil ihnen das Geld ausgeht! Wenn du nicht mehr weißt, wie du deine laufenden Rechnungen bezahlen sollst, die Gehälter deiner Mitarbeiter oder die nächste Rate für dein Eigenheim, dann helfen auch die schönsten Zukunftsprognosen wenig und viele haben dann nicht mehr den Kopf frei, um klar denken und entscheiden zu können. Je früher du dir hier professionelle Unterstützung holst, desto besser!

Da ich bei vielen, gerade in unseren Breiten und ganz anders als in England oder den USA, häufig ein Problem (manchmal sogar ein schlechtes Gewissen) orte, wenn es ums Geld verdienen, speziell ums viel Geld verdienen geht. Nicht nur dass Amerikaner viel offener über Geld und das individuelle Einkommen sprechen, empfinden die meisten es als "Christenpflicht", so viel Geld wie möglich zu verdienen. Denn nur, wer selber nicht nur genug für sich und seine Familie hat, sondern im Überfluss lebt, kann aus dieser Fülle schöpfen, großzügig anderen helfen und zum Gemeinwohl beitragen. Die meisten sehr erfolgreichen Unternehmer/innen, die ich persönlich kennengelernt habe, sind weder Neider noch

Geizkragen oder Gierschlunde, sondern spendenfreudig, karitativ eingestellt und aufgeschlossen für die sinnstiftende Verwendung ihres Geldes.

Der Stahlmagnat Andrew Carnegie, einer der reichsten Menschen aller Zeiten, lebte nach dem Grundsatz: "Die erste Hälfte meines Lebens habe ich damit verbracht, ein Vermögen zu erwirtschaften, die zweite Hälfte meines Lebens werde ich nutzen, es wieder wegzugeben." Es ist wohl auch kein Zufall, dass dieser Mann den jungen Napoleon Hill inspirierte, das vielleicht weltweit berühmteste Buch über Persönlichkeitsentwicklung zu verfassen: "Think and Grow Rich" ("Denke nach und werde reich").

In diesem Sinne: viel Freude und Erfolg!

Euer Alexander

Einschätzung und Zukunftsausblick von Thomas:

Es war für mich eine besondere Ehre, Alexander Krunic als Teilnehmer im Kickstart Coaching begrüßen zu dürfen. Alexander ist seit über 30 Jahren als Unternehmer tätig und bringt jede Menge Erfahrungen und Know-how mit. Zudem stand er vor einer großen Herausforderung - der Digitalisierung.

Wie er es bereits in seinem Beitrag erwähnt hat: Er musste sich in all den Jahren immer wieder neu erfinden, immer wieder sein Geschäftskonzept anpassen - eine Grundvoraussetzung, um im digitalen Zeitalter mitzuhalten. Liebe Leser, niemand von euch sollte die Annahme haben, dass, wenn er etwas aufgebaut oder gegründet hat, er danach fertig ist und sich ausruhen kann - Anpassungen sind dauerhaft von Nöten. In Alexanders Fall sind es natürlich die Anpassungen an die Digitalisierung, die immer wieder neue Strategien, Möglichkeiten und Herausforderungen mit sich bringen.

Der stetige Wandel ist gleichzeitig eine große Chance für alle, die jetzt einsteigen wollen. Für alle, die wachsen und etwas Großartiges erreichen wollten. Wandel bedeutet sich anpassen zu müssen. Diejenigen, die diese Anpassung nicht mitgehen, werden früher oder später vom Markt verschwinden. Sie werden Platz schaffen für diejenigen, die bereit sind, Neues auszuprobieren und sich entsprechend weiterzuentwickeln. Es ist aber auch die Chance für alle, die den Mut haben, Sachen anzupacken und gegen den Strom zu schwimmen. Dass Alexander Mut hat, machte er beispielsweise in der Lektion 4 deutlich. Er hatte den Mut, den Preis nach oben anzupassen und sich gleichzeitig überlegt, welche Bedeutung die Preisveränderung mit sich bringt. Das widerspricht absolut dem, was man standardmäßig in einem BWL-Studium lernt, aber Alexander hat die Chance gesehen, gegen den Strom zu schwimmen und damit erfolgreich zu sein.

Ebenfalls ein wichtiger Punkt geht aus dem anfänglichen Beispiel von Alexander hervor. Er macht deutlich, dass es nicht immer von Vorteil ist, auf einer grünen Wiese zu bauen. Was ist damit gemeint? Es ist nicht unbedingt ein Vorteil, der Erste und Einzige im Markt zu sein. Vor allem nicht über einen langen Zeitraum, denn so ist man in der alleinigen Verantwortung, den Markt vorzubereiten.

Gerne möchte ich jeden Leser animieren, das von Alexander angesprochene 4-S-Modell mit zu Rate zu ziehen und entsprechend für sich umzusetzen.

Was ich extrem gut finde und deswegen bin ich fest davon überzeugt, dass Alexander auch in Zukunft seinen Weg gehen wird, ist die Art und Weise, wie er denkt. Er verfügt über ein gutes Verständnis darüber, das richtige Zeitfenster zu treffen. Denn wie bereits erwähnt, sind Veränderungen wichtig. Veränderungen sind nicht stetig, sondern treten in verschiedenen Zeitfenstern auf, in denen man sie für eine geschäftliche Veränderung nutzen kann, beispielsweise für eine Expansion, eine neue Strategie oder auch ein neues Produkt.

Und manchmal verfehlt man das Zeitfenster. Oft ist man einfach zu früh dran, wie beispielsweise Mybooks damals mit den Tablets. Im Vergleich hatte Apple ein wesentlich günstigeres Zeitfenster geschaffen und damit die Chance erhalten, den Markt aufzubauen. Alle, die jetzt an die Entwicklung anknüpfen, haben den großen Vorteil, dass sie auf diesem aufgebauten Markt andocken können. Alexander hat es geschafft, mit seinem Thema auf unsere ganz großen Bühnen zu kommen. Er ist zum wiederholten Male Referent der Conversion und Traffic Konferenz "Contra". Er ist zudem ein fester Bestandteil des Erfolgskongress und des Gründerkongress. Er macht damit sehr deutlich, dass ein Unternehmer, der sich seit über 30 Jahren etliche Male verändert und neu erfunden hat, immer wieder neu angreifen kann. Und das mit einer unglaublichen Motivation.

Deswegen glaube ich, dass sich Alexander auch in Zukunft großartig entwickeln, man noch sehr viel von ihm hören und er mit Sicherheit noch das eine oder andere Neue herausbringen wird. Aktuell ist er mit seinem Amazon-Thema absolut perfekt positioniert. Aber ich bin mir auch sicher, dass er den Zeitpunkt wieder treffen wird, wenn sich ein neues Zeitfenster an anderer Stelle auftut, um seine Chancen zu nutzen. Ich wünsche Alexander auf jeden Fall weiterhin sehr viel Spaß, Erfolg und Glück und dass er sich weiterhin so positiv entwickelt, wie in den vergangenen Jahren.

Thomas Klußmann

DIENEN KOMMT VON VERDIENEN

Ein Gastbeitrag von Holger Eckstein

SINNKRISE

Holger Eckstein

Nach dem Abi mit 17 Jahren in Königstein im Taunus und einem 15-monatigen Grundwehrdienst als Sprechfunker Russisch in Frankenberg an der Eder, startete meine Ausbildung zum Industriekaufmann bei der Hoechst AG im Spätsommer 1984. Mein Hauptinteresse galt zu jener Zeit noch meiner Hardrock Band „Crack Jaw"- ich bin leidenschaftlicher Musiker, liebe die Musik und liebe es, mit den Jungs (wir spielen immer noch zusammen) Musik zu machen. In einem bundesweiten Talentwettbewerb hatten wir im Finale in der Dortmunder Westfalenhalle vor 10.000 Fans den zweiten Platz gemacht und einen Plattenvertrag gewonnen. Aber den hochriskanten Sprung in eine Musikerkarriere (in Deutschland hatten es in unserem Genre nur die Scorpions geschafft) wagten wir nicht.

So verlegte ich meinen Ehrgeiz auf die Ausbildung bei Hoechst. Als einer von fünf aus gut 200 Azubis in meinem Jahrgang wurde ich erwählt, um ein „Sales Trainee" Programm zu machen – zwei Jahre verbrachte ich bei der marokkanischen Tochtergesellschaft Hoechst Maroc in Casablanca. Nach einigen Monaten hatte ich den Betrieb im Groben verstanden und begann, meine Zeit mit Tennis spielen, Reisen und Mathematikbüchern zu verbringen – denn ich wollte an die Wissenschaftliche Hochschule für Unternehmensführung (WHU) in Vallendar gehen. Mein Traum war, eines Tages mein Bild auf dem Cover des manager magazin zu sehen und Vorstandschef von einem Großkonzern zu werden.

Doch zuerst wollte ich nach der Uni als Strategieberater bei einer der führenden Unternehmensberatungen anfangen. Dieser Wunsch ging in Erfüllung – es war zwar nicht die Boston Consulting Group, die ich mir gewünscht hatte, aber bei Roland Berger & Partner in München erhielt ich im Januar 1993 einen Strategieberater-Vertrag. In der Folge war die Lernkurve schnell steil – mein erstes Projekt war eine Europa-Marken-Strategie für Interbrew, den größten belgischen Bierbrauer. Es folgten Projekte in Konsumgüter und Handel – Strategien, Reorganisationen, Kostensenkungsprojekte und Post-Merger-Integrationen.

Doch als mein drittes Beraterjahr begann, veränderte sich etwas in mir. Ich bemerkte, wie ich plötzlich nicht mehr so gern wie bisher in mein Büro kam. Ohne dass ich es mir erklären konnte, wurde meine Motivation langsam schlechter. Und was wie eine kleine Motivationslücke begann, wuchs bald in eine richtig fette Sinnkrise. Zwei Fragen drängten in mein Bewusstsein und sie musste ich mir beantworten lernen: 1. „Wer bin ich (wirklich)?" und 2. „Wofür bin ich hier?" Immer tiefer zog mich etwas nach innen in mich selbst hinein und ich musste auf mich schauen und mir ehrlich begegnen. Bald merkte ich, dass ich nur manche Facetten von mir in meinem bisherigen Beruf gelebt hatte, den ich allein für meinen Traumberuf gehalten hatte. Und dass ich mich öffnen musste für all das, was bisher noch nicht so recht gelebt worden war.

Ich hielt mich tagsüber aufrecht, ließ mir diese Vorgänge erst nicht anmerken. Bei meinen Kunden funktionierte alles nach wie vor. Nur im Betrieb, in dieser rauen und sehr leistungsorientierten Stimmung, da begann mir immer mehr etwas zu fehlen. Alles ging nur ums Außen, um das, was man besaß, wohin man in den Urlaub fuhr, was man sich wieder Tolles kaufen konnte – alles drehte sich nur um Besitz, Geld, Erfolg, Anerkennung und Prestige. Ich empfand das zunehmend als zu leer und zu hohl – und ich merkte, dass es mich woanders hinzieht, aber ich wusste zu diesem Zeitpunkt noch nicht wohin.

Ich begann mich zu fragen, was mir fehlte. Die Erinnerung an die Musik kam wieder auf. Jahrelang hatte ich sie meinem Karriere-Ehrgeiz geopfert, war vor Marokko aus der Band ausgetreten und hatte auch keine Musik mehr gemacht. Mit der Erinnerung kam der Gedanke, ich könnte in die Musikindustrie wechseln – das Gelernte (BWL, Unternehmensführung und so weiter) in das integrieren, was ich am meisten liebte (und das war noch immer die Musik).

Ich bewarb mich mit einem langen Brief und schickte ihn direkt an die Präsidenten der fünf Major Companies im deutschen Markt. Tatsächlich erhielt ich drei Einladungen, führte alle drei Gespräche und wurde am Ende Assistent des Präsidenten des deutschen Marktführers, der PolyGram in Hamburg.

In den kommenden Monaten lernte ich Top-Künstler und Stars persönlich kennen: Nena, Sting, Bon Jovi, Melissa Etheridge u. v. a., und natürlich Udo. Udo Lindenberg war intensiv mit uns verbunden und nannte mich, wenn wir uns trafen, liebevoll „Zauberlehrling". Das war eine tolle Zeit, in der das, was so lange verborgen geblieben war, auflebte und blühte. Viel Freude kam zurück, aber wieder wurde ich enttäuscht. Mein Chef und ich merkten, ich bin Musiker, aber von der Berufung her kein Manager in einem Konzern. Er bot mir noch die Marketingleitung bei Polydor an, aber ich lehnte ab – und wir beide wussten, dass das auch richtig so war. Wenn mittwochs die Charts bekanntgegeben wurden, saßen wir immer mit allen Geschäftsführern der OpCos (Labels) zusammen – und wenn ein Song erfolgreich in die Woche gestartet war, war jeder gern der Vater des Erfolgs, bei Flops wurde die heiße Kartoffel durch Schuldzuweisungen aber lieber an den Nachbarn weitergegeben. Keiner wollte verantwortlich sein für Misserfolg, alle wollten sich nur im Erfolg sonnen. Menschlich enttäuschte mich das wieder – ich hatte mir von Führungskräften mehr erwartet und war bald wieder auf der Suche nach einem noch erfüllenderen Job.

Moment der Wahrheit

Eines Tages saß ich in meinem Büro in Hamburg und plötzlich schoss mir ein Gedanke durch den Kopf. Wie aus dem Nichts wurde mir plötzlich klar, dass ich Coach werden wollte und musste. Es fühlte sich an wie meine Bestimmung, Menschen persönlich zu helfen, sich gut zu entwickeln. Als Menschen und auch in ihrer Arbeit. Noch wusste ich nicht, wie ich das konkret umsetzen sollte, aber dieser Moment gab mir eine Richtung, einen neuen Leitstern.

Die Jahre danach (von 1997 bis 2000) waren Jahre der Bewegung: Ein Jahr in einer anderen Beratung, dann noch anderthalb Jahre im Executive Search – der Direktansprache von Führungskräften, also Personalberatung. Auch hier hatte ich anfangs schnell Erfolg, wusste aber diesmal nun schon nach vier Wochen, dass auch das nicht meine Leib-und-Seele-Berufung werden würde. Dann kam das Projekt für Prof. Klaus Schwab, den Gründer des World Economic Forum (WEF) in Davos. Als Projektleiter Europa interviewte ich mehr als 100 Aufsichtsräte, Vorstände und andere Topmanager aus allen Ländern Europas. Ich merkte, dass ich nur mit zwei bis vier von ihnen gern für eine Woche in den Urlaub fahren würde. Da war sie wieder, dieselbe Erfahrung, dass mich Führungsverantwortliche irgendwie zu wenig begeisterten und persönlich berührten. Es war mir alles zu technisch, zu egozentrisch, nicht warm und menschelnd genug.

Im Sommer 2000, knapp 35-jährig, kündigte ich und wagte den Sprung in die Selbstständigkeit als Coach – im Nachhinein war das ein Sprung ins Nichts. Ich hatte zwar den Wunsch, Coach zu werden, und ich hatte mir auch schon eine erste NLP- und Coach-Ausbildung finanziert, aber weder wusste ich, wie ich davon erfolgreich leben sollte, noch fiel mir jemand ein, bei dem ich als angestellter Coach hätte arbeiten können. Ich beschloss, erst einmal ein Sabbatical zu machen. Im Herbst absolvierte ich die komplette „Mastery University" bei Tony Robbins, und kurz nach „Life Mastery", einem einwöchigen Transformations-Seminar auf Hawaii, erlebte ich den Moment, der für immer alles verändern sollte.

Es war an einem Mittwochabend. Ich saß allein am Strand und blickte aufs Meer. Plötzlich schoss ein Strom von Tränen durch mich durch und es ergriff mich ein

Gefühl, wie ich es seither nie wieder in dieser Intensität und Einmaligkeit erlebt habe. Ich fühlte mich durchströmt von einer unfassbar grenzenlosen Liebe und Energie. Ich war mit allem verbunden, was jemals existiert hatte und was jemals existieren wird.

Ich wusste sofort, wer ich bin und wofür ich hier bin – nämlich dafür, das, was ich jetzt erlebt hatte, an Menschen weiter zu geben. Noch wusste ich nicht, wie ich das machen sollte, aber ich wusste, dass dieser Moment für mein Leben sehr bedeutsam war.

AUSBRUCH UND AUFBRUCH

Nach Deutschland zurückgekehrt, verbrachte ich ein Jahr damit, diesen Zustand, den ich in Hawaii erlebt hatte, zu verstehen und einordnen zu lernen. Es gelang. Ich lernte, dass ich meinem wahren Selbst begegnet war (es gibt nur ein Selbst, das allem, was lebt, zutiefst innewohnt), und ich konnte dieses Selbst als meinen eigenen Urgrund und dem von allem, was existiert, von jedem Menschen, jedem Tier, jeder Pflanze und jedem Ding, wahrnehmen und fühlen. Immer mehr verband mich etwas tief mit allem, was existiert, und ich erfuhr, dass in dieser Verbindung ein ultimatives Wohlgefühl vorherrscht, und dass plötzlich alles gut ist, keine Angst und kein Leid mehr da sind – wenn es mir gelingt, in diesem „Kernzustand" meines Wesens zu sein.

Seit diesem Tag übe ich mich bewusst darin, immer mehr und immer tiefer aus diesem innersten aller Zustände heraus zu leben. Vor allem loderte jetzt ein Feuer in mir, denn ich wollte das, was mich da jetzt so beseelte – nach allem, was dem vorangegangen war (jahrelange Sinn- und Berufungssuche) – weitergeben. Ich hatte das Gefühl, dem Wertvollsten begegnet zu sein, dem ein Mensch überhaupt begegnen kann – einem inneren Ort der Erfüllung, der seinesgleichen sucht: Kein Auto und kein Haus, kein Vermögen oder irgendetwas anderes Äußeres, kann so erfüllend wirken, wie dieser innere Zustand.

Ich erkannte, dass meine Berufung darin besteht, Menschen dabei zu helfen, das zu finden, was ich gefunden hatte: Ihre Antworten auf die Fragen, wer sie sind (ihr wahres Selbst) und wofür sie hier sind (um ihr wahres Selbst auszudrücken, am besten in einer Arbeit, die sie tief beseelt und die der Welt dient).

Jetzt begegnete mir Online Marketing – die neue Möglichkeit, mit einfachen Mitteln ohne viel Kapital, viele Menschen zu erreichen und ihnen etwas zu geben. Ich war fasziniert von den neuen Wegen, die so ganz anders waren als das, was ich in meiner viel konservativer gelagerten Karriere in Unternehmen erfahren hatte. Alles lief per Du, alles ging nur über einen Klick und so weiter – ich liebte diese neue frische Welt.

Um zu überleben, hatte ich seit 2000 immer wieder vereinzelt Aufträge von Unternehmenskunden angenommen: Ich coachte Vorstände und Topmanager, trainierte mittlere und jüngere Führungskräfte und ich begleitete Firmen und ihre Leader zusammen mit anderen Beratern aus einem systemischen Berater-netzwerk im Rahmen von Change-Projekten.

Doch jetzt brandete eine neue Vision in mir auf. **Ich sah plötzlich viele Teilneh-mer bei Seminaren vor meinem geistigen Auge, eine große E-Mail-Liste und die Chance, viel Geld zu verdienen mit dem, was ich so sehr liebte (wahres Selbst, Berufung, persönliche Transformation).**

KICKSTART COACHING

Ich stand vor der Frage, wie das alles mit der Technik geht. Ich war noch nie ein IT-Fachmann, wollte diese Menschen erreichen, wusste aber nicht, wie ich da vorgehe. Ich musste wirklich alles von der Pike auf lernen: Wie man E-Mails schreibt, ein Produkt entwickelt und Menschen dazu bringt, sich etwas von mir anzusehen. Auch die Produktion eines einzigen Videos stellte mich technisch, finanziell und von der kreativen Seite her vor eine neue Herausforderung.

Die ersten Gehversuche unternahm ich 2010 mit Prof. Dr. Oliver Pott. Bei ihm lernte ich auch Thomas Klußmann kennen. Nachdem Thomas sich dann mit Gründer.de selbstständig gemacht hatte, buchte ich sein Kickstart Coaching. Thomas kam auch einmal zu mir ins Home Office und wir gingen alles Wesent-liche durch. Vor allem half er mir dabei, ein erstes Produkt zu kreieren und eine erste E-Mail-Liste aufzubauen.

Ikigai

Meine ersten 1.000 Abonnenten generierte ich bald über Xing. Auf meiner Web-site gab es damals ein erstes E-Book und dann passierte er: der erste Kauf. Tat-sächlich ist das ein Moment, den man als Unternehmer nie wieder vergisst: der erste Kunde, der allererste Kauf des eigenen Produkts.

Bevor ich weiter erzähle und wir uns dem Abschnitt des Geschäftsmodells nähern, möchte ich einen Exkurs machen, der uns nun im zweiten Teil meines Beitrags begleiten soll – er ist wichtig für dich.

Aus Japan kenne ich ein Modell mit dem simplen Namen: „Ikigai". Ikigai bedeutet, laut Wikipedia frei übersetzt „das, wofür es sich zu leben lohnt", „die Freude am Lebensziel" oder einfach ausgedrückt „das Gefühl, etwas zu haben, für das es sich lohnt, morgens aufzustehen". Das ist es, was ich immer schon gesucht habe und was ich in den frühen Kontexten meines Lebens so noch nicht stimmig vorfand: Ikigai. Die Bestimmung, die Berufung, eine Arbeit, die dich beseelt und tief erfüllt, in der du aufblühst und bei der du das Gefühl hast, etwas so wertvolles und sinnvolles zu tun, dass du am liebsten nie wieder damit aufhören willst.

Das Ikigai-Modell besagt, dass vier Aspekte zusammenkommen müssen, damit wir als Unternehmer am wahren Platz unserer Berufung ankommen können. Dafür müssen wir diese vier Facetten zur selben Zeit integrieren:

1. Was wir lieben (Kernanliegen).

2. Was der Welt dient (sinnvoller Beitrag).

3. Worin wir gut sind (Kernkompetenzen).

4. Wofür wir gut (genug) bezahlt werden (Kundenkernproblemlösung).

In meinen frühen Jahren an der WHU und bei Roland Berger stimmten im Rückblick vor allem die Ikigai-Facetten 3) und 4). Anfangs liebte ich diese Arbeit auch und hatte dabei das Gefühl, etwas Sinnvolles zu tun. Alle vier Ikigai-Facetten passten zusammen, deshalb war das eine Zeit lang ein tragfähiger Deal für mich. Aber das änderte sich, als ich merkte, dass mir etwas fehlte und ich war in diesem Kontext Großwirtschaft – so, wie ich ihn erlebte – zu wenig inspiriert und beseelt.

Mein Wechsel in die Musikindustrie und später ins Berufsfeld Coaching waren Ausdruck eines Weges zur Erfüllung der Ikigai-Facetten 1) und 2) – eine Arbeit zu tun, die mich selbst inspiriert und bei der ich das Gefühl habe, der Welt, den Menschen und der Gesellschaft etwas zu geben, das tief sinnvoll und höchst wertvoll ist. In diesen Facetten 1) und 2) kommt etwas zum Ausdruck, dass über das reine Geld verdienen und erfolgreich sein hinausgeht – hier kommt eine transzendente Dimension ins Spiel, denn wir Menschen wollen uns alle hingeben an etwas, das größer ist als wir.

Jeder Unternehmensgründung liegt ein Zauber des Anfangs inne. Bei jeder Unternehmensgründung geht es nicht nur darum, mit der Geschäftsidee möglichst erfolgreich zu sein (Facette 4), sondern geht es auch darum, bestimmten Zielgruppen zu helfen, etwas zu erreichen (Facette 2), der sinnvolle Beitrag. Je mehr es uns dann gelingt, etwas anzubieten, das uns tief beseelt und das wir zutiefst lieben (Facette 1), dann haben wir fast keine andere Wahl mehr, als darin auch gut zu sein oder zu werden (Facette 3).

Viele Menschen – auch bei mir ist das so gewesen – gehen für viele Jahre ihres Lebens Deals ein, die gemessen an diesem Königsweg für uns Unternehmer zu kurz greifen. Die meisten verkaufen ihre Arbeitskraft gegen Geld für etwas, das sie nicht tief lieben und in dem sie keinen größeren Sinn für die Gesellschaft und die Welt sehen (Facette 4), mit etwas Glück Facetten 3) und 4). Viele andere, die das durchschaut haben (so wie ich damals nach meinen ersten Berufsjahren), gehen einer Arbeit nach, die sie lieben, die sie beseelt und von der sie wissen, dass sie wertvoll für die Welt ist, aber sie verdienen viel zu wenig Geld und betreiben diese Berufung mehr als Hobby.

Wer nur die Facetten 1) und 2) lebt, ist in einem innerlichen Narzissmus gefangen – das kostet den Preis finanzieller Not und Existenzangst. Wer nur die Facetten 3) und 4) lebt, ist in einem äußerlich-materiellen Gefängnis gefangen – das kostet den Preis innerer Leere und Burnout-Gefahr.

Ich hatte also mein erstes E-Book, meine ersten 1.000 Abonnenten und machte bald meine ersten 500 Euro Umsatz (mein erstes E-Book kostete 49 Euro und die ersten zehn Verkäufe ließen nicht lange auf sich warten). Die Kunden waren begeistert und echt tolle Testimonials begannen schon in diesem frühen Stadium zu mir zurück zu kommen. Auch wenn der Umsatz natürlich noch viel zu wenig war – diese ersten Rückmeldungen zeigten mir, dass ich auf einem guten Weg bin. Offensichtlich machte ich etwas, das für die Menschen wertvoll war. Darüber hinaus war ich glücklich – denn die Ikigai Facetten 1) und 2) waren zum ersten Mal in meinem Leben so prall und tief erfüllt.

Ich machte weiter, produzierte den ersten Online-Kurs, dann den zweiten und dritten, schrieb ein Buch, das beim Kösel Verlag erschien („Auf die innere Stimme hören"), produzierte eine erste Serie von YouTube-Videos, die ebenfalls bald viele Fans hatten und viral gingen, ohne dass ich sie promotete (heute haben manche von ihnen mehr als 50.000 Views). Meine Liste wuchs, organisch und dank kontinuierlicher Facebook-Werbung – mittlerweile ist sie bei 15.000 Abonnenten. Ich ergänzte mein Angebot durch Einzelcoaching-Sessions (60 Minuten, vier Stunden), die ich immer wieder auch durch Webinare anbot. Webinare - auch sie hatte ich mit Thomas Starthilfe und Impuls begonnen und sie wurden bald zu meinem Hauptvertriebskanal neben dem Launch neuer Produkte.

So entstanden die ersten 300.000 Euro Umsatz mit Produkten, die Menschen halfen, sich selbst tief zu finden, einschränkende Glaubens- und Verhaltensmuster zu transformieren und dadurch in die Lage zu kommen, ihre Berufung zu erkennen und erfolgreich zu verwirklichen. Daraus sind tolle Geschichten entstanden – Firmen wie z.B. EVISCO aus München, die Kunden wie das Kanzleramt und den FC Bayern München seit Jahren erfolgreich betreuen, wären ohne diese Hilfe nicht entstanden.

Die Facetten 1) und 2) wurden in diesen Jahren tief erfüllt. Ich wurde auch richtig gut in dem, was ich Menschen lehrte. Thomas Frei, Seminarveranstalter aus der Schweiz, der mich zum „Berufungskongress 2018" einlud und der ein voller Erfolg wurde, sagte mir im Vorfeld: „Man kommt beim Thema Berufung nicht mehr an dir vorbei." Facette 3) aus dem Ikigai funktionierte also auch.

Aber die Umsätze pro Jahr waren noch nicht in der Lage, mehr als die Kosten zu verdienen. Der Gewinndurchbruch blieb noch aus, auch weil trotz mehrerer Versuche noch kein automatisierter Funnel gelungen war, der einen neuen Lead schnell genug refinanzierte und am Ende genug Umsatz pro Lead verdiente. Ein Geschäftsführergehalt habe ich mir nicht bezahlt, sondern weiter aus vereinzelten Firmenaufträgen (Coaching, Training, Beratung) überlebt. Die Ikigai Facette 4) war also noch nicht integriert.

HEIMKEHR UND DURCHBRUCH

Ich vermutete, dass im Geschäftsmodell der Hund noch begraben liegen könnte. Dass ich eventuell nicht die richtigen Kunden ansprach oder die Preise von den Produkten noch nicht richtig stimmten.

Provoziert durch einen sich zuspitzenden Engpass auf den Konten, ereignete sich plötzlich in mir erneut eine große Öffnung – ähnlich der, die sich 18 Jahre zuvor auf Hawaii ereignet hatte. Nur, dass es diesmal nicht darum ging, den damals noch überbetonten Ikigai Facetten 3) und 4) den Rücken zu kehren und mich stattdessen auf die Facetten 1) und 2) zu konzentrieren. Jetzt ging es darum, alle vier Facetten bewusst und sinnvoll zu integrieren.

Während die Digital Beat GmbH mich also auf der Contra 2018 mit dem dritten Platz beim Tiger Award in der Kategorie Kickstarter ehrte, entstand ein neues Geschäftsmodell, welches das Modell der letzten Jahre integriert und weiterführt, aber es auch weitreichend und bedeutsam erweitert.

Ich erkannte, dass ich mich in den letzten Jahren viel zu sehr auf eine Arbeit fokussiert hatte, die ich liebte und die mich beseelte, und dass ich für alles, was ich weniger liebte als das, zu wenig offen geworden war. Ich erkannte, dass ich mich, ohne mir dessen vollumfänglich bewusst zu sein, die ganze Zeit nur mit Gleichgesinnten umgeben hatte, die das, was ich ihnen da zeigte, toll fanden und begeistert mitgingen. Aber für die, die meine Hilfe gut hätten brauchen können (z.B. Großunternehmen, die im Angesicht der digitalen Transformation und ihrer radikal disruptiven neuen Geschäftsmodelle um ihre Existenz bangen), war ich seit Jahren nicht offen. Ich machte sie dafür verantwortlich, dass sie mir damals nicht den Kontext geboten haben, in denen meine Ikigai Facetten 1) und 2) noch mehr hätten aufblühen können.

Ich erkannte meinen eigenen Narzissmus, der vor allem darin bestand, mich zu stark auf die Facette 1) zu fixieren, aber nicht wirklich offen zu sein für die Integration von allen vier Facetten.

Jetzt kam die Frage stark in mir auf: „Wie kann ich dienen?" Nicht die Frage „Was will ich?" blieb im Vordergrund, sondern die Frage „Wie kann ich Gutes tun?" wurde stärker. Facette 1) wich ein Stück zurück, Facette 2) kam mehr nach vorn. Und ich verstand: **Wenn ich der Welt mehr da diene, wo sie mich brauchen kann, dann kann ich auch mehr verdienen.** „Dienen kommt von Verdienen" – daran wurde ich jetzt wieder erinnert.

Ich schildere das alles deswegen so persönlich und von innen, weil ich weiß, dass das, was sich in mir ereignet und ereignet hat, sich im Innen und Außen von vielen Unternehmern und Berufungsarbeitern vollzieht: Jeder ist auf seinem Weg, die Ikigai Facetten 1) bis 4) zu integrieren. Doch ich kenne auch viele Topmanager aus Konzernen, die NICHT alle vier integriert haben, mögen sie in der Vergangenheit auch noch so viel Geld verdient oder gesellschaftliches Ansehen erhalten haben. Um alle Ikigai Facetten zu integrieren, ist es erforderlich, dass wir selbst in unserer Mitte landen und aus ihr handeln. So ist der Weg der Berufung immer auch ein Weg, der uns – ähnlich wie eine Ehe oder Lebensgemeinschaft – tief zu uns selbst führt.

In den nächsten Wochen und Monaten beschäftigte ich mich so intensiv wie seit 20 Jahren nicht mehr mit den Unternehmen der Wirtschaft. Ich wollte wissen, was die aktuellen Trends sind, vor welchen Herausforderungen große Konzerne heute stehen und welche Erfolgsfaktoren für die Bewältigung ihrer Probleme am meisten verantwortlich sind. Ich studierte den Markt und die Trends der heutigen Unternehmensführung und analysierte den Markt für „Sinn im Unternehmen / Purpose", der jetzt in aller Munde liegt als neuer Weg der Unternehmensführung im 21. Jahrhundert.

Vor allem aber stellte ich mir die Frage, wie ich mich selbst als Unternehmer richtig positioniere und mit welchem Geschäftsmodell ich in Zukunft weitermachen sollte. Dass eine erweiterte Positionierung unumgänglich ist, war klar. Auch dass sie ebenso ein Angebot für Unternehmenskunden (B2B) enthalten müsste, wie einen Ausbau und eine Weiterentwicklung meines bisherigen Angebotes für Privatkunden (B2C). Aber wie genau das alles aussehen sollte, welche Produkte ich welchen Kunden anbieten sollte und zu welchen Preisen etc. – das alles stand noch in den Sternen.

Natürlich würde ich mich nicht zu sehr von dem entfernen, was in den letzten Jahren den Grundstein für die bisherigen Erfolge gelegt hatte. Doch ich wusste auch, dass hier ein bedeutsamer und sehr weitreichender Shift passieren würde – in meiner inneren Offenheit und Ausrichtung als Mensch und in der äußeren Aufstellung, Strategie und Positionierung als Unternehmer.

Zusammen mit einem Kunden, der sich als wahres Positionierungs-Juwel entpuppte, begann ich Schritt für Schritt, die neuen Grundlagen zu erarbeiten.

Im Folgenden teile ich mit dir den aktuellen Stand der Konzeption. Das eine oder andere wird sich weiter konkretisieren und spezifizieren, aber von der groben Richtung her ist das der Weg, der sich jetzt abzeichnet.

GESCHÄFTSMODELL

Wir gehen die einzelnen Elemente des Canvas-Modells nacheinander durch – so fügt sich das ganze Bild vor deinen Augen gleich zusammen.

Kundensegmente

Vor meinem inneren Auge sehe ich zwei Zielscheiben. Links die eines gestandenen Unternehmers, dem ich helfe, rechts die eines Gründers und Berufungssuchers, der noch am Anfang seines Ikigai-Weges steht. In der Mitte der Zielscheiben ist ein schwarzes Feld. Wenn mein Pfeil in dieses schwarze Feld trifft, trifft er dort genau auf den „perfekten Kunden". Er ist der Best Buyer, der am besten zu mir passt. Er ist einer, der den Wert von allem, was ich bin, kann und für ihn tue, sehr wertschätzt – und der mir gern gutes Geld dafür bezahlt, dass ich einfach da bin und ihm helfe und ihn begleite.

Was hier zählt, ist das Gefühl, das da ist, wenn ich an ihn denke. Ich fühle das für ihn und er für mich. Wir sind beide froh, dass wir miteinander verbunden sind und wir wollen diese Verbindung auch nicht missen. Darum geht es im Kern bei jedem Unternehmen – um diese gelebte „Liebe" zwischen einem, der etwas gibt, und einem anderen, der es von Herzen gern nimmt und dafür etwas anderes zurückgibt.

Das gilt für die Beziehung zwischen mir und meinem Best Buyer auf jeder der beiden Scheiben. Links ist das ein gestandener Unternehmer, der sein Unternehmen nicht nur zwecks Gewinnmaximierung führt, sondern der möchte, dass es sich in seinem Unternehmen gut anfühlt, dass Mitarbeiter, Kunden und alle

Business Model Canvas

Die Partner

- PETER-Geschäft ggf. mit Consultingpartner gemeinsam.
- Spätestens für größere Transformationsprojekte könnte die Kooperation mit einem Schnittstellenpartner (Consultingfirma) notwendig bzw. nützlich sein.
- In die JONAS-Academy andere relevante Experten als Partner mit einbinden.

Die Aktivitäten

- 1. Kundengewinnung der PETERs
- 2. Durchführung der 2-Tages-Workshops
- 3. Aufbau eines sehr gut konvertierenden Online-Funnels, der Academy-Teilnehmer akquiriert
- 4. Durchführung Academy Liveseminare + Coachingprogramme

Die Ressourcen

- Zeit für die Akquise der PETERs (Vortragsakquise kann tlw. delegiert werden).
- Zeit für die Durchführung der 2-Tages-Workshops und Jahresbegleitungen.
- Zeit für JONAS-Liveseminare und Jahrescoachings (mittelfristig tlw. delegierbar).

Das Werteversprechen

- PETER: Kann mich immer hinzuziehen, wenn er mich braucht.
- MVP = 2-Tages-Workshop (TEUR 18).
- Upsell = Jahresbegleitung (TEUR 180 bzw. TEUR 15 Monatsabo).
- JONAS: Kann mit meiner Hilfe seine Berufung erkennen und unternehmerisch erfolgreich umsetzen.
- MVP = „Berufung Academy" (Onlinekurs + Liveseminar, € 1.000 - 3.000).
- Upsell = Jahrescoaching zur Umsetzungsbegleitung (€ 4.800 bzw. € 400 pro Monat).

Die Kundenbeziehung

- PETER:
Vertrauter Ansprechpartner, persönlich-freundschaftliche Beziehung. Coache ihn persönlich und helfe ihm bei der Führung und Weiterentwicklung seines Unternehmens.
- JONAS:
Themenexperte für Berufung, Experten-Kunden-Beziehung. Jonas entwickelt sich mit meinen Produkten. Wenn er tiefer gehen will, kommt er in Seminare oder Coachings.

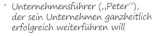

Die Kundensegmente

- Unternehmensführer („Peter"), der sein Unternehmen ganzheitlich erfolgreich weiterführen will
- Will sein Unternehmen (und sich selbst persönlich) ganzheitlich erfolgreich, sinnvoll und menschlich inspiriert und inspirierend weiterentwickeln und führen.
- Unternehmensgründer („Jonas"), der seine Berufung erfolgreich wahrmachen will
- Will seine Berufung wissen und als selbständiger Unternehmer erfolgreich verwirklichen und damit auf seine Weise zu einer besseren Welt beitragen.

Die Ausgaben

- PETER:
Weniger kapital-, dafür mehr zeitintensiv (Videoproduktion, Ankontakten in Xing).
- € 5-10 Leadkosten (Videos, Webinar u.a.), ca. €1.500 Kundenakquisekosten.
- JONAS:
€ 2,50 Leadkosten (Ads u.a.), € 250 Kundenakquisekosten.
- Zzgl. monatliche Fixkosten (Onlineplattformen, Social Media, Kundendienst, Büro, Auto u.a.) ca. € 3.000.

Die Einkommensströme

- PETER (TEUR 640 mit 5-10 Kunden - Zeitaufwand 60-70 Tage mit Kunden):
- Live-Vorträge TEUR 100
- 2-Tages-Workshops TEUR 180
- Jahresbegleitungen TEUR 360
- JONAS (TEUR 525 mit 300 Kunden - Zeitaufwand 15-20 Tage mit Kunden):
- 300 Academy-Teilnehmer (TEUR 450) = 1% von 30.000 neuen Leads in der Mail-Liste
- 15 Jahrescoachees (TEUR 75) = 5% von 300 Academy-Teilnehmern

Die Kanäle

PETER: Live-Vorträge, Online-Video, Ad, Website, persönlich
JONAS: Ad, Video, Webinar

anderen Stakeholder glücklich mit dem Unternehmen sind. Er will spüren, dass er persönlich möglichst stimmig ist und dass er die anderen auf eine Weise führt, sodass ein Einklang herrscht, es menschelt und alle zugleich inspiriert, begeistert, beseelt und hingegeben, mit hoher Performanz für den Kunden, arbeiten und da sind. Hingabe ist für ihn ein wertvolles Motiv. Ikigai halt – mit allen vier Facetten integriert.

Dasselbe will auch mein Best Buyer in der rechten Zielscheibe. Er will seine Berufung wissen und sie erfolgreich im eigenen Berufungs-Business verwirklichen. Er will die Welt bereichern mit etwas, das Sinn macht, und will spüren, dass es Menschen wirklich dient. Auch er zielt – ob ihm das am Anfang schon bewusst ist oder nicht – auf die Integration aller vier Ikigai Facetten ab.

Diese beiden, nennen wir sie Peter (den erfahrenen Unternehmer) und Jonas (den jungen Berufungssucher und Gründerkandidaten, künftigen Unternehmer), sind die Best Buyers – die Kernkundensegmente auf beiden Zielscheiben. Wenn ich sie im Marketing anspreche, werde ich teilweise auch auf Kunden, aus anderen Ringen der Zielscheiben zielen - so gibt es Streuwirkungen.

Dennoch macht es Sinn, mich in der Marktansprache auf die Best Buyers im Schwarzen der Zielscheibe zu konzentrieren. Zugleich aber offen zu sein und auch anderen zu dienen, die den Weg zu mir finden. Links zum Beispiel kommen auch Konzernführungskräfte aus der ersten bis dritten Ebene im Management, doch ich lehne niemanden ab, der seine Hand zu mir ausstreckt, um Hilfe zu bekommen. Im Kern visiere ich aber die Best Buyers aus der schwarzen Mitte der Zielscheibe an. Auch rechts gibt es Streuverteilung: Während ich Jonas anspreche, reagieren aber auch viele andere auf meine Angebote, die von meiner Tiefe und Wesentlichkeit berührt sind, die vielleicht keine Unternehmer, sondern einfach Menschen sind, die sich selbst und ihrer wahren Mitte näherkommen wollen. Und ich kann mich entscheiden, für sie non-profit, in einem Kleinpreismodell, wie einem Abo, einer Community o. ä. oder mit kostenfreien YouTube-Videos da zu sein. Aber ich weiß (und dieses Wissen ist sehr wertvoll!), sie sind NICHT Best Buyers in der Mitte der Zielscheiben.

Kundenbeziehungen

Peter möchte mich als seinen vertrauten Ansprechpartner. Ich coache ihn persönlich und helfe ihm bei der Führung und Gestaltung seines Unternehmens. Er vertraut mir fast alles an. Wir haben eine persönliche, freundschaftliche Beziehung. Wir lernen uns bei einem Live-Vortrag kennen oder weil er ein Video von mir im Internet sieht und auf mich zukommt. Vielleicht auch, weil ich ihm von einem Kollegen, Freund oder Bekannten empfohlen wurde. Ich halte ihn als Kunde, weil unsere Vertrautheit und Beziehung über die Jahre immer mehr wächst und ich so immer weniger ersetzbar für ihn werde. Das macht uns beiden nichts aus und wir halten es weiterhin so.

Jonas möchte genug Freiraum, um seine eigenen Erfahrungen zu machen mit dem, was ich ihm anbiete. Er möchte aber auch, wann immer er es wählt, intensiver mit mir in Kontakt treten können. Er sieht mich als den Experten für seine Berufung in seinem Leben, neben sich selbst. Zudem möchte er jahrelang immer mehr davon profitieren, dass ich ein Themenexperte bin. Und wenn er soweit ist, dass er an sich selbst arbeiten muss, um den nächsten Durchbruch zu schaffen – dann weiß er, dass er zu meinen Seminaren oder Coachings gehen kann. Aber in erster Linie ist Jonas ein Freigeist, der seinen selbstständigen Raum genießt und erst einmal auch selbst gestaltet.

Der gesamte Erfolg jedes Geschäftsmodells baut im Kern auf der Klarheit auf, wer die eigenen Best Buyer sind, die am besten zu Einem passen und welche Beziehung sie mit Einem haben wollen. Eine Beziehung, in der man sich wohlfühlt, ihnen kompetent hilft, ihnen dient und von ihnen auch angemessen bezahlt wird (Ikigai Facetten 1 bis 4).

Wertversprechen

Peters Nutzen ist, dass er mich immer hinzuziehen kann, wenn er das möchte. Das gibt ihm Sicherheit und die Gewissheit, dass er mit mir zusammen immer wieder eine Best-of-Lösung findet. Ich helfe ihm bei allem was ansteht – vor allem beim inspirierenden Sinn, beim gemeinsamen Visionsfokus, beim Führungs-Mindset und der Kultur des Miteinanders in der Unternehmensführung und im Unternehmen. Auch zu Fragen der Strategie, Organisation und Umsetzung zieht er mich hinzu – weiß aber, dass meine Kernkompetenz darin besteht, ihm und seinen Führungskollegen zu helfen, das Unternehmen insgesamt in der richtigen Inspiration zu halten. Das hat primär immer etwas mit den inneren Dimensionen des Unternehmens zu tun (Sinn, Vision, Führungsmindset).

Das „Minimum Viable Product" (MVP) ist ein Workshop mit ihm und den Top-Führungskräften seines Unternehmens. Zwei Tage lang definieren wir darin den Engpass und erarbeiten stimmige Lösungen, die sie dann im Alltag umsetzen.

So ein Unternehmensführungs-Workshop kostet 18.000 Euro für zwei Tage. Das Upsell-Produkt ist eine Jahresbegleitung für 180.000 Euro bzw. 15.000 Euro im Monatsabo. Dann können Peter und seine Kollegen im Rahmen einer Flatrate auf mich zugreifen und ich manage meine aufgewendeten Ressourcen im Einklang mit dem Jahresretainer.

Jonas weiß, dass ich ihm dabei helfe, seine Berufung zu erkennen, herauszuarbeiten und Schritt für Schritt erfolgreich zu verwirklichen. Mit meiner Hilfe verschafft er sich eine neue Lebensgrundlage, die ihn erfüllt und sein Bestes hervorbringt.

Das MVP für Jonas ist die „BERUFUNGs Academy" – ein Bündel aus Online-Kurs und Live-Seminar, bei dem er seine Berufung erkennt und die Grundzüge seines Geschäftsmodells erarbeitet. Das Upsell-Produkt im „Minimum Viable Funnel" (MVF) ist ein Jahrescoaching zur Umsetzungsbegleitung, bei dem er alle seine Fragen einbringen kann und von mir Hilfe bekommt. Die Academy kostet 2.000 Euro (Ticketpreise 1.000 – 3.000 Euro), das Jahrescoaching 4.800 Euro (400 Euro pro Monat).

Kanäle

Peter sieht einen Vortrag oder ein Video von mir im Internet, er klickt auf eine Werbeanzeige und sieht ein Video von mir oder er bekommt mich von einem Freund oder Kollegen empfohlen. Auch möglich ist, dass wir uns auf Xing oder LinkedIn verknüpfen. Workshops und Jahresberatungen liefere ich live, am besten funktionieren Live-Vorträge und Videos, da er so Vertrauen zu mir fassen kann.

Jonas sieht eine Ad, ein Video oder Webinar von mir. Er ist gern im Internet und liebt die Freiheit – alles, was online ist, gefällt ihm in der Anbahnung. Bald möchte er, wenn er überzeugt ist, auch zum Live-Event gehen – eine Membership-Community ist eher nicht seine Sache.

Aktivitäten

Die wichtigsten Aktivitäten sind die Kundengewinnung der Peters, die Abwicklung der Live-Beratungs-Workshops, der Aufbau eines sehr gut konvertierenden Online Funnels, welcher Academy Teilnehmer (Jonas) akquiriert und die erfolgreiche Durchführung der Academy Live-Events und Coaching-Programme.

Ressourcen

Ich brauche Zeit für die Kundenakquise der Peters und für die Abwicklung der Beratungs-Workshops, Live-Seminare und Live-Coachings für Jonas. Dazu Geld und Geduld für den Aufbau des Academy Funnels (Jonas). Live-Seminare und Live-Coachings für Jonas können mittelfristig teilweise outgesourced werden, auch die Akquise von Vorträgen und Kunden (Peter) kann in die richtigen Hände outgesourced werden. Die Beratungs-Workshops (Peter) sind nicht auslagerbar.

Partner

Zu zweit arbeitet es sich im Consulting oft besser und manchmal leichter als allein – es könnte sich lohnen, dieses Geschäft mit einem Partner / einer Partnerin zu machen. Spätestens in der Abwicklung größerer Transformationsprojekte könnte sich ein Kooperationspartner-Unternehmen lohnen (ich nehme eine Provision für den Auftrag). In der Academy (Jonas) könnten auch andere Experten live auftreten und Content liefern – ich wäre dann der Plattformgeber und Themenexperte. Sollte ich im Consulting einen Partner haben, wäre das wohl mein wichtigster Partner. Von meinen Partnern erwarte ich, dass sie der Sache dienen, die ich meinem Kunden anbiete, und dass sie mir die Führung bei der Gestaltung der Kundenbeziehung überlassen.

Einkommensströme

Einkommen wird aus Live-Vorträgen, Workshops und Jahresbegleitungen, (Peter) sowie aus der Berufung Academy und den anschließenden Jahrescoachinggruppen (Jonas) generiert. Zusätzlich wären eine Monats-Membership zur persönlichen Entwicklung (Jonas oder anderer Privatkunde) denkbar, sowie der permanente Verkauf weiterer Produkte (Bücher, Online-Kurse) via Social Media oder im eigenen Funnel - oder auch ein TV-Format, das national ausgestrahlt wird und viele Menschen inspiriert.

Bei 20 Live-Vorträgen p. a. (100.000 Euro), zehn Consulting-Workshops (180.000 Euro) und zwei Jahresbegleitungen (360.000 Euro), ist mit Peter ein Jahresumsatz von 640.000 Euro mit ca. 60 bis 70 Tagen Zeitaufwand möglich. Bei jährlich 30.000 neuen Jonas-Leads in der Liste und 300 neuen Academy Teilnehmern p. a. (ein Prozent der Leads) wäre ein Jonas-Academy-Umsatz von ca. 450.000 Euro p. a. möglich. Wenn zusätzlich fünf Prozent der Academy-Teilnehmer noch das Jahrescoaching mitbuchen würden, wären das zusätzlich 75.000 Euro (15 Teilnehmer). Hauptumsatzerbringer wäre also die BERUFUNGs-Academy (450.000 Euro), gefolgt von den Jahresbegleitungen mit zwei Unternehmern (360.000 Euro).

Ausgaben

Die Akquise der Peters ist wenig kapital-, dafür mehr zeitintensiv. Pro Jonas-Lead ist mit Akquisekosten von zwei bis fünf Euro zu rechnen (je nachdem, ob mit Leadmagnet oder Webinar). Bei der Funnel- und Videoproduktion entstehen laufend Kosten, auch der Betrieb des wichtigen YouTube-Kanals kostet regelmäßig Geld. Notwendig sind die Akquisekosten für Jonas und Peter – ohne sie geht nichts.

Dein Holger

Einschätzung und Zukunftsausblick von Thomas:

Wann immer ich etwas von Holger Eckstein lese, höre oder sehe, erfüllt es mein ganzes Herz mit Freude. Er war einer meiner allerersten Coaching-Kunden, den ich im Jahr 2010 intensiv betreuen durfte.

Ich war bei ihm im Home-Office und habe die komplette Entwicklung, die er in diesem Buch niedergeschrieben hat, miterlebt. Heute ist Holger jemand, der auf unseren großen Events und unseren großen Bühnen steht. Er ist beim Erfolgskongress und beim Gründerkongress dabei, er war in unserem Podcast - ich glaube, ich habe keinen anderen meiner Coaching-Kunden so oft auf verschiedenen Events begrüßen und als Referent anmoderieren dürfen.

Deswegen finde ich es großartig zu sehen, wie Holger seinen Weg bisher gegangen ist, wie viele Leute er mittlerweile berührt, erreicht und wirklich weiterbringt. Nicht zu Unrecht hat er 2018 auf der Contra den Tiger Award als Kickstarter des Jahres (3. Platz) gewonnen.

Holger drückt etwas sehr Wertvolles und Wichtiges für jeden Leser dieses Buches aus: Du kannst so erfolgreich sein wie du willst, früher oder später musst du dich mit Themen wie Berufung oder Sinnfindung auseinandersetzen.

Du musst dein ‚Warum?' finden und du musst Dinge hinterfragen. Ich habe bisher keinen anderen Coaching-Teilnehmer gehabt, der sich so oft selber hinterfragt und der sich so oft neu positioniert und feinjustiert hat. Das sind wesentliche Elemente, die die Identifikation mit dem eigenen Handeln ermöglichen. Wodurch du einen reifen Markt für dich finden und in dem du Produkte anbieten kannst, um Leute zu unterstützen.

Jedoch birgt dies auch die große Gefahr, dass man nicht vorwärts kommt. Das hängt aber von jedem persönlich ab. Holger ist so erfolgreich, weil es sein Ding ist, vorwärts zu gehen und dafür schätze ich ihn sehr.

Ganz grundsätzlich würde ich eher raten, den Fuß ein wenig von der Bremse zu nehmen, den Gang nicht ständig umzuschalten, sondern auf das Gaspedal zu drücken. Wo immer man auch gerade steht, zu schauen: Wo komme ich denn hin? Was passiert denn eigentlich, wenn ich mal richtig Gas gebe? Aber wie gesagt, es ist eine persönliche Sache.

Holger ist jemand, der sich oft selber hinterfragt und damit sehr gut und erfolgreich fährt. Deswegen ist auch ihm zu raten, genau dieses Muster weiterzuverfolgen. Das heißt nicht, dass er in den nächsten Jahrzehnten immer noch dasselbe macht, aber ich bin mir sicher, dass er zu jedem Zeitpunkt das macht, was ihn voll erfüllt. Was ihm eine Antwort auf das ‚Warum?' gibt.

Sehr wertvoll ist dabei zu sehen, dass er so gutes Feedback von seinen Kunden bekommt. Holger ist definitiv in einem Markt tätig, der sehr großes Potential birgt, mit einer Geschäftsidee, die der unseren relativ ähnlich ist: der Vermarktung von Coaching-Produkten. Einer Geschäftsidee, der ich nach wie vor eine große Zukunft beimesse, in Kombination mit herausragendem Marktpotential. Gerade der Markt Persönlichkeitsentwicklung im weiteren Sinne steckt, meiner Meinung nach, noch in den Kinderschuhen.

Die jüngere Generation, genauso wie die Unternehmer, sind in diesem Bereich schon sehr weit. Aber die Angestellten, die den Großteil unserer Bevölkerung ausmachen, kommen gerade erst auf den Geschmack, sich persönlich weiterzuentwickeln. Das sehen wir auch in anderen angrenzenden Bereichen, wie dem Gesundheitsbereich, um einen Bereich herauszunehmen, der ebenfalls sehr stark wächst.

Zusammenfassend kann ich nur sagen, dass Holger jemand ist, der vor vielen Jahren mit einer Sinnkrise startete, der aber Tools für sich selbst und für seine Kunden entwickelt hat, um seinen Weg zur richtigen Berufung zu finden.

Er hat das Mindset dafür, sich ständig zu hinterfragen, sich immer weiterzuentwickeln, was dazu führt, dass er sich immer zu 100 Prozent mit dem identifizieren kann, was er macht. Diese Identifikation wird ihn in der Zukunft in einen Markt hinein tragen, der weiter wächst, mit einem Geschäftsmodell, das weiterhin höchstes Potenzial hat. Ich freue mich schon jetzt darauf, Holger auch bei zukünftigen Events auf unseren Bühnen wieder anmoderieren zu dürfen.

IN DER ONLINE-WELT IST „DER BÄR LOS"

Ein Gastbeitrag von Anne Lohmann

VIELE WOLLEN IHR ESSVERHALTEN ÄNDERN – SIE WISSEN NUR NICHT WIE

Stell dir vor, du bist Heilpraktikerin und du siehst, dass die Leute nicht krank „werden", sondern sich krank „machen". Was würdest du tun?

So ging es mir, als ich mit Anfang 30 die ersten paar Jahre Praxiserfahrung gesammelt hatte. Über fünf Jahre hatte ich mich zuvor sorgfältig ausbilden lassen: drei Jahre in Vollzeit an einer renommierten Heilpraktiker Fachschule, anschließend zwei Jahre in Assistenzzeiten bei mehreren erfahrenen Kollegen.

Anne Lohmann

Besonders ein Aspekt ließ mich in diesen ersten Jahren der Praxistätigkeit aufmerksam werden: Fast alle Patienten waren unzufrieden mit ihrem Essverhalten! Sie wussten genau - sie essen zu viel Süßes, sie essen zu spät am Abend, sie essen zu unregelmäßig, viel zu wenig Gemüse, viel zu oft Brot, manche „hingen" an viel zu viel Fleisch, andere aßen zwar vegetarisch, dafür aber zu häufig Kohlenhydrate in Form von Reis, Nudeln, Kartoffeln und Brot.

Und ganz offenkundig hatten die Krankheitsbilder, mit denen sie in die Praxis kamen, damit etwas zu tun. Augenscheinlich hat Übergewicht natürlich etwas mit dem Essen zu tun.

Aber auch die Rheumatiker merkten: weniger Fleisch gleich weniger Schmerzen.

Viele Migräne Patienten erlebten: Weniger Zucker und Kaffee und es ging ihnen besser. Die Osteoporose Patienten fragten sich, warum ihr Körper Calcium nicht verwertet, obwohl sie doch genug Milch und Milchprodukte essen.

Patienten mit degenerativen Gelenkerkrankungen (Arthrose, Bandscheibenvorfälle) fragten sich, warum sie ihren Knorpel nicht vor Abbau schützen können, obgleich sie doch sonst gut genährte Menschen sind. Warum kommt das „Zeug" im Knorpel nicht an?

Die Hautpatienten – mit Neurodermitis, Ekzemen, Akne oder Schuppenflechte – wussten immer schon, dass ihr Hautbild was mit ihrem Essen zu tun hat. Aber sie schwankten zwischen sehr verschiedenen Konzepten, welche Ernährung nun die beste für sie ist. Auch die Darmpatienten (Reizdarmsyndrom, Durchfall, Verstopfung, Morbus Crohn) wussten nicht, wie sie nun essen sollen, damit sich ihr Darm beruhigt. Aber das Essen und Darm etwas miteinander zu tun haben, lag ja auf der Hand.

Kurz und gut – schnell wurde mir klar, wir müssen beim ESSEN anfangen, sonst ist der ganze Rest rausgeschmissenes Geld. Aber wie?

Ernährung hat mich schon mein ganzes Leben lang interessiert. Nicht zuletzt aus diesem Interesse heraus hat mich die Heilpraktiker-Ausbildung begeistert. Darin konnte ich endlich von Grund auf verstehen, wie unser Körper arbeitet und was er mit unserer Nahrung eigentlich macht. Schon vor und während der Ausbildung habe ich gängige naturheilkundliche Ernährungskonzepte studiert und an mir selbst probiert - und hatte deshalb zu Beginn meiner eigenen Praxiszeit schon ziemlich was drauf. Also habe ich frohgemut begonnen, meinen Patienten die Bücher zu empfehlen, die ich selbst gelesen habe und ihnen Listen mit Lebensmitteln ausgedruckt, die sie oft essen oder besser weglassen sollten.

Fast alle Patienten wollten gerne was an ihrer Ernährung verändern - doch unterm Strich kamen die meisten von ihnen nach ein paar Wochen zerknirscht zum nächsten Termin wieder. Die gängige Botschaft war: „Ich weiß ja, was ich müsste – aber ich schaffe es nicht." Die Gewohnheiten, der Zeitmangel, die Verführungen, die Familie, die Kinder – zu viele Faktoren zerrten an ihnen, die sie den gefassten Vorsätzen allzu regelmäßig untreu werden ließen.

Ich musste mir etwas einfallen lassen. Durch Zufall oder Schicksal erreichte mich die Anfrage einer Ernährungsfachschule. Auf ihren Impuls hin gründete ich an meinem Praxisort ein wöchentlich fortlaufendes Ernährungsseminar im Abendkursformat.

Daraufhin passierte etwas Überraschendes - innerhalb kürzester Zeit erreichten alle Teilnehmer ihr Ernährungs- und Gesundheitsziel. Obschon ich ihnen im Kurs grosso modo die gleichen Sachen erzählte, wie zuvor in unzähligen Einzelsitzungen. Ich hatte unterschätzt, was für einen gigantischen Erfolgszuwachs es ermöglicht, wenn man sich als Teil einer Gemeinschaft fühlt. Wenn man regelmäßig neuen fachlichen Input erhält und nicht nur einmal alle paar Wochen.

Die Erfolge, die meine Kursteilnehmer ab dann „einfuhren" – bezogen auf ihre Basisvitalität, ihr Essverhalten und die Ausheilung oder mindestens Linderung von vielen und sehr unterschiedlichen Krankheiten – haben mich seither und bis heute immer wieder selbst staunen lassen.

Genau genommen habe ich Jahre gebraucht, um wirklich zu begreifen, dass es wahr ist, dass wir mit ein paar so kleinen Änderungen in unserer alltäglichen Ernährung Berge versetzen können – in Vitalität und Wohlbefinden.

Vor allem aber, dass wir damit einen Hebel für eine weitreichend positive Einflussnahme auf den Verlauf vieler chronischer Krankheiten haben, die wir bis dahin für weitgehend therapieresistent gehalten hatten. Das hatte ich in meinen zahlreichen Aus- und Fortbildungen nicht gelernt und es wurde meines Wissens – damals jedenfalls – nirgendwo gelehrt.

Der Weg zur Unternehmerin

Obwohl ich schon früh selbstständig war, war mir der Begriff der „Unternehmerin" damals fremd für mein eigenes Tun. Sozialisiert in einer Beamtenfamilie und dann rein therapeutisch ausgebildet als Heilpraktikerin, waren „Investitionen" und „Businesspläne" einfach keine Kategorien, in denen ich dachte. Mich interessierte nur, immer mehr zu lernen, immer tiefer zu verstehen.

Ich reiste durch ganz Deutschland und Teile Europas, um die jeweils besten Referenten rund um „meine Themen", die Pflanzenheilkunde und die Ernährungsmedizin zu hören und von ihnen zu lernen. Was die Praxis übrig ließ, investierte ich in Fachbücher und Fortbildungen. Neben der Ernährungsmedizin war es die Pflanzenheilkunde, der mein großes Interesse galt. Deshalb bewarb ich mich nach kurzer Zeit bei der naturheilkundlichen Firma, deren pflanzliche Urtinkturen ich für meine Patienten am meisten schätzte, um eine Möglichkeit zur Mitarbeit.

Daraus ergab sich, dass ich ab 1996 zu 50 Prozent in meiner eigenen Naturheilpraxis und zu 50 Prozent in einem mittelständischen Unternehmen mit den Kernaufgaben Vertrieb und Schulung in der Anwendung von pflanzlichen Urtinkturen tätig war.

Mir oblag in den Anfangsjahren der Dialog mit den naturheilkundlichen und ärztlichen Anwendern. Später wurde es zu meiner Aufgabe, deutschlandweit als Fachfortbildungsleiterin die Aus- und Fortbildung der Therapeuten in ganzheitlicher Pflanzenheilkunde zu übernehmen – eine Konstellation, die mir exzellent gefiel.

Im Alltag mit meinen Patienten konnte ich Praxiserfahrung sammeln und die Wirksamkeit oder Nichtwirksamkeit von Methoden und von Pflanzen erproben.

Im Austausch mit anderen Therapeuten auf Seminaren, Kongressen und bei Praxisbesuchen konnte ich diese Erfahrungen vergleichen, validieren und - nach einigen Jahren – auch lehrend weitergeben. In den Jahren, die folgten, habe ich zum Thema Pflanzenheilkunde jährlich vor bis zu 1.500 Therapeuten (Ärzten, Heilpraktikern, Hebammen und auch Apothekern) Seminare in den großen deutschen Städten von Hamburg bis München gehalten, zusätzlich viele hundert „kleine" Vorträge in meiner Stadt und Region, immer rund um die Themen der Ernährung und der Pflanzenheilkunde.

Auf die Idee, bei meinen eigenen Vorträgen die Adressen der Zuhörer zu sammeln, bin ich damals nicht gekommen. Nicht mal in der Praxis habe ich konsequent nach den E-Mail-Adressen der Patienten gefragt – vor zehn oder erst recht vor 20 Jahren war das noch kein Thema.

So habe ich meine Arbeit getan und nach den entsprechenden Zeiträumen der gesetzlichen Aufbewahrungspflicht die Akten und Adressen vernichtet.

Derweil haben sich mein Ernährungswissen, mein Pflanzenwissen und meine Praxiserfahrung stetig weiter vertieft. Der Zufall ergab, dass nach einigen Jahren die Leiterin der Ernährungsfachschule, die mich damals zur Kursgründung motiviert hatte, in Rente ging. Das deutschlandweite Schulungswesen nach ihrem Konzept wurde beendet. Das kam mir mehr als recht, denn längst schon wollte ich nur noch meinen eigenen Ideen in der Gestaltung meiner Kursabende folgen – und dafür war nun der Weg frei.

Auf der Suche nach einem eigenen Namen für mein Ernährungskonzept inspirierte mich das Festival der Stadt Siegen, in der ich damals wohnte: „Kultur Pur". Nicht ohne Augenzwinkern nannte ich mein Konzept Ess Kultur Pur. Wenn ich gefragt wurde, was ich denn unterrichte, habe ich den Inhalt des Ess Kultur Pur Konzepts am besten mit dem Begriff der „Lebensmittelharmonie" beschrieben gefunden.

DAS KONZEPT DER LEBENSMITTELHARMONIE

In den Anfangsjahren habe ich die Menschen vor allem mit den Fragen: „Was passt in einer Mahlzeit eigentlich zusammen? Und welche Lebensmittel passen zu dir?" erreicht. Jeder Mensch weiß sofort, dass diese Fragen relevant für uns alle sind. Immer deutlicher bildeten sich dann im Laufe der Jahre die drei Kernelemente der Lebensmittelharmonie heraus:

1. Echte Lebensmittel als echt erkennen.

2. Echte Lebensmittel nach Sinn und Wirkung sortieren, unterschieden in drei Gruppen:

   » der grüne Bereich: die Vitalitätsbasis für Lebenskraft, Frische und Geschmeidigkeit

   » der blaue Bereich: die Baustoffgrundlage für Regeneration und Erneuerung

   » der rote Bereich: die Brennstoffgrundlage für körperliche und geistige Leistung

3. Echte Lebensmittel nach Priorität gewichten und gemäß Biologie und Evolution kombinieren.

Dabei gibt es ein fundamentales Unterscheidungsmerkmal der Lebensmittelharmonie im Vergleich zu den großen anderen Ernährungstrends der Gegenwart: Egal ob es vegetarisch, vegan, low carb, nur Smoothies, nur Säfte oder nur Rohkost ist - alle diese engagiert propagierten alternativen Ernährungsformen definieren sich über das weglassen. Sei es, dass Fleisch, Milchprodukte, Eier oder Getreide weggelassen werden - oder gleich ganze Zubereitungsformen, wie bei der rohköstlichen Ernährung z.B. das Kochen. Die Erfahrung zeigt, dass all das für über 90 Prozent der Menschen auf Dauer keine Option ist.

Im Unterschied dazu ist die Lebensmittelharmonie nur ein Ordnungssystem. Der Erfolg stellt sich dadurch ein, dass aus den Reihen der echten Lebensmittel, die Mahlzeiten nach den Kriterien unserer Biologie und unserer Evolution sinnvoll geordnet werden. Damit bleibt lebenslang eine große Freiheit und Spontanität erhalten. Intuitiv den Signalen des eigenen Körpers folgend, können Menschen in den verschiedenen Lebensphasen immer wieder neu wählen, welche Lebensmittel für sie gerade besonders wichtig sind. Dabei wählen sie trotzdem nicht beliebig, sondern folgen einer klaren Methode, die durch die Ordnung der Nahrung auf optimale Weise mit den Voraussetzungen des Körpers zusammenarbeitet. Das ist der Garant für Erfolg.

In den ersten 14 Jahren des Seminars - damals in der Region Siegen - war mein Seminarangebot rein lokal aufgestellt. In Spitzenzeiten mit bis zu 40 Seminarteilnehmern im wöchentlich fortlaufenden Abendkursformat.

Als dann die Arbeit als Fachfortbildungsleiterin zunehmend intensiver wurde, habe ich auf zwölf bis 15 Plätze im Abendkurs reduziert, um den Verwaltungs- und Akquise Aufwand überschaubarer zu halten. Im Bereich meiner Angestelltentätigkeit gab es inzwischen ein von mir aufgebautes Team von sechs

Therapeutinnen, die unter meiner Leitung die firmenspezifische Fachfortbildung zur Pflanzenheilkunde in Deutschland ausbauten. Auch Prokura wurde mir erteilt.

So konnte ich über viele Jahre in enger Zusammenarbeit mit der Geschäftsleitung diese zunächst kleine naturheilkundliche Heilpflanzenfirma fest in der therapeutischen Landschaft in Deutschland verankern. Das waren gute Jahre in toller Teamqualität und mit inhaltlichen Herausforderungen in allen Bereichen: Von Marketingstrategien über Kundenbeziehungspflege, IT-Fragen und Personalwesen, im Schwerpunkt aber immer im Bereich der therapeutischen Beratung und in der Seminargestaltung.

Eine Veränderung muss her

Insgesamt 21 Jahre habe ich diese Dreifachstrategie gefahren: Selbstständige Heilpraktikerin in eigener Praxis, angestellte Fachfortbildungsleiterin in einem Pharmaunternehmen und wöchentlicher Abendkurs in meinem inhaltlich sich ebenfalls stetig weiter entwickelnden Ess Kultur Pur-Seminar. Inzwischen hatte ich geheiratet und unsere Tochter ist auf die Welt gekommen. Bis unsere Tochter im betreuungsfähigen Alter war, habe ich meine Arbeit in der Praxis niedergelegt und für die Firma weitgehend im Homeoffice gearbeitet. Doch das Ernährungsseminar ging auch am neuen Standort gleich nach der Renovierung der neuen Praxis weiter. Meine eigene Faszination für das Thema und die gleichbleibend guten Ergebnisse meiner Teilnehmer haben mich immer am Ball gehalten.

Auch meine eigene Geschichte blieb natürlich nicht außen vor - schon in den Anfangsjahren der Lebensmittelharmonie bemerkte ich nach einiger Zeit, dass meine aus Kindheit und Jugend mitgeschleppten heftigen Allergien (Heuschnupfen und Hausstaub), auf eine ganz leise und unauffällige Art einfach verschwanden. Das erstaunte mich umso mehr, da ich in den Jahren zuvor nahezu jeden denkbaren Weg zu diesem ersehnten Ziel erfolglos gegangen war

Die schon mit Anfang zwanzig versuchte, schulmedizinische Desensibilisierung war ohne Ergebnis geblieben. Leider aber auch die hoffnungsvoll gestarteten, naturheilkundlichen Ansätze in den Jahren der Ausbildung - von Akupunktur bis Homöopathie.

Erst als ich im Zuge meines immer besseren Verstehens der Lebensmittelharmonie selbst dieses Prinzip immer konsequenter umzusetzen begann, konnte ich in jedem Frühjahr beobachten, dass es wieder weniger und schließlich keine Tage mehr gab, die ich schniefend, tränend und erschöpft vom Niesen mit bis zu asthmatischen Zuständen im Haus verbringen musste.

Anne Lohmann

Die Summe all dieser Beobachtungen und Erfahrungen ließen die Frage nach einem Buch immer häufiger werden. Bis schließlich auch in mir die Lust keimte, die Grundprinzipien meines Konzepts zu Papier zu bringen. Das Ess Kultur Pur-Buch begann zu wachsen. Gestohlene Zeit zwischen Praxis, Abendkurs, Firma und Familienleben mit einem Löwenanteil Kinderbetreuung. Das Schreiben war Nachtarbeit, um genau zu sein. Aber die Freude daran und die Aussicht, das Wissen verfügbar und „dingfest" zu machen, trugen mich voran.

Derweil änderten sich in meiner naturheilkundlichen Firma die Strukturen. Gesellschafterwechsel, Generationenwechsel, Change-Management im Zusammenführen von zwei Marken, Verschmelzung von Mutter- und Tochterfirma aus zwei europäischen Ländern und schließlich auch noch ein Wechsel in der Geschäftsführung.

Obwohl ich selbst und mein Aufgabengebiet gleich geblieben waren, war nach einiger Zeit um mich herum nichts mehr wie zuvor. Ich konnte spüren, dass auch die Inhalte anfingen, sich für mich zu wiederholen. Während ich Jahr um Jahr meine Arbeit als stetige Vertiefung erlebt hatte, kam nun der Punkt, an dem ich für mich vertrautes neu aufbereiten musste, aber dabei selber nicht mehr dazu lernte. Ich hatte alle Pflanzen, die zu unserem Sortiment gehörten, rauf und runter studiert und mehrfach in großen Seminarzyklen einem breiten Publikum nahe gebracht. Ich hatte sämtliche großen naturheilkundlichen Kongresse in Deutschland über zwei Jahrzehnte lang bereist. Wovon ich als junge Heilpraktikerin nicht mal hätte träumen können - ich konnte spüren, dass ich ein Prinzip verstanden hatte: mir war klarer denn je, was die Elemente von Heilung sind. Was man tun kann und was man lassen muss. Wann was hilft und was schadet. Was die Lebensführung mit dem Krankheitsbild zu tun hat und was Körper und Seele mit dem Krankheitsbild zu tun haben. Wie die Brückenbildung zwischen Körper und Seele funktioniert, ebenso wie die Brückenbildung zwischen Therapeut und Patient. Vor allem aber war mir klar geworden, was Pflanzen zu unseren Genesungsprozessen beitragen können - und was nicht.

Ich war dankbar für alles, was ich in der Kombination aus Praxistätigkeit und Fachfortbildungsleitung über die Jahre hatte lernen dürfen. Gleichzeitig konnte ich einfach zunehmend spüren, dass ein Lebensabschnitt sich abrundete. Doch ich hatte nicht die leiseste Ahnung, wie es danach weitergehen sollte.

Eine andere Firma kam gar nicht in Frage! Zu glücklich und zu verbunden war ich mit dem, was wir aufgebaut hatten. Genauso wenig konnte ich mir vorstellen, ausschließlich in der eigenen Praxis zu arbeiten. Dabei gilt gerade der Einzelarbeit mit meinen Patienten meine ganz große Liebe.

Doch es liegt in der Natur der Sache, dass Patienten kommen und gehen. Wenn man gut ist, eher früher als später. Es entsteht also keine alltägliche Kontinuität wie in einem festen Kollegenteam. Auch fängt man mit jedem Patienten auf eine Weise „von vorne an". Es gibt also keine kontinuierliche Projektentwicklung, sondern nur ein sprunghaftes Arbeiten von „Fall zu Fall". Außerdem kommt man nicht mehr aus dem Haus raus - was nur solange Wunschtraum war, wie ich beruflich ohnehin viel reisen musste.

Aber nur noch in den eigenen vier Wänden - das fühlte sich zunächst nicht verlockend an. Noch weniger konnte ich mir vorstellen, mein Ernährungsseminar statt ein Mal pro Woche vielleicht drei Mal pro Woche zu geben.

Dann müsste ich ja dreimal die Woche das Gleiche erzählen! Wie langweilig! Irgendwo anders eine ganz andere Vollzeitstelle annehmen, irgendwo im Bereich von Bio- oder Gesundheitsmanagement? Da hätte ich ja meine Praxis aufgeben müssen und - schlimmer noch - meine Tochter für den Rest ihrer Kindheit tagsüber nicht mehr sehen.

Hinzu kamen wirtschaftliche Überlegungen. In der Naturheilpraxis sind die meisten Patienten Selbstzahler und gehen dementsprechend sehr bedacht mit der Anzahl ihrer gebuchten Termine um. Zudem gibt es Sommerferien, Herbstferien, Winterferien, Feiertage und Grippewellen, Konjunkturflauten und sich ändernde Versicherungssysteme. Meine Zukunft - und die meiner Familie und meines Kindes - auf so unsichere Beine zu stellen, schien mir einfach zu riskant!

Kurz und gut - es gab nur Optionen, die keine waren. Gleichzeitig wurden die Signale immer deutlicher, dass ein Wechsel mehr als fällig ist.

DER SCHRITT INS ONLINE-BUSINESS

Durch Glück oder Schicksal - auch in diesem Fall personifiziert durch meinen Mann - wurde ich auf den Online-Erfolgskongress von Thomas Klußmann mit über 30.000 Teilnehmern im Februar 2017 aufmerksam. Ich gestehe freimütig - ich hatte noch nie einen Online-Kongress gehört, ich wusste kaum, was das ist und wie es funktioniert. Da ich kein Computer-affiner Mensch bin, konnte ich mir auch nicht vorstellen, mich stundenlang vor den Bildschirm zu hocken. 20 Jahre lang war ich live auf Kongressen gewesen; hatte mit „echten" Menschen in „echten Räumen" face-to-face gelernt und gearbeitet. Die Idee eines Online-Kongresses schien mir blutleer und anstrengend. Bis dato war ich in keinem sozialen Netzwerk angemeldet und benutzte mein Handy mehr oder weniger nur auf Bahnhöfen, um ausgefallene Zugverbindungen umzubuchen.

Ich weiß gar nicht genau, warum ich mich trotzdem angemeldet habe. Ich weiß nicht mal mehr genau, wer dort alles gesprochen hat. Ich weiß nur, dass ich, zum größten Erstaunen meiner selbst, eine ganze Woche lang jeden Abend viele Stunden vor dem Bildschirm saß und einen Vortrag nach dem anderen komplett „mitnahm"! Mein Kind musste eine Woche lang mehr oder weniger alleine oder mit Papa ins Bett gehen. Von meiner Seite aus reichte es nur für einen Gute-Nacht-Kuss.

Ich habe fast ein ganzes Heftchen mitgeschrieben. **Ich fand das Format des Online-Kongresses einfach super! Die Inhalte waren tragfähig und begeisternd, die Referenten inspirierend und gefühlt „hautnah".** Ich konnte meinem Tagewerk nachgehen, abends dazulernen und meiner Tochter ihren Gute-Nacht-Kuss geben, obwohl ich mitten in einem Kongress war. Mein Weltbild war auf den Kopf gestellt - aber egal. Der Kopf soll ja rund sein, damit das Denken mal die Richtung wechseln kann.

Was sich NACH diesem Kongress jedenfalls geändert hatte, waren drei Punkte. Ich hatte begriffen:

1. da draußen in der Online-Welt ist „der Bär los" – und ich hab's noch gar nicht gemerkt,

2. mein Kundenkreis ist nicht in der Region – mein Kundenkreis ist „überall" und

3. es gibt ein Einkommen jenseits von Zeit gegen Geld.

Nicht nur, aber auch diese drei Erkenntnisse haben mir einige Zeit später den Mut verliehen, Gespräche aufzunehmen über eine Trennung aus dem 21 Jahre währenden Angestelltenverhältnis. Zu meiner großen Freude verliefen diese Gespräche sehr gut. Wir konnten auf äußerst faire Weise Abschied voneinander nehmen, „meine" Firma und ich. Im wohlwollenden Rückblick auf das, was wir füreinander gewesen sind und was wir uns gegenseitig in all den Jahren ermöglicht und gegeben haben.

Das ist rückblickend eine große Ressource für mich, dass ich einerseits zu meinem Wunsch nach Entwicklung stehen konnte und gleichzeitig in freudiger und freundschaftlicher Verbindung mit dem Vorangegangenen bleiben konnte. Natürlich brauchte alles seine Zeit der Formfindung, der Abwicklung und der Übergabe. Aber als ich Anfang 2018 zum ersten Mal nach 21 Jahren keinen „Bürojob" mehr hatte - und alsbald auch kein Gehalt mehr - da war klar: jetzt geht's um Sekt oder Selters!

Die Zeit bis dahin habe ich natürlich nicht ungenutzt verstreichen lassen. Ich entwarf die Strukturen der Zukunft in meinem Kopf und brachte sie auf Papier.

Wieder fand ich dabei in Thomas' Arbeit eine inspirierende Grundlage. Auf einer langen Bahnfahrt hatte ich mir das 24 Stunden Buch mitgenommen. Als ich wieder zuhause war, hatte ich mein Business Model Canvas grosso modo fertig - und fand es total hilfreich, um meine Möglichkeiten und Chancen abzuschätzen. Viele Monate später haben mir die Kenntnis dieses Modells und die Vorarbeit, die ich dazu geleistet hatte, unerwartet total geholfen. In dem Moment nämlich, als das Arbeitsamt sich sehr kurzfristig bereit erklärte, bei Einreichung eines Businessplans wohlwollend die Option eines Gründungszuschusses zu prüfen. Dazu später mehr.

Sobald die Entscheidung für die Selbstständigkeit klar war, ging's darum, ins Tun zu kommen. Die alte Website wurde abgeschaltet, die neue Website aufgesetzt - das brauchte ca. zwei Monate.

Das begonnene Ess Kultur Pur-Buch musste zu Ende geschrieben werden. Das brauchte - teils parallel - ca. drei Monate. Für die Gestaltung mit einer unabhängigen Grafikdesignerin benötigten wir gemeinsam weitere drei Monate. Parallel dazu fand ich einen Verlag und eine erste Vermarktungsstrategie; im August 2018 war das Buch fertig und über meine Website und im Buchhandel erhältlich (und ich sehr glücklich damit).

Ebenfalls parallel lief noch eine Fortbildung in Logosynthese: einer Methode, die mir in der Praxis den „Feinschliff" in meiner Arbeit ermöglichte. Meine Patienten nahmen diese methodische Erweiterung meiner Arbeit begeistert auf und es war klar, dass die Ausbildung parallel noch weitergeführt und beendet werden muss.

Dann kam die DSGVO und es galt, einen Umgang damit zu finden. Bei der Umstellung auf ein neues Newsletter-System mit double-opt-in verlor ich einen Großteil der Kontakte meiner ohnehin noch kleinen E-Mail-Liste; der E-Mail-Verteiler musste also fast wieder neu aufgebaut werden.

Zu allem gehörte die Einarbeitung in zahlreiche Programme und Tools: Wordpress (Website), Klicktipp (E-Mail-Liste), Xing-Events (Seminar-Buchungs-Tool), elopage (Buchverkauf und Online-Kurs), Facebook, Pinterest, Canva (Gestaltungsprogramm), um nur die Wichtigsten zu nennen.

Wesentlich war die Öffnung meiner Seminarstruktur: Nicht nur ein fortlaufendes Ess Kultur Pur-Abendkursformat immer dienstags, wie bisher, sondern auch Kompaktseminare zum Konzept an einem Tag. Eine Art Kickstart Coaching für die Lebensmittelharmonie! Damit öffnete ich das Modell für viele Kunden, die vorher außen vor geblieben waren - wegen abendlicher Kinderbetreuung, beruflicher Verpflichtungen oder schlicht wegen zu großer geographischer Distanz für die Teilnahme an einem Abendkurs. Bezüglich des Formats Kompakt-Seminar war ich zunächst selbst skeptisch, doch es bewährte sich zum Glück von Anfang an gut. Flankiert mit einer wöchentlichen E-Mail-Nachbetreuung und später auch mit der Mitgliedschaft in einer geschlossenen Facebook-Gruppe, konnten die Teilnehmer genauso gute Erfolge verzeichnen, wie ihre „Kollegen" im fortlaufenden Abendkurs.

Eine geniale Erleichterung stellte die Umstellung meines Seminarbuchungsprozesses auf den digitalen Buchungsdienstleister dar - endlich mussten zukünftige Teilnehmer nicht mehr mit Papiervertrag bei mir buchen und unterschreiben, sondern konnten per Klick auf meiner Website in den Buchungsprozess einsteigen. Von Seminarbuchhaltung und Teilzahlungsbetreuung endlich weitgehend befreit zu sein - das waren so Momente, in denen ich fand, dass die digitale Welt doch wahre Wunder möglich macht!

Dann ging es an den Aufbau eines Teams von Fachleuten, denn schnell war klar, dass ich meine Zeit nicht damit verbringen will, Computerspezialistin für Website-Programmierung zu werden. Technik-Unterstützung musste her: Webdesignerin, Grafikerin, IT-Systembetreuer und Social Media Spezialisten aus den verschiedenen Bereichen mussten gesucht, gefunden, verglichen und gewählt werden.

Anschließend ging es an die Intensivierung der Regionalakquise: Vorträge und Infostände auf Biogartenmessen, Kräutertagen, Bio-Hoffesten, in Fitness-Studios und Buchhandlungen; dabei änderte ich mein Konzept dahingehend, dass ich am Ende von Vorträgen die Möglichkeit zu einer kostenfreien, individuellen Kurzanamnese offerierte: die Resonanz war überwältigend!

Wenn früher von 20 Teilnehmern drei bis sechs anschließend in die Praxis kamen, erlebte ich jetzt mehrfach 100 Prozent Anmeldungen nach einem Vortrag. Erfreulicherweise generierte sich zu über 80 Prozent daraus auch eine weitere Zusammenarbeit. Sei es, dass die Interessenten Praxisleistungen in Anspruch nahmen oder sich für den Ess Kultur Pur-Abendkurs oder das Tagesseminar entschieden.

Natürlich war das Anbieten der kostenlosen Ersttermine zeitintensiv. Doch für den Anfang war es okay. So entstand Beziehung und Vertrauen und mehr Mundpropaganda in der Region. Die Schwellenangst zur Naturheilpraxis war genommen, auch für Menschen, für die naturheilkundliches Denken erstmal völliges Neuland war. Meine Kartei der aktuell in Begleitung befindlichen Patienten verdreifachte sich in kürzester Zeit - und alle Tagesseminare waren gut besucht bis ausgebucht.

Steuerlich wurde es notwendig, zusätzlich zur freiberuflichen Heilpraktiker-Tätigkeit eine GbR zu gründen. Denn das Seminarwesen – so viel war klar - sollte von nun an einen wesentlich größeren Stellenwert einnehmen als bisher. Es konnte und sollte dadurch nicht mehr weiter als Teil der Naturheilpraxis geführt werden, sondern als eigener und umsatzsteuerpflichtiger Teil des Gesamtprojekts.

Dieser Schritt wiederum ermöglichte es mir, die Website formal der GbR zuzuordnen, sodass sich nun dort das ganze Seminarwesen abbildete. Zusätzlich konnte ich unter dem Website-Reiter „Alles, was man braucht" ein Affiliate-System installieren. Lebensmittel und Küchengeräte, die ich meinen Teilnehmern früher empfohlen hatte, waren jetzt via Partnerlinks von meiner Website aus auffindbar und bestellbar. Das war ein toller Service für die Teilnehmer, die in der uferlosen Landschaft der Anbieter nicht mehr lange nach dem besten Gerät suchen mussten. Ich selbst konnte durch die Provisionen aus den Partnerlinks einen Teil der Website Kosten refinanzieren.

Ein wichtiger Schritt war schließlich auch die Beantragung des Gründungszuschusses beim Arbeitsamt. Da ich ja zuvor schon nebenberuflich selbstständig gewesen war, bedurfte es eines längeren Dialogs, um das grundsätzlich Neue an der geplanten Tätigkeit darzustellen. Aber dadurch, dass alles von Grund auf neu gemacht wurde: Website, E-Mail-System, Buch, Onlinekurs, Seminarwesen in völlig neuen Formaten, geplante Hinzunahme von Online Marketing und letztlich auch die GbR Gründung und die Aufstellung mit einem Affiliate-System, war dies dann letztlich doch vermittelbar.

Allerdings blieb mir zwischen Abgabe meines Ess Kultur Pur-Buches an die Druckerei und der Abgabe des Antrags auf Gründungszuschuss genau eine Woche! Da war ich froh, dass ich mich schon lange vorher durch das 24 Stunden Buch von Thomas gelesen hatte. Mein Konzept und das dazugehörige Business Model Canvas hatte ich sozusagen in der Tasche.

Es war knapp, aber machbar, daraus in wenigen Tagen einen ausformulierten Antrag zu erstellen. Und dank der Hilfe einer betriebswirtschaftlich versierten Freundin war auch das passende Finanzwerk dazu bald erstellt. Ich habe sehr gejubelt, als wenige Wochen danach über den Antrag positiv entschieden wurde. Vielleicht hätte ich es ohne diese „Schippe Sand unterm Kiel" nicht geschafft. Wieder war es Thomas, der sehr geholfen hat. Denn mein Plan musste von zwei unabhängigen Stellen für tauglich befunden werden - den einen Stempel dafür gab mir mein Steuerberater. Den anderen bekam ich nach sorgfältiger Prüfung von Gründer.de. Das hat mich nicht nur ermutigt - ich konnte dadurch auch alle Arbeitsamt-Vorgaben innerhalb des sehr kurzen Zeitfensters einhalten! Dafür bin ich immer noch dankbar!

Business Model Canvas

Die Partner

- Webdesignerin
- Seminarbuchungs-Dienstleister (xing-events)
- Abrechnungsdienstleister für Naturheilpraxis-Rechnungen
- Newsletter Anbieter System (Klick Tipp)
- Verlag Gesunde Entwicklung, Bad Gandersheim
- IT Systembetreuer
- Steuerberater
- Fotografin für Buchprojekt- und Website-Bilder
- Gründungs- und Online Marketing Coach Thomas Klussmann
- Netzwerke (she-preneur, Regionalwert AG Rheinland, Heilpraktiker Berufsverband)
- Rechtsanwältin für Online Recht

Die Aktivitäten

- Website erneuern
- Buch fertig stellen und vermarkten
- Online Kurs erstellen und vermarkten
- Logosynthese-Ausbildung abschließen
- neue Seminarformate etablieren
- Regionalakquise intensivieren: Vorträge 1-2 x monatlich
- GbR anmelden
- Affiliate Angebote in die Website integrieren
- Gründungszuschuss beantragen
- • social media Marketing Weg finden
- Expertenteam zusammenstellen (siehe Partner)

Die Ressourcen

- physikalisch (Hauseigentum inclusive Praxis und Seminarraum, nutzbarer Garten mit Heilpflanzen für Seminare, gute Anbindung an ÖPNV)
- Wissen /Austausch (25 Jahre Heilpraktiker Wissen und -Erfahrung, Führungserfahrung im mittleren Manangement, mit „Ess Kultur Pur" eigene Marke und Buch, reservierte Domain, kleine Emailliste im Aufbau bereits vorhanden, Business Netzwerke)
- menschlich-fachlich (stabiles privates Sozialsystem, tragfähige persönliche Kontakte u.a. zu opinion-leadern in der Naturheilbranche)

Das Werteversprechen

- allgemein: Gesunde Entwicklung auf der Basis natürlicher Methoden ist möglich
- bezogen auf Ernährung: Ordnung in der Ernährung ermöglicht Aktivierung der Vitalitäts- und Gesundheitsreserven
- im Detail: gesund durch Ernährung; Prophylaxe durch Ernährung; Potentialentfaltung durch Ernährung; Verträglichkeitssteigerung durch Ernährung; schädliche Ernährungsmuster überwinden; Körperbild verändern; Wohlbefinden erlangen
- wie? mit Pflanzenkraft und -wissen: alltagsnah, umsetzbar, praktisch, dauerhaft, individuell, methodisch, mit Community, mit individuell wählbaren Zugangskanälen

Die Kundenbeziehung

- im Schwerpunkt eine menschliche Gesprächspartnerschaft (Einzelbetreuung, Seminare, Vorträge, geschlossene Facebook Gruppe, Zoom)
- Informationsvertiefung über Ess Kultur Pur Buch, Ess Kultur Pur Online Kurs, Newsletter
- Neukontakte über hochwertigen Content

Die Kundensegmente

- Menschen mittleren Alters, die Alternativen suchen,
- Menschen mit überhöhter Stressbelastung (Burnout, Depression, Mobbing, Sinnfindungskrise)
- Frauen aller Altersgruppen
- Fortbildungsinteressierte
- thematisch interessierte Medizinberufler

Die Ausgaben

- Raumkosten
- Materialkosten
- Buchdruckkosten
- Kosten für Website-Erstellung und -Betreuung
- sonstige Dienstleister
- Fortbildungskosten
- Rentenvorsorge & Versicherung
- Fotografen-Honorar
- Mitgliedschaften
- Coaching-Kosten
- Telefon- und IT-Kosten

Die Einkommensströme

- Patientenhonorare
- Teilnehmerhonorare aus Abendkurs und Tagesseminaren
- Buchverkauf
- Onine-Kurs-Verkauf
- Provisionen aus Affiliate System auf der Website
- ggf. buchbare Coachings zur Seminar-Nachbetreuung
- ggf. Abosystem für kostenpflichten Mitglieder-Bereich der Facebook-Gruppe

Die Kanäle

Mundpropaganda, Vorträge, Networking, Buch, Webseite, Newsletter, Social Media (Facebook-Gruppe)

Anne Lohmann

WIE MIR DAS KICKSTART COACHING WEITERGEHOLFEN HAT

Was den Online-Teil des neuen beruflichen Profils anging, hatte ich mich bereits im Frühjahr 2017 entschieden, diesen Weg mit professioneller Unterstützung zu gehen. Bis Juni musste ich auf den Termin des Kickstart Coachings bei Gründer. de warten, was kein Problem war, denn ich hatte ja genug zu tun. Als es dann soweit war, war es ein bisschen wie ein Flug über die Himalaya. Anschließend steht man unten und muss nun zu Fuß hinauf!

Ich fand es qualitativ sehr überzeugend und war vor allem froh über die Möglichkeit, mich danach von Gründer.de ein Jahr lang professionell begleiten zu lassen.

Aber immer noch stand die Online-Welt vor mir wie ein Buch mit sieben Siegeln. Und ganz so schnell ließ sich das nicht entschlüsseln. **Doch ich habe fast 30 (!) DIN-A5-Seiten Notizen mit nach Hause genommen und viele Monate danach konnte ich Stück für Stück darauf zurückgreifen. Gelegentliche Telefonate mit dem Gründer.de-Team haben mir immer wieder einen Stups in die richtige Richtung gegeben.**

Einzig nicht eingehalten habe ich Thomas' Rat zum Minimalismus - minimaler Prototyp, dann erstmal anfangen und mit den Interessenten zusammen weiterentwickeln.

Ich hatte die Lebensmittelharmonie zuvor schon 20 Jahre lang mit Interessenten rauf und runter getestet und ich wusste, dass sie „funktioniert". Gerade weil es um Gesundheit geht, wollte ich keine halbfertigen Sachen in die Welt geben. Das hat mich viel Zeit gekostet, denn als mein Buch endlich fertig und in der Welt war, bin ich gleich danach in die Online-Kurs-Erstellung eingestiegen. Mit allem, was dazu gehörte, auch dieses für mich völlig neue Format auf die Beine zu stellen, verging nochmal ein halbes Jahr. Doch wenn nun in wenigen Tagen mein Online-Kurs fertig ist, dann weiß ich - jetzt gibt es für niemand mehr irgendeinen Grund, warum er die Lebensmittelharmonie nicht lernen kann. Die Qualität, die man da bekommt, wird die notwendige Sicherheit vermitteln, „es richtig machen zu können".

Das vielleicht wichtigste Learning aus dem Kickstart Coaching war, dass es überhaupt geht: Ohne großes Team und immenses Finanzvolumen mit relativ einfachen Mitteln und viel Enthusiasmus einen funktionierenden Weg in die Selbstständigkeit zu bewältigen. **Gut zu wissen, dass viele es schon geschafft haben und dass es zu jedem Teilbereich, der dazu gehört, Profis gibt, die einem weiterhelfen.**

Das bringt mich zu dem Punkt der Community. Von Anfang an war mir klar: Es ist ganz und gar mein Weg, aber ich will und kann das nicht alleine bewältigen. Es wäre auch Wahnsinn und unendliche Zeitverschwendung, auf die Expertise von Menschen zu verzichten, die schon viel länger Unternehmer sind oder mir gerade im Online Bereich 500 Prozent Erfahrung voraus haben. Zusätzlich zu Gründer.de habe ich mir im Laufe der Zeit deshalb Support von verschiedensten Seiten geholt.

Im September 2017 z. B. veranstaltete mein Online-Kurs-Anbieter elopage in Berlin einen Speaker-Day und einen Working-Day. Von beidem habe ich immens profitiert. Besonders gut gefiel mir, mit meinem Laptop unter Anleitung von Experten einen ganzen langen Tag mein eigenes Projekt maximal nach vorne bringen zu können. Vor Ort habe ich z.b. meine erste Facebook-Gruppe eröffnet und eine erste Einladung dazu in meinen E-Mail-Verteiler gegeben - und nach zwei Stunden waren schon die ersten Anmeldungen drin! Am Speaker-Day habe ich meine Online-Anwältin kennengelernt, deren Facebook-Gruppe mich jetzt bezüglich DSGVO etc. auf dem neuesten Stand hält. Mit verschiedensten Menschen kam ich in Berlin ins Gespräch, über Themen wie Mastermind und Communities - und konnte endlich auch diesbezüglich für mich Anker werfen. Mit Tanja Lenke von she-preneur und später mit Marina Fries von Feminess lernte ich Online-Unternehmerinnen kennen, die wiederum anderen Unternehmerinnen weiter helfen, die noch am Anfang stehen.

Eine interessante Erfahrung war: Frauen gestalten Social Media, Communitys und Support einfach nochmal anders: persönlich, praktisch, nahbar, freundschaftlich. Trotzdem professionell. Der Beitritt in den inner circle von she-preneur und später das erste she-preneur offline Treffen in einem Restaurant in Köln - das waren Meilensteine für mich. In diesem Kreis war jede persönliche Begegnung, egal ob on- oder offline, ein Gewinn für mich. Endlich fühlte ich mich auch online irgendwie „zuhause".

Nach und nach verlor auch Facebook für mich seine Fremdheit. Am Anfang war ich zwar „drin", aber ich verstand nur „Bahnhof". Ich hatte das Gefühl, der magische „Algorithmus" fährt mit mir Schlitten! Die Informationsfülle fand ich erschlagend, die Informationstiefe war mir zu flach, die Strukturen und Pfade im System erschlossen sich mir erstmal nicht und vor allem kannte ich nicht die „Etikette". Was macht man auf Facebook und was macht man nicht?

Nach der Anmeldung dümpelte mein Facebook Account also erstmal monatelange ungenutzt vor sich hin, denn ich hatte genug anderes zu tun - bis ich die Gruppenfunktion und die Business Page-Option entdeckt habe. Nicht dass ich heute von dem Instrument Facebook restlos begeistert wäre - aber ich habe mit den Facebook-Gruppen ein Tool gefunden, das ich subjektiv als einen ausreichend geschützten Kommunikationsraum empfinde. Es ist offenkundig, dass ich mit Hilfe von Facebook eine Lücke in meinem Konzept schließen konnte - nämlich alltagsnah in Verbindung zu bleiben mit meinen Teilnehmern - und sie auch untereinander in Verbindung zu bringen. Das hilft einfach allen.

Der aktuellste Schritt auf meinem Weg ins Online Marketing ist allerdings, dass ich mich nach sorgfältiger Erwägung für Pinterest als meinem Haupt-Tool in Social Media entschieden habe. Auch das mit einer Fachfrau für den Aufbau eines soliden Profils an meiner Seite. Die Nachhaltigkeit des Portals und der aktuell große Zustrom, den Pinterest gerade deswegen in allen Themengebieten erfährt, hat mich gereizt. Wenn ich guten Content erstelle, will ich, dass er über lange Zeiträume von Menschen gefunden wird - und nicht im Rauschen eines Newsfeeds ein paar Tage später wieder vergessen ist.

DAS IST DAS LEBEN, VON DEM ICH TRÄUME

Zusammenfassend kann ich sagen - die letzten eineinhalb Jahre waren vor allem eins - Aufbau, Aufbau, Aufbau. Geduldiges Arbeiten am Fundament. Wohin mich das trägt, wird die Zukunft zeigen. In wenigen Tagen, von heute aus, geht mein Online-Kurs online. Die Erstellung hat mir von Monat zu Monat mehr Spaß gemacht - und ich freue mich riesig, dass damit sehr bald mein Thema endlich ohne zeitliche oder geographische Limits „in der Welt" ist. Erst dann will ich auch den „go-Knopf" drücken, was das gezielte Generieren von Reichweite in den digitalen Medien angeht.

Insgesamt kann ich allerdings sagen, der Weg in die Voll-Selbstständigkeit - unter Einbeziehung der digitalen Möglichkeiten - das war und ist ein Knochenjob. Nie in meinem Leben habe ich mehr gearbeitet, als in den letzten eineinhalb Jahren - zumal ja das meiste neben dem laufenden Offline Business (von dem ich bislang lebe) stattfand! Doch obwohl die Zeit super anstrengend war - ich weiß jetzt, dass es möglich ist. Ich würde es jederzeit wieder tun.

Als ich noch im Angestelltenverhältnis war, hatte ich jede Woche zwei zehn bis zwölf Stunden Tage außer Haus, viele Reisen durch Deutschland zu Seminaren und viele Wochenenden mit Kongressen. Unser familiärer Rhythmus wurde immer wieder durchbrochen. Als ich meiner zehnjährigen Tochter vor ca. zwei Jahren von meiner geplanten beruflichen Veränderung erzählt habe, war ihr erster Satz dazu: „Mama, das ist das Leben, von dem ich träume." Und ja, es ist auch das Leben, von dem ich träume. Klar will ich auf lange Sicht gesehen insgesamt etwas weniger arbeiten, noch mehr delegieren oder digitalisieren, mich noch mehr auf meine Kernkompetenzen konzentrieren. Aber es ist tatsächlich schon jetzt eine große Ruhe in mein Leben eingekehrt, dadurch dass ich an meinem

Lebensmittelpunkt lebe und arbeite. Reisen sind nur noch selbstgewählt. Vor allem aber tue ich jetzt das, was außer mir niemand tun kann: meine eigene Berufung leben.

Nichts macht mich glücklicher, als Patienten oder Kursteilnehmer nach einiger Zeit der Begleitung gebessert, gelindert oder gesund wieder verabschieden zu können. Wenn ich dafür noch mehr hätte arbeiten müssen - ich hätte es getan. Immer noch würde ich mich mehr als „Selbstständige" denn als „Unternehmerin" bezeichnen. Immer noch ist mein „Projekt" total am Anfang. Aber eins ist mir klar geworden - wenn man in dieser Welt was erreichen will, nicht nur für den eigenen Benefit, sondern um der eigenen Mission zu folgen und damit andere und am Schluss auch sich selber glücklich zu machen - dann geht an unternehmerischem Denken einfach kein Weg vorbei. Von allem, was ich mit meinem Arbeitsleben tun kann, finde ich am sinnvollsten, mit meinen Möglichkeiten einfach „beizutragen". Immer noch gibt es mir viel zu viele Menschen in diesem Land, die gar nicht wissen, wie viel Einfluss sie über die Macht ihrer Ernährung auf ihr eigenes Befinden haben können. Die sich davor fürchten, dass gute Ernährung nur Verzicht, Verbote, Gängelung und Einengung bedeutet. Die verwirrt sind von der Vielfalt der Ernährungsinformation, die ihnen von allen Seiten entgegenschlägt und die das nicht allein geordnet bekommen. Die an chronifizierten Symptomen oder an chronischen Krankheiten leiden oder diese mit nur noch mehr schädigenden Mitteln unterdrücken, ohne eine Alternative dafür zu finden.

Natürlich weiß ich nie, was und wieviel die Lebensmittelharmonie bei jedem Einzelnen bewirken wird. Es ist und bleibt eine Überraschung – jedes Mal. Niemand kann es vorher wissen, nicht mal die Person selbst. Es hängt von so vielen Faktoren ab, von Vorgeschichte und Biographie, von Lebensführung und Temperament, von Gewohnheiten und vom Sozialsystem. All das gehört ggf. angeschaut und einbezogen. Natürlich braucht man manchmal zusätzlich andere Methoden aus Naturheilkunde oder Schulmedizin, um Ziele zu erreichen. Natürlich ist gute Ernährung nicht alles. Aber eins ist sicher - ohne eine gute Ernährung ist alles nichts!

Deshalb kann und will ich ermutigen: Schau hin, lerne deinen Körper besser kennen, lerne Zusammenhänge verstehen, bringe Ordnung in deine Nahrung. Finde die VITALEN Lebensmittel und den Spaß daran, sie dir zuzubereiten. Mache neue Gewohnheiten aus alten Gewohnheiten und verbinde dich mit Menschen, die das auch tun. Seit ich diesen Weg gehe - und damit immer mehr Menschen erreiche - habe ich endlich wieder das Gefühl, dass ich genau auf dem richtigen Pfad bin. Und - wer immer du bist - das wünsche ich dir auch!

Deine Anne Lohmann

Einschätzung und Zukunftsausblick von Thomas:

Ich kann mich noch ganz genau daran erinnern, als die Bewerbung von Anne Lohmann zum Kickstart Coaching bei mir auf dem Tisch lag. Ich war von Beginn an überzeugt, dass es eine erfolgreiche Zusammenarbeit wird, weil wir ein gemeinsames Ziel verfolgen, nämlich Menschen wirklich weiterzuhelfen.

Ich bin der festen Überzeugung, dass man als potentieller Kunde sehr schnell merkt, ob der Anbieter eines Angebots wirklich mit Herzblut dahinter steht und Menschen wirklich weiterhelfen will. Ob das jetzt eine Softwarelösung ist, eine Art Coaching-Produkt oder ob das physische Produkte sind. Möchte der Anbieter wirklich Menschen weiterhelfen? Oder möchte er vor allem eines, nämlich seine eigenen Kassen füllen?

Wann immer es Unternehmen gibt, Apple ist wieder ein passendes Beispiel, die extrem viel Geld verdienen, aber auch mit mit großer Leidenschaft Produkte herstellen, ist Erfolg die Folge davon.

Was für alle typisch ist und was für fast alle unserer Kunden gilt, ist dass sie extrem viel wissen, bereit sind zu lernen und Neues aufzusaugen. Was allerdings oft fehlt, ist das Wissen über die richtige Vermarktung von guten Produkten. In den allerwenigsten Fällen kommen Kunden zu mir, denen ich sagen muss: Das Produkt ist nicht ausreichend genug, es ist nicht gut oder es ist zu teuer. Das kommt fast nie vor. Es scheitert fast immer am Marketing. Das beste Produkt nützt dir als Anbieter gar nichts, wenn du es nicht vernünftig vermarkten kannst.

Ein weiterer, sehr wichtiger Punkt und das wird an der Geschichte von Anne sehr deutlich, ist, dass sie 41 Jahre lang eine Dreifachstrategie gefahren hat. Sie hat auf drei Standbeinen aufgebaut. Drei Standbeine zu haben ist sicherlich ein Sicherheitsaspekt, insbesondere wenn eines der Standbeine wegfällt. Aber damit schaffst du es niemals, den großen Durchbruch zu erzielen. Du schaffst es niemals, dich vernünftig zu fokussieren. Selbst wenn du es schaffst, dich zu fokussieren, müsstest du immer einen inneren Gewissenskonflikte haben, weil du aus keinem dieser drei Standbeine das Maximum, das optimale Potential herausholen kannst. Weil dir dafür die Zeit fehlt.

Um das skizzierte Dilemma zu umgehen, muss man eine klare Entscheidung treffen, so wie Anne es getan hat und nach der Entscheidung dann ins Tun zu kommen. Auch mit dem Verständnis, dass jetzt Folgendes gilt: Sekt oder Selters.

Was ich am Beispiel von Anne an dieser Stelle noch hervorheben möchte, ist Folgendes: Sie spricht Pinterest als Social Media-Kanal an, um neue Kunden zu gewinnen. Wenn jemand auf mich zukommt und sagt, er möchte Marketing über Pinterest machen, zucke ich erstmal zusammen. Es gibt aber durchaus Szenarien, wo das relevant ist. Die Grundsatzaussage, die ich hier mitgeben möchte, ist Folgende: Gehe als Anbieter dorthin, wo deine Zielgruppe ist. Wenn deine potentielle Zielgruppe auf Pinterest ist, solltest du Marketing auf dieser Plattform machen. Wenn deine Zielgruppe auf Facebook ist, musst du auf Facebook sein. Wenn deine Zielgruppe auf Messen geht, musst du auf Messen gehen. Wenn deine Zielgruppe in Verbänden organisiert ist, musst du in die Verbände rein. Ich denke, du verstehst, was ich meine.

Was Anne sehr intensiv gemacht hat und was ich auch jedem empfehlen kann, ist das Bauen eines soliden, stabilen Fundaments. Damit meine ich nicht unbedingt drei Säulen. Eher ein Thema, ein Projekt, eine Geschäftsidee, ein Modell, um daraus ein sehr solides Fundament zu bauen.

Während ich den Kommentar zu Annes Beitrag verfasse, bin ich gerade in Rom, im Urlaub. Wer von euch schon mal in Rom war, weiß, dass die Römer grandiose Bauten wie das Kolosseum errichtet haben. Fast 2000 Jahre alt und die Fundamente stehen in großen Teilen immer noch. Wenn du etwas willst, was viele Generationen überdauert, was großartig wird, wo man drüber spricht, brauchst du ein richtig gutes, stabiles Fundament. Und das ist die Basis, auf der du entsprechend aufbauen kannst.

Zusammenfassend: Anne hat die große Herausforderung gehabt, dass sie viel weiß. Dass sie entsprechende PS auf die Straße bringen, eine harte Entscheidung treffen und einen Umbruch durchleben musste, was alles viel Mut erfordert. Aber dass sie diese Entscheidung getroffen hat und ihr bewusst war, dass sie ins Tun kommen musste - das ist die Basis für Erfolg.

Da muss man loslegen und deswegen kann ich nur jedem raten, sich an diesem Erfolgsbeispiel zu orientieren, um sich einfach davon inspirieren zu lassen. Auch wenn du, lieber Leser, in einem völlig anderen Markt unterwegs bist.

SCHLUSSWORT

Was macht den Erfolg bei passivem Einkommen aus? Du hast die Geschichten gelesen und siehst: Man muss es wollen, man muss dranbleiben und es ist harte Arbeit. Doch eine Sache, die kann deinen Erfolg wirklich vorantreiben und du ahnst es vielleicht schon – es sind andere Menschen. Menschen, von denen du lernen kannst, die dir helfen, dahin zu kommen, wo du hinwillst.

So maximierst du deine Chancen, deine Ziele zu erreichen. Deshalb ist das letzte Erfolgsgeheimnis, mit dem ich dieses Buch schließen möchte, folgendes: Such dir einen Mentor oder einen Coach, der dir hilft, deine Ziele 10x schneller zu erreichen. Das muss nicht ich sein. Es kann jeder sein, von dem du weißt, dass er die Expertise hat und der auch echte Erfolge nachweisen kann.

Wie ich schon am Anfang dieses Buches geschrieben habe: Passives Einkommen ist kein Zufall. Alle acht Gastautoren sind nicht plötzlich über ihren Erfolg gestolpert. Stattdessen haben sie sich von mir und meinem Team coachen lassen. Sie haben sich Hilfe gesucht, sie bei uns bekommen und sind dann erfolgreich geworden.

Egal, was dein nächster Schritt sein mag, lass dich dabei unterstützen. Wenn du diesen Weg mit Gründer.de, meinem Team und mir gehen möchtest, dann solltest du dich unbedingt in einem ersten kostenfreien Strategiegespräch beraten lassen. Das geht ganz einfach. Geh nun auf die Seite **www.gruender.de/kickstartcoach** und fülle das Formular aus. Mein Team und ich melden uns dann schnellstmöglich bei dir.

Auch wenn du gerade noch nicht genau weißt, wie du weitermachen solltest, empfehle ich dir das Strategiegespräch. Es ist kostenlos und unverbindlich. Dort können wir dir ganz individuell deine Fragen beantworten. Natürlich kannst du dich auch von jemand anderem beraten lassen. Achte nur darauf, dass er Erfolge vorzuweisen hat, sich wirklich sehr gut auskennt und auf deine Probleme persönlich eingeht.

Ich hoffe, dass du nun einen guten Eindruck davon bekommen hast, wie verschieden die Wege in Richtung finanzielle Unabhängigkeit aussehen können. Die Gründer haben es geschafft, weil sie gelernt haben, mit Rückschlägen umzugehen, aus ihnen zu lernen und es beim nächsten Mal besser zu machen.

Auf viele Dinge, die uns zurückwerfen, können wir uns nicht vorbereiten. Was wir aber tun können, sind uns Pläne zu machen und uns intensiv mit unserer Idee auseinanderzusetzen. Also schreibe deine Geschäftsidee auf, entweder mit dem Business Model Canvas oder was eben am besten für dich und deine Organisation funktioniert. Nimm dir die Zeit und setze dich intensiv mit den Stärken und Schwächen deiner Idee auseinander. Bau dein Business nach und nach auf und schaue, dass du keinen Schritt vergisst. Mach dir rund um deine Zahlen Gedanken, damit du nicht von plötzlich aufkommenden Kosten überrascht wirst. Suche dir jemanden, der ein Vorbild für dich sein kann und der dich wenn möglich unterstützt. Du musst nicht alles alleine machen! Genau dafür biete ich dir auch meine Hilfe an. Meine Head-Coaches und ich freuen uns über jeden, dem wir mit unserer Beratung weiterhelfen können. Mach es wie unsere Gastautoren: Lass dich unterstützen und werde dann langfristig erfolgreich. So ändert sich nämlich wirklich etwas.

So oder so wirst du deine eigenen Erfahrungen machen und vielleicht auch auf Probleme stoßen, von denen du bisher noch nie gehört hast. Oder du wirst Lösungen finden, die noch keiner in Betracht gezogen hat. Ich hoffe, dass dir dieses Buch dabei helfen konnte, eine Idee zu bekommen, wie du dein eigenes Unternehmen aufbauen kannst. Vielleicht hast du jetzt auch Lust bekommen, noch mehr über das Thema zu erfahren und möchtest dich persönlich beraten lassen.

Was auch immer dein nächster Schritt sein wird, ich wünsche dir viel Erfolg bei deinem zukünftigen Weg und hoffe, dass du viel aus diesem Buch mit seinen Erfolgsgeschichten mitnehmen konntest!

DAS GRÜNDER.DE KICKSTART COACHING VON THOMAS KLUßMANN

Als "Kickstarter" erwirbst du von Online-Seriengründer Thomas Klußmann und spezialisierten Fachexperten aus dem Gründer.de Team alle Praxis-Fähigkeiten, um dein eigenes Online Business auf- und auszubauen, das selbst mit wenigen Stunden Zeitaufwand pro Woche attraktive Umsätze generiert.

Innerhalb von nur 6 Monaten kannst du so ein örtlich und zeitlich selbstbestimmtes Leben als Online Unternehmer führen.

Für wen? Für Dienstleistungs-, Produkt- & Coaching-Geschäfte (B2C & B2B)
Was? Seit 2012 bewährte 3 Phasen-Coaching-Methodik, bestehend aus einer Online Business Grundausbildung, deinem "Kickstart Intensiv-Seminar" und 6-monatiger Nachbereitung
Wo? Online und in unserem Büro im Herzen Kölns
Wann? Online + Seminartermin deiner Wahl (4 Termine pro Jahr)
Wer? Für jeden Gründer, Selbstständigen und Unternehmer - oder den, der es werden will
Warum? Weil es nichts gibt, was dich einfacher und schneller persönlich und beruflich frei macht als ein eigenes Online Business

DAS KICKSTART COACHING PRODUZIERT ERFOLGSGESCHICHTEN...

„Ich kann nur jedem raten, der sich mit Internet-Business auseinandersetzt, die Dinge genau so umzusetzen, wie Herr Klußmann es beschreibt"

– Marcel Schlee, Gründer mind-source.de

„Thomas Klußmann ist für uns der perfekte Partner, unser Online-Business enorm profitabel zu machen."

– Stevka Scheel, Gründerin von online-starter.com

„Bei Gründer.de und seinen Kursen und Coachings ist man sehr gut aufgehoben. Ich spreche hier aus Erfahrung"

– Hakan Citak, Gründer von der-immocoach.de

Bewirb dich jetzt auf eine kostenlose 30-minütige Potenzialanalyse und finde heraus, wie Thomas Klußmann auch dir helfen kann, deinen Traum vom profitablen und hoch automatisierten Online Business zu verwirklichen!

Alle Details auf:
www.gruender.de/kickstartcoach

Sicher dir jetzt noch mehr meiner Tipps für Passives Einkommen!

Ungefiltert. Direkt aus erster Hand – und **kostenlos!**

Auf meinem Instagram-Kanal mache ich für dich Online Marketing hautnah erlebbar. Du erhältst brandneue Strategien und 100% praxiserprobtes Wissen. Starte mit meiner Unterstützung dein eigenes lukratives Online-Business oder bringe es jetzt aufs nächste Level:

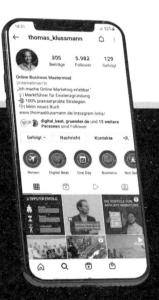

Thomas Klußmann

- Erfahre meine aktuellsten Business Insights für den erfolgreichen Start in deine Selbstständigkeit
- Lerne die Prinzipien erfolgreichen Unternehmertums kennen und entwickle dich gezielt weiter
- Erhalte exklusive private Einblicke in meinen Unternehmer-Alltag und komm mit mir hinter die Kulissen einer 50-köpfigen Firma

Auf Instagram bist du so nah an mir und meiner Arbeit wie nirgendwo sonst! Hol dir jetzt wertvolle Insider-Tipps für deinen persönlichen Erfolg und werde Teil der Business Community.

Das mächtigste Instrument für mehr Umsatz

14 EVENTS IN EINEM!

- Conversion Optimierung
- E-Mail Marketing
- Storytelling
- Verkaufspsychologie
- Funnel Design
- Branding / Positionierung
- PPC: Facebook Ads, Instagram Ads, Google Adwords ...

- SEO
- Social Media Marketing
- Affiliate Marketing / Partner Marketing
- Influencer Marketing
- Chatbots
- Podcast
- Amazon FBA

EXZELLENTES MARKETING

Nur exzellentes Marketing kann zu erheblichen Umsatzsteigerungen führen. Und genau das bekommst du auf der Contra.

Maximiere deinen Umsatz jetzt. Steigere deine Kaufraten und erhalte nachweislich mehr Besucher.

WWW.DIE-CONTRA.DE

EIN HERZLICHES DANKESCHÖN GEHT AN DIE CO-AUTOREN

Citak, Hakan (Köln)

Der ImmoCoach

Der ImmoCoach ist Deutschlands 1. und größte Online Akademie für Eigentümer, die ihre Immobilie selbst verkaufen oder vermieten möchten.

E-Mail: info@der-immocoach.de
www.der-immocoach.de

Eckstein, Holger (Hofheim am Taunus)

Sinn-Macher / Berater, Coach, Trainer, Autor, Speaker

Holger Eckstein gilt als Wegweiser und Leuchtturm unter den deutschsprachigen Beratern und Coaches. Sein Gebiet: sinnvolle Unternehmens- und Lebensführung.

E-Mail: info@holgereckstein.de
https://holgereckstein.de

Gast, Udo (Lüneburg)

Erfolgspiraten I Hypo-Coach, Trainer, Speaker

Udo Gast ist ausgebildeter Krankenpfleger, Dipl. Sozial-Ökonom und Heilpraktiker für Psychotherapie. Seine Internetplattform liefert Interessenten viele qualifizierte Informationen zum Thema persönlicher Erfolg.

E-Mail: info@gast-redner.de
https://www.gast-redner.de

Jahn, Karen (Berlin)

Diplom-Psychologin, Heilpraktikerin, Coach, Hypnotiseurin

Karen Jahn ist Diplom-Psychologin, Heilpraktikerin für Psychotherapie, ausgebildeter & zertifizierter Coach, wingwave®-Coach und Hypnotiseurin. Sie unterstützt Menschen dabei, ihre Unsicherheit, Selbstzweifel, Versagensangst, hinter sich zu lassen.

E-Mail: info@coaching-und-du.de
www.coaching-und-du.de

Krunic, Alexander (Innsbruck)

Experte Amazon FBA

Alexander ist Experte im Bereich Amazon FBA und hilft damit Selbstständigen, Freiberuflern und Unternehmern, sich mit ihrem Wissen, ihren Fähigkeiten, Fertigkeiten und Erfahrungen ein lukratives Experten-Business aufzubauen.

E-Mail: hallo@expertsuccess.de
https://alexanderkrunic.com

Lohmann, Anne (Erftstadt)

ESS KULTUR PUR I Unternehmerin, Heilpraktikerin, Dozentin

Anne Lohmann ist Autorin des Buches ESS KULTUR PUR, Heilpraktikerin und Dozentin, Seit über 20 Jahren hilft sie Menschen dabei, sich mit dem richtigen Ernährungskonzept wohler und vitaler in ihrem eigenen Körper zu fühlen und gesundheitliche Beschwerden zu lindern.

E-Mail: info@annelohmann.com
https://www.annelohmann.com

Marci, Alexander (Prag)

Digitaler Nomade, Business Coach

Alexander Marci ist Unternehmer, Speaker und Traveller. Und vor allem eines: Ein gnadenloser Praktiker. Seine Leidenschaft ist es Menschen zu helfen, ihr eigenes ortsunabhängiges Business aufzubauen und ihre Leidenschaft zum Hauptberuf zu machen.

E-Mail: info@freedomacademy.de
https://freedomacademy.de

Osterhaus, Jascha (Berlin)

Unternehmensberater

Jascha Osterhaus hilft seit über drei Jahren Unternehmen und Selbstständigen, Online mehr Kunden zu gewinnen. Mittlerweile spezialisiert er sich auf Fotografen, Videografen und Grafikproduzenten.

E-Mail: team@jaschaosterhaus.com
https://jaschaosterhaus.com